ESPAÑOLes:

Daños colaterales

Alex piret

ISBN 13: 978-1519312327
ISBN 10: 1519312326

Impreso por CreateSpace

Para el pequeño alexandre y
Todos los chicos en la red

Contenido

Intro

Llegué a este país hace más de treinta años. Era español entonces y sigo siéndolo. Y he pasado todo ese tiempo sufriendo una distrofia de la identidad cultural, una rara esquizofrenia y un caso de doble personalidad, pensando por un lado si al final me convertiría en uno de ellos, y por otro, aunque pedante, intentando mejorar aquellos atributos que consideraba rescatables.

Es absurdo pensar que existan buenas y malas nacionalidades, aunque sí es posible imaginar entre todos una buena conciencia colectiva por la que se pueda responder subjetivamente. Por mucho que lo he intentado no he podido aislar los elementos suficientes que me permitan pensar que nuestra identidad nacional sea deseable, ni del agrado de todos, y menos aún, nada que me disuada de la necesidad de una revisión a pie de obra de nuestro habitat idiosincrático.

Lo cierto es que he pasado años de tedio y desaliento, pegado a las bandas, entre un españolismo para lactantes y la hispanofilia beligerante que se lleva en casa, sin hacer otra cosa que esfuerzos para evitar los daños colaterales.

En los tiempos que corren, rivalizar sobre nacionalismos de una u otra clase parece una alternativa lúgubre, cuando sería mucho mejor regenerar nuestra conducta social en beneficio de un comportamiento compatible y menos ensimismado. ¿Porqué los otros desean nacionalizar forzosamente los nacionalismos ajenos, es algo que nunca he podido entender? ¿Porqué algunas raíces históricas y sentimientos de pertenencia desean llegar a sustituir la historia misma del genoma a punto de desaparecer de nuestros archivos? ¿Porqué borramos fronteras y al mismo tiempo nos radicalizamos idiosincráticamente? ¿Porqué internalizamos oscuros nacionalismos que apenas aparecen en el mapa de nuestros deseos personales? ¿Porqué éstos se hacen hegemónicos por oposición, y porqué tienen que ser siempre tan odiosos y reivindicativos?

Lo cierto es que no pretendemos encontrar respuestas, a lo sumo plantear algunos interrogantes que nos ayuden a resituar sentimientos de pertenencia. Decidir si la españolidad tal como la conocemos y su alter ego antagónico, los nacionalismos no españolistas, merecen ser conservados o revisados, es más un debate sociológico que político, un rito de paso que compete a los españoles, y que a los escritores, españoles o no, apenas nos concierne.

Pensar la nación sin eufemismos ni condescendencia y con algo menos de exaltación patriótica, debería estar en la lista de ejercicios obligatorios para todos, ciudadanos responsables y *conoisseurs*. Saber quiénes somos y porqué, tiene que ver más con defecciones que con filiaciones, y asumir la propia identidad colectiva es saber salir a tiempo del *incarcerous!* de los nacionalismos convergentes, que son enfermedades contagiosas extrañas a los protocolos clínicos. Hay más ideología nacionalista en una mutación del virus del herpes, que en la mayoría las células madres de un individuo socialmente saludable. Llevamos muchos años de maltratos y genocidios múltiples utilizados como coartadas de toda clase de diferentes nacionalismos excluyentes. Nacionalizar nuestros impulsos identitarios es igual que un *gang bang* en la *web* de Share Porn, pero con un fondo de símbolos patrios. Sacar provecho de tu identidad nacional es, en cambio, algo diferente, primero es un acto de deserción voluntaria, y luego de adhesión y complicidad inteligente, y los nacionalismos son, la mayoría de las veces, masonería de iniciación rápida para gente corriente.

El que suscribe es un apátrida pródigo y oportunista, cree en todos y en ninguno de los nacionalismos al uso, y piensa que mejor *fondue* para uno que cualquiera de aquellos hornos crematorios de doloroso recuerdo. Mejor solo que nacionalizado abruptamente. Ni ésto ni la paradoja identitaria de los emiratos. Me pregunto de qué manera se repartirán los papeles en "El Mundo" de los dubaitís, por ejemplo, y si crear habitats en islas artificiales será al final una solución de futuro para hacernos con el simulacro de nacionalismos bien gestionados.

Nacionalistas sí por favor, pero poco, y nunca invasivos o abrasivos o miniaturizados. Si queremos llevarnos bien es mejor viajar y cerrar la brecha, sentir como se borran los límites entre unos y otros, y entrar a formar parte de la turba multirracial. Demasiado nacionalismo es para patólogos forenses.

Me he sentado a escribir esta joya porque estaba harto, fed up, rasssasié, de cierto pan-españolismo recurrente voceado a diario por sus mulás, y harto del rifirrafe de otros nacionalismos históricos o genéticos de menos calado, de sus diletantes y marketing directo. Hasta las narices de tanto proselitismo vieja escuela y promotores inmobiliarios locales, cuando la gente de carne y hueso anda hoy ocupadísima en desmontar pieza a pieza sus respectivos sentimientos nacionales para largarse lejos, miles away de sus territorios ancestrales. Etíopes que darían el brazo derecho por un puesto de trabajo en Washington DC, y ricachones *sans frontiers* dejando el terruño por un apartamentito Giorgio Armani en el Burj Dubai. ¡El personal deja sus paises para "vivir dentro de una marca", Dios, y de credenciales islámicas!, o en conservas legales (fuerza de trabajo importada), como los indios o los pakistanís en la península arábica, mientras en casa todavía andamos manga por hombro con nuestros nacionalismos encontrados, nuestros bonitos paises de punto de costura para blasonadores y pequeños apóstatas, como si fuesemos las etnias de Asia Central.

Somos una fauna sin remedio, kirguizistanos, turkmenistanos, uzbekistanos, qué sé yo, tenemos pantanos salinos, volcanes, cumbres nevadas, comunidades aisladas, tenemos todos los números y un aire, un flair, un ramalazo retrógrado, y ni siquiera fabricamos alfombras. Necesitamos cuanto antes un esfuerzo personal coordinado, y la castración química de la clase política y sus advenedizos, sólo para empezar. Así que aquí estamos, protegiendo con uñas y dientes el anillo de Sauron, el anillo de la mala folla, e izando la bandera de un españolismo desestructurado y novísimo, como unas alubias de Ferrán Adriá.

Españoles en el diván

El psicoanálisis está kapput, el paso del tiempo ha dejado al significante hecho un asco, ya no somos *hablados,* como se decía antes, a lo sumo utilizamos lenguas de supervivencia que toman el aspecto de idiolectos sociales o personales de acuerdo con las circustancias. Hemos sido inmunes o indiferentes al psicoanálisis, creemos que por nuestra precaria relación con el lenguaje. Sólo unos pocos son capaces todavía de contar la historia de su propia cura o sostener el discurso de sus peculiaridades. No obstante, mantener al sujeto inmovilizado en un espacio limpio de contaminación mediática y falsas categorías, en el centro mismo de la autocrítica y de toda la verdad que pueda ser enunciada, es nuestro objetivo.

Ni psico, ni terapia de adaptación, ni sociología calvinista (a la Fox, Aslet o Clive...), nada de la historiografía clásica de nuestros viejos hábitos idiososincráticos nos interesa, sólo queremos un polvo rápido, la confesión de las peores intenciones y animadversión, una antropología *undercover* de nuestras pequeñas y grandes disfunciones en el marco de lo estrictamente civilizado.

Queremos para la crítica cultural la libertad de un Damien Hirst o de un Barceló, de un Simon Starling, la capacidad de disloque y de sorpresa, la incorreción de pensar hoy con el lenguaje de ayer, de romper la distancia con nosotros mismos y con nuestros sujetos, y acabar con la complacencia de los discursos habituales, ese mantra editorial letárgico y autocensurado que nos arrastra al tedio.

Queremos decir lo que pensamos, y entrar de la mano de esta bonita musa en un lugar nuevo y descontraído, lleno del placer de la distensión y el buen humor de habernos liberado del peso de los estereotipos y las falsas apariencias.

No estamos seguros de que exista una españolidad (en el sentido de *englishness*), ni una gramática de las reglas no enunciadas sobre las que se organiza nuestra conducta social, ni que pensemos que ésta sea un modelo coherente ni deseable, ya no digamos exportable a lo Buruma (la anglomanía que entusiasmó a tantos intelectuales europeos). Es probable que nuestras conocidas pasiones colectivas y esa obcecación y vitalismo hecho en casa nos haya hecho al final, inasimilables.

Sabemos que nuestro modelo se vende mal, por vehemente y poco contenido. No nos hacemos deseables, aunque algunos envidien nuestra pasión y libertad personal para estricto uso fuera de horas de oficina, ese permanente modo vacacional en el que nuestras unidades parecen funcionar. En el extranjero, por lo general, nos diluimos o hacemos mestizajes secundarios, y conservamos una rara onomástica y la pilosidad corporal, como Borat; en casa nos radicalizamos y no paramos de discutir entre nosotros, nos hacemos forales, feudales o excluyentes, con esa diversidad que nos caracteriza. Los ingleses tienen la culpa, Wellington, Ford, Brenan, Blanco White, Orwell... Nos han sodomizado (metafóricamente hablando) y reeducado, nos han convertido en un paraíso para hooligans e intelectuales de bajo impacto, en una Zonda mediterránea para especies en peligro de extinción. Yuppies y altos ejecutivos se pelan el culo por venir aquí con su prole y sobresueldos, y se hacen todos los cursos de supervivencia, quieren su virreynato en nuestra casa antes que en ninguna otra parte, vivir su raj colonial entre nativos dóciles de sangre caliente.

Cross-cultural y globalización están a la orden del dia, igual que los nacionalismos y tribalismos que abren distancias con la plaga del consumo y el multiculturalismo con el que nos impregnan desde la cohabitación con toda clase de etno-diversidades. Pero eso no nos interesa, ni monocultura ni micronacionalismos, este libro sigue otros derroteros. No hay *participant observation* ni investigación alguna, no queremos buscar las reglas para establecer una identidad cultural (aunque no vendría mal, algunos libros y aquellos viejos debates de Santander empiezan a oler a podrido), nuestro objetivo es mucho más sencillo, ni ciencia popular, ni clínica social, sólo primeras impresiones, una llamada de atención para lo que en el futuro será el primer paso de una autocrítica intelectual más o menos colectiva.

Si no estamos interesados en nuestra identidad cultural, se preguntará usted, si no hay distanciamiento ni *rol models*, si no hay patrones de conducta que cortar, ni método, ni trabajo de campo, qué hacemos aquí vestidos como Margaret Mead o Bruce Baxter en King Kong, como Malinowski en Melanesia. Bueno, estamos aquí por lo que estaba el polaco, por un ejercicio de constricción personal confesional y excéntrico, tratando de exponer la mala conciencia y las bajas pasiones donde nos atrincheramos para gestionar oscuros nacionalismos. Como otros, estamos aquí, testificales y swiftianos, tratando de entender aquello que nos rodea a través de un viaje a salto de mata entre españolitos grandullones y pequeñines, mal y bien educados, y buenos salvajes.

Existe, en cualquier caso, si no un modelo de españolidad emergente susceptible de ser rastreado en el tejido de tantos diferentes latinismos, formalizado y empaquetado como

Dios manda, una subcultura local bien difundida -todavía por definir- a punto de hundir el mercado de células madre del europeísmo *blessé*.

Si al dia de hoy la mayoría de las identidades europeas han caído en desgracia por introvertidas y axiomáticas, nuestro protoeuropeísmo *sanglant*, emparentado con el maltrato a los animales y la plástica (algo tan snob y quintocolumnista), ha dejado las revistas y las páginas de los tabloides para entrar en el *head hunting* de las grandes corporaciones. Parece ser que ciertos instintos primarios y una versatilidad y calidez humana hace tiempo desaparecida de los cadres de la empresa, nos coloca en los primeros puestos de la lista para esta nueva modalidad de gestión financiera en caliente. Da igual, el mundo de la cosmética o el del automovil, de los fondos de pensión o de los organismos internacionales, en La Haya o en Bruselas, hoy se apuesta por un macho cabrío hirsuto y expeditivo (las hembras pueden ser igual de competitivas, o más) capaz de tomar decisiones sin condescendencia, sin que le tiemble el pulso ni dejar de mirar al toro, como Manolete. Somos carne fresca, suicidas vehementes, divertidos e incluso glamourosos, perfectos para gestionar los campos del dinero sin que los calvinistas tengan que mojarse el culo.

¿Qué lectura hacer entonces de estos dobles estándards, Por un lado ruidosos como músicos del Rajasthan, grotescos e intempestivos con todos esos mementos *lower class*, los santos inocentes de un montón de caciques y señores feudales recios y *untamed*; y por otro, sofisticados y tribales, como en las aldeas del Sepik, sobrevalorados y amistosos, bien dotados para las artes y para la guerra, especímenes perfectos con una alta dosis de autoestima.

Este es un pais frágil, barroco y desconcertante, y nos definimos por oposición a la mayoría de las culturas europeas. Pero en este mundo al revés nos falta la autocrítica. Y a riesgo de ser impopular, debo decir que salvo que descubramos la necesidad de reírnos de nosostos mismos, seguiremos igual de untosos y recalcitrantes que un montón de albano-kosovares (léase: pueblo caucásico por lo general solemne con tendencias extremas a la autoindulgencia y el engreimiento malencarado o incluso violento). En franca discrepancia con otras culturas más propicias a la interacción social, deberíamos corregir con carácter urgente nuestros viejos hábitos sentimentales y marimandones y avocarnos a la búsqueda de un laicismo más atemperado. Cierto, hay buenas señales, tipos capaces de entablar conversación con eufemismos y atenuantes y sin heterofobias ni todo sobre mi madre, sin marujeos, ni puribundia eclesiástica, tipos más *cross-cultural*, si cabe, que no ponen en peligro por eso la psique nacional. Asi que tranquilos y veámos..

Climas

Los climas escriben la historia de las especies, y el carácter de los seres humanos está en sintonía con toda clase de parámetros, longitud, latitud, pequeñas variaciones en la inclinación del eje terrestre, fases lunares, fenómenos de condensación... y toda la pesca. Algunos ivernan durante ciclos prolongados, otros viven abrasados por temperaturas nucleares, y otros son disecados e inundados alternativamente. Algunos privilegiados, somos regalados con la benevolencia de climas más antropomórficos, hechos un poco más a nuestra escala.

Como cualquiera sabe, lo que el clima hace a los otros nos tiene sin cuidado, no señor, ninguno va jugarse el tipo por un par de problemillas de rotación del magma alrededor del núcleo. Que cada palo aguante su vela. Nos importan un pito las emisiones de Co2, las hambrunas, las inundaciones o el chic acuático de los emiratos, ningún cambio climático va a conseguir que volvamos a los desodorantes en barra. Nos tienen sin cuidado los cincuenta grados de Dubai o los monzones o un montón de islandeses precongelados, siempre que tengamos dieciocho hoyos y una temperatura media de veinticinco grados. Un clima idiosincrático, ya saben, hecho a la medida de ciertas necesidades, una partida de dobles, lo que haga falta, un paseo por el ágora, poder sacar de paseo al dachound. Lo dicho, nada espectacular, sólo un clima para las clases medias. Nada que nos obligue a macerarnos en ríos sagrados, al nomadismo o a la selección natural, o a llevar vidas enzimáticas en bosques tropicales.

A diferencia de otras culturas clima-cultistas, nuestra relación con los fenómenos naturales es intrínseca e interiorizada. No tenemos muchas palabras para la nieve, el color del mar o las lluvias, para la arena o el bosque, apenas si un poco de supervivencia y oportunismo estacional. No utilizamos el tiempo como subterfugio o *grooming talk*, ni hacemos literatura con nuestro background climático ni sus paisajes asociados (como harían en Brasil o Australia). No verbalizamos ni elaboramos *in extenso* sobre lo que normalmente consideraríamos simples rutinas atmosféricas, con muy poca o ninguna incidencia sobre otras actividades más interesantes y desclimatizadas. Tampoco dramatizamos ni desdramatizamos esta clase de fenómenos (nos inclinamos mucho más por las páginas de sucesos o las lesiones simbólicas de nuestra integridad), ni los amplificamos, del clima sólo hacemos su predicción, no hacemos ni su genealogía, ni su epistemología, el parte meteorológico es como un diario o una agenda de trabajo e implica sólo un conocimiento superficial que no nos revela nada del metabolismo secreto que mantenemos con él. Tampoco nos obsesionamos ni hacemos patologías con la casuística natural (sólo los climas extremos nos empujan al borde de la tolerancia), ni entramos en modos depresivos aletargantes como en Chiloé o Skull island, ni en la penuria degradante de las temperaturas de fusión en Houston o el Golfo Pérsico. Ni siquiera somos demasiado susceptibles o remilgados cuando los dioses del panteón se nos suben a la chepa con sus caprichitos del temple, y por lo general sabemos aguantarnos sin tirar la toalla, ya saben, excepto por unas horas en la piltra bien ventilados y escuchando Nature Sounds o el Canto del Lama. Lo justo, lo normal pa un perro. No, no vamos a poner eso en nuestros informes, no vamos a rundinar primo, no vamos a pegar la hebra, el tiempo meteorológico es siempre contingente y no afecta en nada a nuestra agenda.

Nuestra relación con el clima es atemperada y natural, y raras veces enunciada. Salvo comentarios ocasionales hay poco que decir sobre adaptabilidad y determinismo meteorológico, hemos cerrado un pacto de silencio con las fuerzas de la naturaleza y no vamos a ponernos difíciles por tonterías. Tenemos climas privilegiados, algunas lluvias y grandes dosis de litio codiciadas por cientos de miles de europeos de cielos cubiertos, una desertización somera y frentes atlánticos también moderados. Hemos interiorizado esos climas, como se hace en los puntos sensibles y extremos del planeta, creando un temperamento de medianía caótico e indisciplinado, que de alguna manera los festeja, somos unos estoicos de pacotilla, una pizca rurales y asilvestrados con una forma diferente de mirar.

Es cierto, nadie se queja del calor en Utah o Burkina Faso, ni del frio en Groelandia, ni de los tsunamis en Indonesia, ni de los monzones en India. La gente se muere lenta o brutalmente y no pierde por eso su dignidad personal, son la estrellas de Hollywood de esta vieja megaproducción de los desastres naturales. Son, qué duda cabe, los mejores, sabios en su naturaleza se han fundido con sus climas dentro de los ecosistemas, e indiferentes a la hipocresía de las soluciones globales, son los cadáveres exquisitos de los controles de población y la dinámica del desarrollo.

Nuestra relación con la climatología es heredera de esta epopeya, y reducidas las escalas, somos también algo tribales y cargo-cultistas con todo aquello que nos cae del cielo, aunque no del todo fiables. Mientras en el resto de Europa son más intelectuales y abstraídos, y muestran una tendencia a elaborar sus conductas en relación con el clima, haciéndose negativos o participativos, según las ocasiones. Los noruegos hacen ski de fondo y tiro al blanco en una alarde de ingenua inventiva, mientra fabrican estufas de porcelana y un montón de producción en interiores junto con otros escandinavos; los suizos más o menos lo mismo, pero incluyen un capítulo de banca internacional que es de habitual como muy recogido; sicilianos y napolitanos, siempre furtivos, cocinan al aire libre en los mercados mientras inventan el hurto con ciclomotores; los franceses hacen metafísica (El extranjero) o playas en el Sena; mientras otros, los ingleses, por ejemplo, hacen del clima un género literario, que va desde Conan Doyle o las Brönte a los trawlers O`Hanlon, y todos practican un transfuguismo estacional hacia climas más benévolos que terminan al final adoptando.

En casa, en cambio, somos más distendidos. Nos sentamos a la fresca o compramos paraguas, pero no hacemos alarde de ello, y en algunos casos hemos descubierto el aire acondicionado con cincuenta años de retraso. Aunque hacemos obviamente esfuerzos de adaptación siguiendo las tendencias que nos impone el mercado, no parece que hayamos sentido nunca la necesidad de crear mecanismos sociales adaptados al clima, ni hábitos psicológicos, ni una cultura *ad hoc*. Tenemos por un lado una relación física con él, un entente primario controlado por unas pocas leyes termodinámicas, como los animales de sangre fria, algo intrínseco y autoregulado, un atisbo de función clorofiliana mezclada con dos partes de fotosíntesis, que a muchos no deja de sorprendernos. Y por otro, una relación sobrecivilizada, una pieza a dos manos con el cabrón, somos contenidos, no hacemos ostentación del sacrificio y cualquier esfuerzo de adaptación se sufre en silencio. Existe en nuestra relación con el clima una etiqueta inglesa, por su distanciamiento y poca sentimentalidad. Mal educados erráticos y abruptos como somos, con éste, nos marcamos puntos en buenos modales. Los extranjeros no terminan de entenderlo, han hecho en casa el curso completo sobre eco-inteligencia y sin embargo cuando nos visitan no paran de chocar culturalmente con una diversidad que los coge por sorpresa, y van del gris total a la atmósfera de Marte sin que medie advertencia alguna. Les falta la actitud correcta, esa somatización somera de la que apenas hacemos alarde, y bajar un poco las expectativas en materia de meteorología hecha a la medida de su turismo *low cost*.

Aparte de microclimas, tenemos un habitat mediterráneo que va de templado a sofocante, climas de alta montaña y atlánticos, y todos ellos producen protocolos imprescindibles para manejar la etiqueta adecuada. En el norte, por ejemplo, cuando el sol se oculta durante largos períodos y las borrascas se alternan con frecuencia, el clima se hace ideología y parece imposible ninguna perspectiva que no lo incluya, de él no hay escapatoria. Los nativos lo viven como una doble experiencia: por un lado, un fatalismo que refuerza su sentido de identidad, por otro, un aire melancólico que adopta diferentes formas autopunitivas, que van de la pulcritud social a la exclusión, pasando por el humor sombrío. El clima es siempre el invitado de piedra, y se cuela por cada rendija de la vida social haciéndose una presencia ectoplasmática, como una atmósfera misteriosa, constante en las temperaturas medias, es la clase de presencia que genera modelos de introversión y una animosidad bien adaptada. Un clima para la ortodoxia local que ha adquirido allí su carta de naturaleza, y entrado por la puerta grande en el metabolismo cultural de ciertos nacionalismos marginados.

El mediterráneo también es un gran clima, y no podría ser más diferente. Cálido, soleado, brillante, lúdico, cruel a veces, generoso otras, es como el rey de los climas. A falta del *mild* subtropical o del nirvana del Pacífico atemperado por los alisios, es el shangrilá de nuestros paraísos climáticos europeos. Los guiris se pegan por venir aquí, montar las yurtas y dar de comer a sus rebaños. Nómadas estacionales que han hecho de nuestro litoral una gran inmobiliaria. Es el clima de griegos y romanos, clases al aire libre, el ágora, los foros, ya saben, comer uvas tumbado, la leche! El clima filosófico por excelencia, una preceptiva para la vida inteligente que también genera sus protocolos. Pero si tenemos en cuenta que el dinero es el primer rito de paso para participar de este tamure balanceado, debemos aceptar que nuestras opciones serán en su mayoría materialistas. Aún así, acabado el rodaje del estío griego, el chic romano y la retórica siciliana, del clima sólo queda la crematística. Skipper o Yachting World, Coté Sud o Golf Monthly, los nativos piensan que se trata sólo de una atmósfera de clase, un simple habitat que figura en la lista de los bienes adquiridos, y mantienen con él una relación clientelista por lo general unilateralmente gestionada. Los mediterráneos son por naturaleza poco climatistas, no muestran tendencia alguna a hablar ni a interiorizar o dramatizar el tiempo meteorológico, son como los argonautas que salen a intercambiar sus productos, comerciantes a fin de cuentas, que no sienten la necesidad de somatizar su habitat climático.

En el interior, en cambio, hay climas tórridos, también clasistas, de los que huye el dinero. Superados los cuarenta y cinco a la sombra, se produce una metamorfósis del cuerpo y del espíritu (hay más de una especie en ciertos lugares dispuesta para el cambio evolutivo). Los nativos, expuestos a estas temperaturas se convierten en magma colectivo, carismático y sociológicamente denso. Aquí el dinero no cuenta (los ricos no se exponen a las altas temperaturas), ni el laissez faire del levante, ni el taoísmo meteorológico del norte, todo es como mucho más sinérgico, y estos hermanos cogen directamente su energía del sol. Los cincuenta grados son un rito de paso para alcanzar una sub-cultura llena de inéditos protocolos de supervivencia. Reservado para los especímenes más dotados, esta condición extrema parece colocarse por encima de cualquier otro clima idiosincrático, y alcanzarla se convierte en un curioso privilegio. Algunos sectores sociales parecen estar en su salsa en estos crueles invernaderos sociológicos, y no tardan en construir un imaginario propio lleno de creatividad, bluff energético y pretenciosidad, inseparable de su condición natural. Como con Meursault en Argel, el clima es el hombre, y salvo por un montón de gestualidad, no hay un discurso que lo contenga.

En cuanto a los microclimas insulares y del litoral africano, éstos son excepcionales y han dado lugar a protocolos originales y extranjerizantes, son climas costumbristas que ocupan casi todo el espacio simbólico de estas culturas. Los canarios, por ejemplo, han metido la metereología en su retórica, y les resulta insustituíble. Monocultistas en relación al clima, se diría que se han hecho endémicos y que no pueden vivir lejos de él. Isleños por circunstancia y vocación, geoestabilizados en una cultura de tránsito, vinculados por motivos diversos con la Europa fria y el Africa sahariana o el tropicalismo latinoamericano, atrapados entre las corrientes de chorro y los alisios, han sido bendecidos con un mestizaje platónico, que con la excepción del agua lo tiene casi todo.

En resumen, los españoles hemos interiorizado (dirán que como el resto de las culturas) nuestros climas, somos unos naturalistas espontáneos y hemos sacado la climatología de su discurso intelectual como de su charla cotidiana, unos funcionalistas primitivos incapaces de reconocer otra cosa que no sea el determinismo de los fenómenos naturales. Consecuentes con la mayoría de las reglas que ordenan nuestra identidad colectiva, somos inmejorables a la hora de reificar los que consideramos nuestros mejores atributos. ¡Nada como lo nuestro! ¿Místicos o ignorantes, o ambos, vivimos el clima igual que una pasión secreta o sencillamente nos importa un vatio? ¿Cortamos los árboles para que no crezcan (nuestras podas son brutales), preferimos pasar calor antes que climatizar nuestro entorno (cosa que hasta hace poco ha sido una ortodoxia), nos falta una relación inteligente con el clima(como con tantas otras cosas), o somos buenos salvajes en armonía con nuestros patrimonios naturales, o una banda de panteístas involutivos inacapaces de modificar sus condiciones de vida? En cualquier caso, al final de cuentas, como bien sabemos, todos los españoles aspiran a tener su popio microclima.

EATING (home and abroad)

Nada de bromas ahora, por favor, hablamos de comida. En casa, este es un asunto serio, tiene que ver con la ética de clase, de cualquier clase, y con el status que atribuímos al *savoir vivre* vinculado a la alimentación y *l'emploi du temps*. La lengua es el francés (nadie como ellos a la hora de nombrar), la sofisticación popular en la ingesta y la exteriorización pública, española (el arte de vivir en grupo según los últimos índices de popularidad). Con la excepción de los italianos, pocas comunidades tradicionalmente pobres han sabido comer tan bien. Pobres y ricos, clases sociales, unos y otros, todos han hecho gala de una alimentación suntuosa bien regulada, con sus propias reglas y tabúes.

La mayoría de las culturas europeas han sido históricamente nefastas a la hora de gestionar su dieta, más cercana al vandalismo y al analfabetismo culinario que al buen gusto. Y sólo recientemente han sido salvadas por el gong de una cocina mestiza y hecha en los medios, que de alguna forma ha permitido recalificar a algunos de los fogones más brutalistas del continente. Víctimas quizás de la pobreza, de la moral protestante, de la gestión del dinero, los europeos han sido desde siempre un poco talmúdicos a la hora de hacer la lista de la compra, y se han conformado con un recetario grosero, a medias entre la penitencia y la supervivencia en un planeta en vias de extinción.

En casa, comer bien es un artículo de fé. Nuestros antepasados llegaban a extremos sublimes para asegurarse una provisión de productos frescos y autogestionados, hacían su vino, mantenían su huerta, destripaban al cerdo (en desacuerdo con el tabú tribal que desaconseja el consumo de tus propios animales) para diversificar y garantizar un proceso controlado y la calidad de todos y cada uno de los derivados, por no hablar de ciertas culturas del pan y de la pesca a pequeña escala convertida en un arte aplicado, como el grabado o la talla policromada. La clave es simple: por un lado, un sibaritismo espontáneo orientado a la calidad de la materia prima, una pasión vinculada a un prestigio personal oscuro de origen lúdico o pagano, precipitado por una gula elaborada y caprichosa; y por otro, una nemotecnia familiar de las reglas de la buena cocina, una alquimia sutíl de los pucheros, por lo general de tradición oral (la anticuaria de los libros de cocina nos lleva a Mosimann o a Meg Dodd en el diecisiete o a Tirel en el doce, o incluso a *De Re Coquina* en la Roma del siglo uno..., pero a ningún escrito local conocido).

Reglas hay muchas, pero no parece que hayan sido sistematizadas. En general tienen también el aspecto de ser espontáneas y tradicionales, y probablemente anteriores a la cocina escrita erudita de otras partes de Europa. La mayoría de ellas son generalistas y apenas elaboradas, y tienen menos que ver con la alimentación que con la integridad de la aldea, el conservadurismo, la autosuficiencia, la seguridad y el aislamiento. Una buena cocina inmovilista es la mejor garantía de una aldea estabilizada y feliz. Pragmáticos y viscerales, triperos a fin de cuentas, el buen yantar ha sido siempre nuestra forma de vida.

Las reglas y los tabúes son pocos, y todos ellos tienen que ver con los recursos y la idiosincracia de la aldea, nada de eclecticismo, nada de fusión, ningún exotismo, nada de *crudités* ni de animales vivos o moribundos, nada de chile, ningún comensalismo a la hora de poner la mesa, tres platos, café y puro, y una buena sobremesa. Poca sofisticación y maneras de mesa las justas, lo crudo y lo cocido pero más en versión Azorín que Levy Srauss, poca elaboración, pocas especias y buena materia prima, conservas de toda clase y un amor físico por la charcutería. Somos una pandilla de infieles adoradores del cerdo, carne, pies, morro, huesos... y la mayoría de sus atributos anatómicos (la casquería ha desaparecido de nuestros mercados sólo recientemente). Grandes consumidores de aves (y algo de caza), nos inclinamos poco hacia la ganadería doméstica (sólo hacemos de la vaca un consuno primario y somos casi analfabetos en materia de carnes maduras o maduradas), y sin embargo atribuímos toda clase de valores taumatúrgicos al consumo de un sólo animal de rebaño, el toro (de lidia) cuyo consumo por lo general anecdótico adquiere un status simbólico. Amantes de las largas cocciones y de los fritos, huímos de métodos que no impliquen por lo menos la transformación parcial de la materia, y hemos hecho auténticos tabúes de las cocinas ideológicas, sean éstas partidarias de la crudeza o el naturalismo, de la mezla de especias, de las dietas religiosas o generalistas de los fast food. No enterramos la comida, ni la colgamos, no hacemos apenas cocciones sutiles ni secamos al sol, la mayoría de nuestras recetas salen de los fogones, y no soportamos las cocinas que se abren al salón, la cocina en la estructura del hogar debe estar siempre bien delimitada y aislada (como el templo familiar en la casa tradicional balinesa) y su presencia además de imprescindible, es por lo general carismática.

En cuanto a la liturgia, digamos que sólo hace poco hemos entrado en el mundo del protocolo y la puesta en escena, a instancias de un esteticismo flagrante que acecha todos los aspectos de la vida social, pero que nuestra primera intención es siempre la ausencia de etiqueta y un cierto gusto aberrante por los hábitos proletarios a la hora de dar cuenta de las viandas. Supongo que detestamos la formalidad excesiva y las actitudes remilgadas, tengan éstas que ver con la etiqueta, las relaciones sociales o el discurso, y nos inclinamos por la gestión espontánea e incluso autodegradada de las maneras de mesa. El conocimiento popular dice que por lo general los buenos modales están reñidos con la buena cocina, y que allí donde sobreviven los primeros, la segunda brilla por su ausencia, y que en su lugar se ve la presencia de una triste acumulación de productos no ya desestructurados sino simplemente ordenados y la ausencia de sabores en sentido estricto, una especie de anti-cocina de réplica, limítrofe con la esterilidad y el platonismo culinario. Nuestra liturgia es apasionada (como la de los grandes chefs) y al tiempo que prescinde de cualquier mecanismo de intermediación con la comida, mantiene con ésta una relación sensual y poco amiga de la retórica de los cocineros y los comensales mediocres. Lo suyo es llevarse la comida a la boca y disfrutar, regocijarse con el acto mismo de la ingesta (como cualquier carnívoro cazador) y entrar a partir de allí en una fiesta personal de los sentidos rica en sensaciones gastronómicas. Queda prohibida la afectación, la lentitud o el distanciamiento (la buena comida debe precipitar una pasión inmediata en ningún caso ralentizada por los protocolos), o la celebración intelectual o la hipocresía de la contención formal o el detraimiento de cualquier clase. Comer es, en definitiva, un gesto corporal y simbiótico, y no debería estar sujeto a ninguna constricción o disciplina exterior a su naturaleza, somos unos pintorescos anarquistas del buen yantar.

A la hora de comer, aparte de informales y apasionados, somos casi sin excepción, expeditivos y cuantitativos (en eso nos parecemos a los chinos, con quienes, aunque prescriptos de nuestra dieta, compartimos muchas cosas). Nada de sentarse a la mesa a esperar, ya sabe, el santo advenimiento, nada de horas muertas entre plato y plato, nada de mariconadas a la hora de entrar a matar, de embaular, ningún remilgo, comer no requiere ninguna puesta en escena y tiene poco que ver con las maneras de mesa o el debate cultural, por lo que se requiere un servicio expeditivo tanto al inicio como durante, mientras que el encuentro social se reserva exclusivamente para después de comer. De igual modo *small is beatiful* no tiene cabida aquí, las porciones deben ser grandes (aunque quizás no tanto como en algunas culturas protestantes y prósperas), deben exceder las expectativas, no digamos las necesidades calóricas, y colocarse por encima de ese menudeo ahorrista de sociedades *frappé*. Las raciones generosas forman parte de nuestra relación personal con la comida y de un cuerpo de prejuicios generalizados contra la contención y el formalismo excesivo de ciertos manuales de cortesía.

En resumen, en casa no sólo somos unos estupendos cocineros, sino también buenos horticultores, mariscadores, pescadores y matarifes, somos caritativos y promiscuos, y unos comensales intensos y voluptuosos, como en las viejas cortes y en las mesas feudales, mantenemos vivas antiguas tradiciones culinarias y tenemos con ellas relaciones espontáneas y por lo general desintelectualizadas. En casa hemos creado una fábula comestible (como en Hansel y Gretel) un universo *edible* y gratificante para cualquiera, una utopía gastronómica al alcanze de casi todos, pero fuera somos un auténtico desastre.

Nuestra actitud hacia las cocinas étnicas está regulada por un grupo de actitudes que resultan por los menos, sospechosas. No obstante, algo está cambiando y hoy se puede ver, aunque más no sea excepcionalmente, un poco de curiosidad natural y un esfuerzo pedagógico por educar a las mayorías de integristas culinarios. Basta coger un avión fuera de nuestro habitat alimentario para que perdamos, de manera también espontánea, la disposición innata y el olfato para las buenas viandas, y neguemos por sistema cualquier mínima alteración del dogma. Ciegos y radicalizados, vamos por ahí armados de cinturones explosivos y haciendo volar por los aires lo que se ponga a tiro, tradiciones exóticas de cientos de años, el mundo de las especias al completo, y frente a cualquier indicio de paganismo culinario, llámase curry, kimchi o tofu, las cocinas aborígenes o aberrantes, la alimentación simbólica u oportunista, el canibalismo blando de los nipones o las dietas macrobióticas, da igual, nos ponemos en actitud defensiva. Nuestra visión del mundo de la cocina es la misma que la de un fundamentalista de Hamás, somos los talibanes del arroz de grano gordo y del pan con todo, podemos desatar la guerra del jodido pan y del guiso con patatas, somos una banda de terroristas del método, de la fritura, de la *cocción comme il faut* y de la genealogía de las materias primas. No, no vamos a dejar que se abra una sola brecha en nuestras defensas, tenemos normas, ya saben, somos los kosher del mundo gentil y seguimos la ley oral de viejos patriarcas inmovilistas.

Viajo mucho, me autodefino como un omnívoro oportunista, y he sido testigo privilegiado del reduccionismo fanático de algunos paisanos. He visto dejar en el plato soberbios asados con cuero o curries de pescado, sachimis de salmón salvaje o merluza negra, guisos misteriosos de antiguas dinastías chinas, gusanos de mopame, sopas cajún, ramens, tés tibetanos, y los he visto caminar indiferentes e incluso algo contrariados en mercados de comidas más vibrantes y desconcertantes que el Museo del Cairo. Los he visto adelgazar durante largos viajes en China, sometidos a una dieta puritana de arroz blanco y verduras hervidas, como si fueran las vestales de un templo siniestro, y sobre todo los he visto defender apasionadamente cierto iberocentrismo *de coquina* sin otro fundamento que un chovinismo nacional recurrente heredero de nuestra conducta social y con demasiados registros.

En general, digamos que las actitudes que subyacen a estas fobias alimentarias y conservadurismo, son las mismas que movilizan otros radicales libres de este super ego gastro-nómico del que hacemos gala. Somos suspicaces y desconfia-dos, tanto en los que se refiere a la procedencia de las viandas: nada irregular o extravagante, nada de fuentes des-conocidas, ninguna fantasía anatómica, queremos saber qué es y de dónde procede, necesitamos conocer sin esfuerzo la naturaleza de cualquier producto; como en lo que se refiere a la manera en que han sido cocinadas, cualquier desvío de las técnicas tradicionales será sin atisbo de duda, repudiado. Su-pongo que se trata de una desconfianza moral primaria y rela-cionada con otros atributos de nuestra identidad cultural, entre los que podrían estar el miedo a lo desconocido y el rechazo a la construcción intelectual de la comida. Sospechosos habi-tuales de las costumbres de los otros, hemos inventado una cocina sin señales de clase, reificada y robusta, que no deja-mos de lanzar a la cabeza de los demás. Como en la Conquis-ta o en la Guerra Civil, no dejamos de promocionarnos por negación e imponer los que consideramos valores de cuna y el integrismo culinario como otra de esas ideologías empon-zoñadas con las que nos hacemos querer. Pensamos que es nuestra responsabilidad moral enseñar a comer a los demás, y en este peculiar *grand tour* acarreamos callos con garbanzos en conserva, trozos enteros de cerdo reposado, la receta secre-ta de la tortilla de patatas y la carne con ajo, como otros lle-van su PG Tips o English Brekfast (raras veces un Lapsang Souchong) como si fueran los colores de la bandera.

Nos falta una actitud racional frente a los hábitos dieté-ticos de los infieles, y somos a veces intolerantes con las die-tas asiáticas y el kosher, por ejemplo, que encontramos no sólo hilarante sino arcano y peligroso para las buenas cos-tumbres del antisemitismo bien pensante, y seríamos capaces de hacer volar por los aires el libro de cocina de los profetas y con él a algunos judíos chupatientos. Algo parecido pasa con la mayoría de las dietas religiosas o la cocina de la cordillera del Himalaya o la coreana, o con la de Kerala. La tesis que subyace es: sólo nosotros sabemos comer, el resto de los mortales (salvo clásicos aceptados) tiran de bajos recursos e insostenibilidad, subdesarrollo es la clave, y a la hora de sentarse a la mesa los pobres presumen de un eclecticismo aleatorio y superticioso (como el caldero de las brujas) que hacen pasar como étnico. Mientras que otros (las sociedades desarrolladas) no hacen sino reinventar culinariamente sus códigos de clase, y allí donde debería haber sólo comida hay un magro montoncito de etiqueta gastronómica. Creemos que nos falta pensamiento y comensalidad, hemos perdido la clase en la que se hablaba de cómo estrechar lazos a través de la comida fuera de nuestras fronteras y cómo sacar provecho del choque cultural. Deterministas tercos la mayoría, nunca haremos el gran viaje gastronómico, y con la boca cosida como en una de esas siniestras cabezas reducidas amazónicas, cerraremos el paladar a una lista interminable de nuevos sentidos.

Algunos, sin embargo, se sueltan el pelo y adoptan dietas exóticas como han hecho con el golf, el sushi o el rummy canasta. La irrupción de las multinacionales en la aldea y la proliferación de ejecutivos forzosamente cosmopolitas ha introducido la necesidad social de variar los hábitos y pasarse al *de luxe beduine* de los Emiratos o al naturalismo japonés, entre otros. Como diría el apóstata, hay que zampárselo todo antes de firmar los contratos -nobleza obliga-, de lo contrario nunca le venderemos nada a los *farangs*. En este caso nuestra actitud suele ser excluyente, y seguimos reforzando viejos tabús dietéticos que ya se han convertido en ideológicos. Creemos que una buena disposición no restrictiva es amenazante. ¿Dónde iría a parar nuestro chovinismo si fuésemos digamos condescendientes con esos extranjeros y aceptásemos meternos en la boca cualquiera de sus manducas insalubres? Nuestro equipo juega en segunda, le sigue faltando protocolo y buenos modales, y sigue sin saber nada acerca de cómo hacer sentir bien al resto de comensales. Lo dicho, una especie rara de esnobismo *blessé* aprendido que sigue patronizando acerca de la virtuosidad innata de los propios untos y pucheros, sumado a una experimentación excluyente y prejuiciosa. Los otros nos siguen poniendo en la lista de los paletos y los xenófobos alimentarios, con cero puntos en diplomacia y voyeurismo intelectual, sin mencionar este imperdonable desamor hacia todo lo que parece diferente.

Ignoro las razones, pero mientras en casa somos escrupulosos e imaginativos, sutiles incluso, y en extremo sensibles, de viaje somos las hordas de Atila, y la hierba ya no crece allí por donde pasamos. Una de dos: o abandonamos los alimentos terrestres, diría Gide, y cerramos nuestras bocazas para siempre, al tiempo que improvisamos una dieta de supervivencia a base de productos seguros y reconocibles, o nos dedicamos a hacer proselitismo de nuestro suculento asianismo gastronómico con toda su liturgia aldeana y casquería, como si se tratase de la dieta de los elegidos, o incluso ambas.

Las cosas están cambiando, y algunos ya optamos por un divertido maridaje entre el tofu y la tortilla de patatas, la mermelada de naranja thick cut y la manteca colorada, el pulpo y los ceviches peruanos, el pak choi y las judías blancas, el jamón y las proteínas de los fluidos orgánicos. Las oscuras fuerzas de la aculturación van ganando terreno a las abuelas de nuestros Goebbels locales, y el cosmopolitismo causa auténticos estragos. Convertidos al esnobismo amateur, todavía crudo y desestructurado, apadrinados por las nuevas estrellas del gastro-porno, el genio absoluto (de Adriá), el desacato intelectual más radical jamás visto en el mundo de los pucheros, nos aventuramos tímidamente y por primera vez más allá de las fronteras del gusto. Y a la espera de resultados, seguimos pegando la hebra y castigando a dentelladas nuestras más ricas y sublimes viandas.

Una cierta mirada

Lo que sigue nos habla de la mirada, de cómo miramos y de cómo somos mirados. ¿Qué porqué es tan importante? Por que de esta ecuación surge la verdad sobre quienes somos. Creemos que quizás la identidad de nuestra conducta colectiva es el resultado de este ir y venir de emociones identitarias, clichés y estereotipos. Si somos lo que creemos ser y lo que creen que somos, hay que intentar entender esta dinámica de transferencias que, por lo general, no nos es revelada, sino que tiene lugar en la intimidad del género como un mecanismo más de reciprocidad y adaptación al caldo social en el que habitualmente nos movemos.

Puestas una junto a la otra parecen iguales, compartimos una mirada irreflexiva y primitiva sobre los otros, una mala mirada, un mal de ojo tribal, animista y superticioso, responsable, junto con la mirada económica, del marrón etnográfico que todavía ponemos al dia. Sin embargo, no pueden ser iguales, y la nuestra, sin lugar a dudas, tiene sus propias peculiaridades. El conjunto de éstas, frívolo y mal señalado (como es costumbre de la casa) nos hará diferentes e iguales, pero un poco más lúcidos respecto de las veleidades y los defectos, nos descubrirá las inercias mentales y constricciones que hacen nuestra cultura. La mayoría de los pueblos son patéticos en su visión de los otros, son unas marujas antropológicas y deberían hervir en sus pucheros. Tienen todas las cartas para condenarse: tópicos endurecidos, violencia sarcástica, visión fragmentada, intolerancia, todo bien mezclado con un poco de buena conciencia al uso y algo de etnografismo edulcorado, la regla del buen indígena. No hay trabajo de campo malicioso (salvo éste quizás). Debo confesar que algunos pensamos que este envite de miradas cercano a la desfachatez, este diagnóstico precoz, este push sociológico del personal, ordena hoy nuestro universo.

¿Qué cómo nos ven los demás, cómo es su mirada? Es pan comido. Llevamos años estereotipados por un punto de vista simplista que va del psicologismo al folklorismo with two veg, como en una especie de rancio baile de salón, de minué, despachándose a gusto con esta vieja tribu de balneario que no es otra que nosotros mismos. Para empezar, nos ven mal, aunque rescatan algunos de los pasos que hemos dado en materia económica y en la transición, y en definitiva elogian los esfuerzos homogeneizantes de los últimos veinte años, en especial de aquellos responsables del parecido europeo. En general todos coinciden en que es gratificante ver como toda aquella intensidad social (Pitt Rivers) que antes empleábamos en darle a el mortero y perseguir a las suecas en bikini, la empleamos ahora en educar a nuestros vástagos en las artes de la tierra batida o en la fórmula uno. Elogian los euroatributos adquiridos, nuestro *depaysement,* y la vitalidad que hemos demostrado en este precipitado *aggiornamento* y en los cursos de inglés en el extranjero, y la sensación de poder comunicar con los otros en una lengua homologada, en lugar de aquél simpático lenguaje corporal que tanto furor despertaba entre los primeros antropólogos que nos visitaron. Fruto también de esta mirada benevolente, es la puntuación que nos han dado los jefes en política, esta bonita democracia para principiantes que hemos hecho en casa con nuestras manos y con la fibra del pandanus de cuando éramos exóticos. Después de cuarenta años de un pequeño y autóctono Kim Jong-il, igual de militarista, endógamo y anticarismático, cuatro largas décadas de culto a la personalidad, mangoneo y apego a las tradiciones más obscenas de nuestro repertorio, hemos terminado pergeñando un modelo democrático apañadito que es la envidia de los países subdesarrollados, y motivo de orgullo para nuestros padres putativos en Bruselas. ¡Ten points para nuestros aborígenes comunitarios, sí señor! Han pasado del seicientos y la empanada al número once de los países industrializados, sin dejar de ser, como suele decirse, ellos mismos, la tribu perdida del progresismo europeo.

A los ojos de los demás somos exóticos (algo así decía Cátedra en su seminario de la UIPM). Me pregunto en qué sentido, si sería como los vaqueiros de alzada, o los Azande para Evans, como los fulani para Barley, una tribu del Africa Occidental algo descarada, oportunista y falsamente etnográfica. Seremos acaso el eslabón perdido entre el mono caucásico y las nuevas especies europeas blancas, los últimos recolectores ganaderos del continente; o todo lo contrario, el gen aislado del vitalismo y la intensidad social no organizada, los únicos seres vivos en este paisaje descarnado. Seremos acaso los últimos aborígenes de un mundo nuevo clónico y clonizado (por las teorías del progreso) representando su pasado etnográfico. ¿Quiénes somos? ¿Héroes o villanos? Podríamos pensar que estamos falsamente aislados, como aquella tribu en Filipinas, una puesta en escena del protoeuropeísmo poco hecho, gestionada por los zombies en Bruselas para promocionar la idea de un pasado europeo hecho con partes humanas. O como los Yanomamos de Napoleón Chagnon, una tribu manipulada para beneficio de la metodología y el antropologismo de encargo, ya saben, una sociedad europea viva para que nadie ponga en duda las nuevas praxis emaciantes. O un caldo de cultivo controlado (reproducción a escala de la actual Europa comunitaria) en donde se mezclan más o menos espontáneamente los socios ricos y los pobres, griegos y alemanes, polacos y franceses, belgas e ingleses, bárbaros y romanos, un laboratorio en tendencias sociales, del laborismo chabacano a la super-empresa, del pintorequismo a la homogeinización, del compadreo (nacionalismos, territorialismos, etnocentrismos) a las macrocorporaciones. Quizás sí seámos exóticos a la vista de los otros, y les resulte estimulante vernos resolver los simple puzzles de adaptación a las que nos someten, ya saben, ese pequeño grupo antropomórfico negociando el falso habitat en el que ha sido encerrado. O en una visión mucho más genetista e improbable, se nos guarde como una futura casta reproductora, sementales biogenerados para una edad futura en donde hayamos superado todos los tabúes interculturales.

En cualquier caso, es una mirada como las otras, sancionada por los prejuicios y la cosa pre-sociológica de un panoptismo de vecindario, y tiene sus peculiaridades. Veámos. Es anónima, es decir, ignoramos de dónde procede, si esta elaborada por la SAS para sus cosillas en Gibraltar, o cualquier otro servicio de inteligencia militar, o por el departamento de estudios avanzados para la futura cohabitación europea, o por la escuela diplomática o por alguna oscura universidad alemana, o por los canales de pago para sus estudios de audiencia, o por la gente en la calle y en los platós, los últimos brutos de este panoptismo de andar por casa. La gente inteligente apenas se pronuncia, está recluida en sus saloncitos Luis XVI, hace tiempo que ha renunciado a las estrategias de comunicación. Y una mirada anónima es irresponsable respecto de su continuidad, y no quiere negocio alguno con la teoría del otro y su debate, sino que la mueve una pasión reductora, la búsqueda de unos clichés para el cotilleo etnológico. Somos, como cualquiera sabe, el infierno de los otros, sátrapas coloquiales de nuestros pobres vecinos y de cualquier diversidad que se ponga a tiro.

Es sólo una mirada plana y carece de perspectiva, como los bajorelieves egipcios, y da una visión unidimensional de cómo somos. A través de ella se ve una sociedad inmovilista, congelada en una política de gestos que nos habla de las cosas terrenales y celestiales, el corto de nuestros quehaceres cotidianos. Sin perspectiva no hay sentido, sólo aquél que puede ser representado posturalmente. Como en el wayang, el teatro de sombras indonesio, nuestro arquetipo es el producto de las emociones primarias que pueden ser recortadas en piel de búfalo. El fondo de la cuestión es materia reservada, nadie quiere ver a un grupo de actores transhumantes haciendo el papel de sus vidas. Los extranjeros no quieren novelones, ningún Arniche para su humor de finos podencos, saben de sobra que esta vehemencia nuestra puede ser al menos farragosa.

Y es una mirada paternalista. Allí fuera hay muchos padres escrupulosos dispuestos a aleccionarnos y compensar nuestra conducta de párvulos. La cosa es sencilla, hay que seguir sus modelos y seremos recompensados, cualquier desvío será castigado con irse a la cama y unas cuantas alegorías morales. Es una fórmula conocida, y su mirada está llena de evangelismo correctivo y falsa tolerancia, como la de Flanders con Homer Simpson. En el fondo, a nadie le importa cómo somos de verdad, lo que cuenta es marcar las pautas, que los chicos buenos tengan la oportunidad de hacer su pedagogía de seminario y seguir sentando las bases para las viejas supremacías nacionales. Para eso sirven las idiosincracias cuando no son analizadas, para mantener el *status quo* de los ganadores y alimentar el dandismo de los paises con glamour.

Nuestra mirada en cambio, aunque comparta ciertas actitudes universales en el juicio sumarísimo que hacemos de los demás, es por lo general diferente. Es distante, es decir, se sitúa lejos de su sujeto, y no parece muy interesada en mejorar el ángulo, le basta con una ligera aproximación que no concede a lo que ve demasiada relevancia. Unos pocos estereotipos y unos cuantos trucos ingeniosos para salvar la papeleta del intercambio forzoso, es todo lo que tenemos en materia de habilidades sociales. Siempre hemos hecho muy poca antropología de los otros, y de nosotros mismos, tenemos bastante con nuestra autoestima y chovinismo nacional como para ir por ahí haciendo trabajillos de campo con los guiris. Con nuestra pobre experiencia colonial y un pasado más bien burdo en el trato con los nativos, parece que nunca nos hemos sentido demasiado motivados para la recogida de datos. Con menos etnógrafos por kilometro cuadrado que en Yemen o Pakistán, somos unos farsantes en relaciones internacionales y nos importa un carajo el estudio del hombre en general. Durante años hemos estado distantes y recluídos en el territorio tribal, ocupados en estúpidas contiendas sangrientas y debates parlamentarios miserables, y sólo hemos salido para comprar el pan. Allí fuera, lejos de los confines del amarillismo patriótico, hemos estado presentes sí, pero no hemos hecho, que se sepa, ninguna antropología.

Es una mirada desdeñosa. Tenemos una manera ociosa e irreflexiva de subestimar a los demás. Aceptado el hecho evidente de que no vamos a perder ni un sólo minuto en el conocimiento del otro, sea por etnocentrismo, envidia o simple analfabetismo teórico, hemos decidido suspender el juicio y quedarnos con una interpretación maliciosa de la diversidad. Eso sí, somos maximalistas y refraneros, expertos en el uso (la mayoría de las veces inteligente) de frases breves y lapidarias sobre casi todo, y la tendencia es a despacharnos rápido con los lilas que vienen del extranjero. Análisis idiosincrático, coño no! Cualquiera sabe que los forasteros no son trigo limpio, han sido educados en el engaño, son los hijos del Ps y del Qs, privacy, politess, embarassment... esas son sus reglas, pero cuidado que vienen sonriendo y blandiendo sus ocultas dagas. Y por si ésto fuera poco, estamos impacientes por aculturarlos y convertirlos a nuestra ortodoxia, lo justo, sin desvelar secretos... toros embolados, habaneras, carrilleras, pan con tomate, ibéricos y mucho pescado, los pantalones un poco cortos y un saber estar extraño, entre obtuso y escandaloso. Basta con abrir los ojos para verlos discurrir por ahí, alemanes, ingleses, rusos,holandeses, belgas... todos rotos y asilvestrados, unos *expats* inadvertidamente alienados y convertidos a la bulla y al regodeo de la untosa sociabilidad local. Y por si ésto fuera poco, somos desdeñosos por defecto y no entramos jamás a sus faroles, somos antropologicamente puros. Vaya jeta!

Y es una mirada resistente, y permanece inalterada por el tiempo y las circustancias. Son muy pocos los que parecen dispuestos a reconsiderar. Tenemos una visión del otro que es categórica y no conoce atenuantes. Incapaces de entendernos entre nos, por falta de tolerancia y demasiada pasión negativa, al otro no le damos tregua. Ya saben, una vez pronunciada la sentencia, el juicio no se revisa, somo los jueces de este tribunal de pacotilla del españolismo visceral. Da igual lo que usted piense, nos trae al fresco lo que usted piense, nosotros nos hacemos tránsfugas, pero no cambiamos de opinión. Puede usted asociarse o expatriarse, puede casarse con una de sus primas cruzadas, que siempre será alienado de las claves secretas de los nacionalismos que se transmiten por capilaridad, será extrañado y puesto a prueba, toreado y provocado, apadrinado y protegido por el macho alfa del grupo, pero será siempre visto sólo como un sujeto pintoresco y desconocedor de las reglas de identidad, al que no se puede tomar demasiado en serio. Mientras tanto, la visión personal apenas habrá cambiado, en el mejor de los casos habrán introducido un punto de relax y jocosidad afectuosa, por cierto, otro de los rasgos distintivos de nuestra mirada.

La vis cómica. Por una razón u otra, por desapego o por mala leche (una ideología local muy bien gestionada), los demás siempre nos parecen graciosos. Da igual si son indígenas de Chiapas o upper classes, los guiris dan la nota y nosotros estamos ahí para percatarnos. Da igual si connotan alguna hilaridad, los estereotipos deben ser graciosos por sí mismos, en una cultura superficial de los otros nunca hay profundidad, sólo taxidermia, y mantenemos al extraño congelado en su vis cómica. Ya se trate de un tipo bajito de piel oscura, escurridizo e introvertido, de clara ascendencia maya, o del mismo Lord Tennynson en su foto de estudio, o de un longevo pensionista americano, siempre estamos dispuestos a hacer saltar una broma. Nos gustan poco los extraños, y eso es axiomático, está escrito en las páginas más oscuras de las crónicas, si antes los esclavizábamos en encomiendas o matrimonios mixtos, hoy los ridiculizamos para poder encajarlos mejor en nuestros patrones. Los extranjeros son para el español medio bien pensante una fuente inagotable de diversión.

Un *certain regard* (como en el cine independiente de las minorías) es más o menos toda la bibliografía etnográfica de la que disponemos. Somos un país árido en materia de cosmopolitismo intelectual. Y en el reparto de personalidades (dice la gleba) nos ha tocado la mejor parte. Somos los reyes del mambo, los *ecce homo* en miles de kilómetros a la redonda, y allí fuera sólo queda un patético juego de roles. Habrá que ir pensando pronto en algunos cambios de gabinete.

The alien inside (transfuguismo cultural y disociación)

Ok, los japoneses vale. Sabemos que por dentro están hechos un cirio, miedo al fracaso, ostracismo, y nada parecido al individualismo en una sociedad que sólo goza de una identidad corporativa. ¿Pero nosotros? Los ingleses vale, y los alemanes, y otros muchos crankies de metabolismo retorcido, pero los españoles no, los españoles somos la leche y estamos muy satisfechos con nosotros mismos.

Bien. Digamos que ésta no es la premisa. Dueños, según la propaganda oficial, de una sociedad del bienestar como pocas, se diría que no hay motivo alguno para una posible fisura o frustración interior. El dogma dice que estamos más sanos que un perro de trineo esquimal, tenemos la utopía en casa y no nos damos cuenta. Los atributos físicos convencionales (nada de genotipos de segunda, ni piernas arqueadas), un buen incom y un suicide rate de las más bajas del continente. Y por dentro no digamos, ya saben, una máquina, Mortadelo y Filemón, pero con todas las proteínas animales (pienso en Torrente o el señor Rajoy). Hemos reinventado el superhombre de Nietzsche pero en versión carpetobetónica, un varoncito igual al padre, muy vernáculo y tenaz que no deja de dar la vara. ¿Qué pasa entonces con el autor, de qué diablos nos está hablando? ¿Qué pasa con el jodido socialista de los cojones, progresista de los huevos, antiespañol y laico? ¿Alguién tendría, por favor, la gentileza de decirnos qué amenaza nuestra saludable voluptuosidad tan apañadita hasta ahora?

El tema es delicado. A los carcas no les gusta nada que toquen sus delgadas fibras patrióticas, pero en el fondo somos una sociedad anhelante, insatisfecha con el papel que le ha tocado representar, y en realidad deseamos ser otros, más versátiles, prósperos y sofisticados. Quizás nos tenga ya cansados este peso de fisicalidad vehemente que cargamos sobre nuestras espaldas y estemos a la búsqueda de algo más ligero.

Hemos interiorizado tanto algunas creencias y valores que ya apenas son observables, salvo quizás en las nuevas generaciones, camuflados bajo la forma de culto a los objetos, al merchandaising y a las tendencias estéticas. Todo lo que en los jóvenes parece frívolo y perecedero, adherido a los protocolos de edad es, visto desde otro ángulo, como un escape virtual hacia modelos de conducta más deseables. En casa, en cambio, entre los mayores, entre el régimen patriarcal y la clase política, la paranoia autista campa a sus anchas, y nos parece inaceptable cualquier transformismo que no siga de cerca las líneas de descendencia. Después de años de reclusión en aquél personalísimo asilo de lunáticos (nuestro período Edo) y sometidos a un montón de onomástica religiosa, un extraño confusionismo latinizante, hemos hecho esa peligrosa alquimia de la parte por el todo, y confeccionado a golpe de tijera el traje de calle de un burdo nacionalismo de perogrullo del que ya no podemos desprendernos.

En la calle el síntoma es apenas detectable. Vamos por ahí pisando fuerte, nada vulnerables, como si en esos repollos o vainas del espacio exterior hubiese un tipejo de aspecto feroz con un par de bocas, dispuesto a comerse todo y al gato de la casa, y no un español mutante en ciernes con el deseo irreprimible de convertirse en guerrero ninja, empresario chino o estrella de Hollywood. No, nada de ésto es en realidad perceptible, todos parecen muy contentos con sus trajes típicos, tan intrínsecos y tonturrones, ya saben donde esté lo español que los otros se vayan quitando, un viejo mantra en nuestro familiar rinconcito tibetano.

Lejos de casa, fuera del territorio ancestral, en lo que en la terminología oficial del régimen se llama tierra de nadie, el *homo ibericus* se disipa y el extranjero dentro de nosotros empieza a dar sus primeros pasos en el nuevo mundo. Cuando emigramos o nos exilamos voluntariamente, por motivos económicos o profesionales, el mecanismo se activa por sí solo y da inicio a un ciclo de cambios vitales destinados a la génesis de un nuevo sujeto, y no se trata de una clonación ni de un mestizaje con los retales del modelo adoptado, sino de algo diferente. En mis viajes he visto tipos así, diría que *cuasi* metamorfoseados, pillados (como el pobre de Jeff Goldumn) en el meollo mismo del proceso de transformación.

Lejos del terruño, en un habitat muchas veces hostíl, nos hemos encontrado con una pintoresca galería de subespecies haciendo papeles secundarios en el gran teatro clásico de los demás. No obstante, el fenómeno sigue siendo difícil de observar (nunca es fácil cuando se trata de identidad personal y autoestima) y se hace necesario echarle un poco de imaginación. La galería en cuestión sería algo así como Las Vegas Boulevard, ecléctica y estrafalaria, y la gente un poco más de lo mismo. He visto españoles en Glasgow con tartans escoceses haciendo, por si fuera poco, proselitismo de un parlamentarismo autóctono indescifrable, y tea totalers de Castilla-León en Londres, fumando Capstan Medium o Dunhill Standard o escocés en torta, y gallegos con paraguas comprando en Fortnum & Mason steak and kidney pies y mermelada de naranja, y directores de banca en Guernsey con aspecto de palmeros de la línea hablando como expertos offshore, y proto-dublineses venidos de Lekeitio. Y he visto peones indígeno-asturianos en la esquila de ojos de una estancia de la Ruta 2, y viejos gauchos españoles en puestos remotos camino del Chaltén, y algunos personajes digamos que sutilmente enajenados en Hanga Roa o en Nuku Hiva, en las Marquesas, y chuetas mallorquines en iglesias del Quiché, en Guatemala, y hippies españoles a punto de transformarse en bonkers californianos en el lago Atitlán. Y he visto españoles maoríes en Rotorúa, vestidos como para un reportaje de Hola, y parias tropicales venidos de nacionalismos rurales tratando de crear allí su virreynato, en Cuba o en la República Dominicana, e íberoaustralianos haciendo barbacoas de *tucker food* y tortilla de patatas en rieras secas, en Alice Springs. He visto folladores rastreadores haciendo personalísimos Don Juanes en islas licenciosas del golfo de Tailandia, gente voluntarista y amante de las costumbres locales, pero siempre contraculturales, y sino-españoles en Shanghai haciendo copias baratas de la intelligentsia local y de sus ambiciones, extraños españoles genéticamente modificados para la *rat race* asiática, y yuppies españoles en Estados Unidos o en Londres, taylored to be brokers y hablando el inglés de Oxford de los hermanos Calatrava, mucha puesta en escena y mucho *pas de deux* de Wall Street y City londinense, presuntuosos agentes étnicos para mercados étnicos emergentes, nuevas especies para tiempos globales. Y he visto españoles en Pyongyang, Corea del Norte, haciendo de enlaces para la propaganda de Kim Song-il, todavía lúcidos e ideológicamente sobrecargados. Y más aún, he visto muy de cerca grupos familiares completos felizmente aculturados y convertidos a la serendipia y a la suave condescendencia del habitat rioplatense, tránsfugas totales replicando a porteños con todo el handicap y a pacíficos e hipotensos uruguayos, grupos lúgubres en el fondo, egoístas y disociados, y he sido incluso uno de ellos.

En el extranjero, en medio de prolongados y nerviosos asentamientos, quemamos las naves y damos rienda suelta al *alien inside*. Y el bicho en cuestión no es un panólis, ni un depredador con mala pulgas y ácido en las venas, es un ejemplar recio y saludable dispuesto a establecerse en su nueva parcelita con el mismo vigor que un auténtico chino pero sin nada de su indeleble etnicidad. Vestido con los colores locales, tartans o tweeds, pantalones de monta, shorts down-under o faldas de fibra de coco, algo retórico y gesticulador, hablando por lo general un pidgin penoso e inclasificable y desprovisto de status (lo cierto es que carecemos de lingua franca para nuestra diáspora, lo que hace las cosas aún más difíciles), bastante articulado, pero con las funciones vitales a tope y metido en faena, nuestro tránsfuga está a por todas. Y no le va a ir mal, se hará con los papeles y el rictus local, y tendrá su propio apartado etnográfico, con todas sus marcas aculturadas y genealogías, pero será de alguna forma irrelevante, técnicamente (sólo técnicamente) marginal, forzado a llevar siempre consigo el espectro de una doble identidad. Lo cierto es que tardará mucho en formar parte de la *blue print* psicológica que tanta pasión ha puesto en imitar.

¿Pero qué ha sido del español idiosincrático que una vez tuvo en su interior? Resulta difícil hacer un diagnóstico precoz, depende un poco del carácter retentivo y de la memoria histórica de cada sujeto, pero en general digamos que entra en una especie de estado larvario involutivo pero muy activo, recuperando ocasionalmente (en fiestas y ritos familiares) restos en estado de descomposición y otras pautas igual de gruesas. Como el fantasma de Don Mendo, el viejo espectro se hace patente en un raro, histriónico y desocializado *locus sollus,* dejando en los labios un sabor como agridulce y lejano.

En el mejor de los casos, el español interior se hace recesivo, minimizando rasgos primarios y secundarios (hay dos clases de restos culturales en su discurso, los que son latentes y tienen que ver con su intimidad, y los otros) que pasan a un segundo lugar en el teatro de sus nuevas reglas de conducta, y que serán a partir de ahora mucho más monitorizados e incluso censurados en la esperanza de mejorar el aspecto general de un comportamiento compatible y socialmente homologado. Podría llamarse adaptación pero creemos que no lo es, pensamos que es mucho más una retaliación que un proceso evolutivo. No obstante, éstos rasgos no desaparecerán, seguirán formando carácter en la intimidad, y a la hora de exteriorizarse mostrarán un individuo lacónico, contenido y con frecuencia intimidado. Mientras en la experiencia de otros, el colonialismo o la emigración han reforzado por un lado las identidades culturales, y por otro, ha dejado en préstamo modelos importados, creando en ocasiones verdaderas sub-identidades, en la nuestra la experiencia ha sido frustrante, y nuestros modelos han sido con frecuencia minimizados y olvidados, o completamente asilvestrados. Invasores de pacotilla, hemos terminado adoptando parcelas culturales subsidiarias, y la mayoría de las veces diluyéndonos espontánea y congenialmente en ese espeso caldo nativo que nos gusta tanto.

En otros casos, sin embargo, el español interior no hace ninguna transformación ni recorte, y se satura. Aquí el proceso es el inverso, y en lugar del sujeto dócil y desmotivado que antes veíamos, nos encontramos con una conducta de reafirmación de sus rasgos tradicionales que, la mayoría de las veces por incompatibilidad, se niega a ocultar. El proceso tiene poco que ver con el chovinismo nacionalista o con la dominancia de identidades culturales más organizadas, sino con un retroceso, una vuelta atrás a la calidez y al sentimiento de protección de un set de reglas conocidas de fácil interpretación. La alternativa es válida en tanto el contexto se enriquece y se da luz verde a una extravagancia sólo anecdótica que no hace daño a nadie, creando a lo sumo la sensación de un falso multiculturalismo igual de casual. El único que sale malparado es el tipo de bigotes, nuestro buen indígena que queda expuesto a la maledicencia de los otros y al vértigo de una caída en el pozo sin fondo de la historia colectiva. Un poco absurdo quizás, algo paranoico, disociado, siempre costumbrista, arqueológico, el tipo terminará por disolverse en una fantasía folklórica indescifrable y sin posibilidad de rehabilitarse. Las culturas de adopción son crueles por naturaleza y tienen poco o nada que ver con el pasado histriónico de nuestra memoria colectiva. En las sociedades de nuevo cuño apenas hay lugar para bufonadas, para aficciones de sangre, para el brutalismo o el vitalismo machista, hay por ahí demasiadas tradiciones exóticas trascendentales que merecen ser conservadas. A nosotros, eventualmente, sólo nuestra inteligencia personal habrá de salvarnos.

Las cosas no pintan bien. Álguien, cierto tiempo atrás, nos ha vestido de lentejuelas y lunares, de dudosos lodens austríacos o chaquetillas de punto, boinas Elosegui o gaitas de juguete, capotes y monteras y sombreros cordobeses de lana, y armados con una vieja gramática de Nebrija, nos han dado puerta y mandado a la conquista del mundo *soi disant*. El resultado has sido más bien imperceptible, disociados o transculturados o simplemente enajenados, hemos terminado por ocuparnos de algunos asuntillos más bien irrelevantes allí en el extranjero, como los bares o el transporte público o la pintura moderna, y dejado un montón de material genético para las causas locales. En los lugares equivocados casi siempre, nos hemos hecho intrascendentes y pintorescos e inseparables del color local. Semejante habilidad no tiene precio, en el fondo y casi sin buscarlo hemos sido más sutiles y refinados que nadie, generosos y reservados, ingeniosos y paradójicos, y agradecidos por todo. Algunos han vuelto, a la miel y la leche de la tierra prometida del europeísmo, las tribus de la diáspora han hecho el camino de regreso a casa de manos de un dios extranjero, de un profeta de Bruselas. Y aquí se han dedicado a repetir el proceso. Da igual. A nadie le importa, todos están a su bola, violencia legítima como suele decirse, folklore divergente y un montón de gramáticas locales rompecojones, y el proceso de aculturación, o como se llame, continuará.

En algún lugar, sin embargo, debe existir la distancia perfecta con las culturas de adopción. El fin de las conductas disociadas, del viejo transfuguismo cultural, una utopía de comportamientos diferentes unos de otros, algo tan sencillo como eso. Contra las guerras de conducta, contra el chovinismo nacionalista y las culturas dominantes, algunos creemos que deberían existir rutinas de desplazamiento, comportamientos secundarios irrelevantes pero capaces de provocar una distensión en medio de un conflicto de intereses. El español del cuento, de forma laxa e involuntaria, se ha acercado a un estado de cosas precario pero distendido al que hoy muchos se adscriben sin darse cuenta. Sea ya en su rol de anfitrión o después de su emigración blanda, y a pesar de haber hecho una crisis de conducta en su proceso de adaptación, ha creado un modelo de bajo perfil para una convivencia sencilla pero sutil. Un modelo de campo pacífico, que aunque lleno de asperezas, malentendidos y exabruptos, es espontáneo y capaz de generar una interacción más o menos inocente. Como Margaret Mead en Samoa, Nigel Barley en el Camerún o Homer en Las Marquesas, una cohabitación que es a veces hostil y torpe, pero casi siempre emocionante.

Lo dicho, contra los machos alpha de todas las culturas dominantes, contra el espíritu colonial de archivo o los nuevos neo-colonialismos monetaristas, contra el chic cultural de los poderosos y la ley del más fuerte, contra el enfriamiento de los sistemas sociales y la arrogancia de las modas ideológicas, un pequeño varón resabiado, intensamente autóctono, un indígena voluntarista con la memoria completa de sus tradiciones y en estrecha adherencia con las reglas familiares, va a ser el responsable de homogeneizar por simpatía un nuevo nuevo mundo de choques culturales en cadena. Como en la

fantasía histórica de R. Crusoe nos toca el papel del buen indígena, el papel de Viernes, un tipo bajito y moreno, inasimi-
lable, pero único dueño de la clave secreta para un nuevo
habitat de convivencia espontánea.

Conversational rules and other massive atacks

Tenemos un problema aquí. No se trata de que hablemos poco o mucho, o de que incluyamos, como los italianos, una pequeña *arts escénica* en nuestros mecanismos conversacionales, o de que hagamos, como los franceses, permanentes ejercicios intelectuales, o gramática de las buenas intenciones, como los alemanes, por ejemplo. Nuestro singular folklore conversacional es abrupto, y encuentra las raices en la prosopopeya y quizás en el blabaísmo árabe, en la necesidad de corporalizar el discurso y dotarlo, al márgen de la expresividad verbal, de una intencionalidad más completa y evidente.

He viajado mucho, y en casi todas partes he creído ver un principio de cortesía y contención en el diálogo que hace innecesaria mediación alguna, y descalifica cualquier maniobra intempestiva para conseguir notoriedad. En oriente, en el sudeste asiático, en el subcontinente indio, en Africa, en las islas del Pacífico, en Sudamérica, en todas partes las pautas del diálogo están marcadas por valores colectivos y una preocupación intrínseca por el bienestar social y el respeto a los demás. En lenguas poco habladas o aisladas o haciendo grandes esfuerzos de interpretación, lo cierto es que nunca me ha faltado la capacidad de contemporizar y sentirme al menos un poco integrado en complejos, por no decir imposibles, ejercicios de comunicación. Se diría que mientras la curiosidad natural y la cortesía en el diálogo es generalmente aceptada en otros entornos culturales, en el dia a dia de nuestros intensos enfrentamientos verbales es todavía una carencia generalizada.

Lo que en otras partes podría llamarse intermitencia o alternancia (dejar que el otro hable) o simplemente buenos modales, en el fragor de nuestros frecuentes coitos orales *ininterruptus* la misma actitud sería considerada una flaqueza. Hechos para adoctrinar pero sin doctrina, fluídos pero sin fluidez, gárrulos pero con bajísimos índices de perfomance lingüística, somos una especie desconocida, monologante, repetitiva, y por lo general, muy aburrida.

¿Han visto ustedes algún debate francés, inglés o alemán, en televisión, o algún programa de masas como las psicopatologías cotidianas de Jerry Springer (un guión clínico soberbio por cierto)? ¿Han visto acaso discutir a la gente educada, la buena peña ya saben, tipos de ideología sospechosa, una vasca peligrosa qué duda cabe? ¿Ha visto usted cómo unos se callan cuando otros hablan, como si eso fuese la releche, la pera en dulce? En casa, el método es diferente. Nada de tiempos muertos, ya sabe, de espacios intertextuales, el discurso no debe parar, es el hilo de Ariadna del monólogo del loco, pura sugestión y persuasión precipitada, es lo mejor que conocemos en materia de praxis intelectual. Patético cierto, pero así estamos en el mismo centro de un barroco de penuria, un modelo arcaico de precipitación rápida, o según como se mire, una pre-fase histérica de la norma socialmente aceptada en occidente.

Ésto, que parece una tontería, debería preocupar a más de uno. Antes hablábamos de los países árabes como último reducto de esa oralidad poligámica apenas reprimida, acompañada de una sensación de dominancia y masculinidad hormonal. Quizás se trate de sociedades peculiares en donde todavía no se permite la diversificación, donde la opción personal es por definición combativa y deber se emitida de forma regular y precipitada; o quizás no se trate más que del síntoma de un individualismo tosco que no ha sido normalizado. A saber, lo cierto es que por aquí somos del mismo palo, monologuistas obsesivos, agresivos y apenas versátiles. Somos los arabes de occidente, una sociedad vetusta y beligerante en un continente, como diría más de uno, de mujercitas dialogantes y aburridas. Y por si ésto fuera poco, algunos se preguntan: ¿qué le pasa a la peña que no puede hablar con dos cojones?, tanta consideración, tanto vedetismo de marras y buenos modales, ¿dónde están los palestinos en esta fábula de ridículos judíos marxistas? Bien, la suerte está echada, *carpe diem*, algunos pobres hablarán como mujeres, otros como hombres, y otros no hablarán en absoluto. En este maniqueísmo de buenos y malos, de cansinos e histéricos, la crítica bien hecha siempre empieza por casa.

Nuestras reglas conversacionales son pocas y simples, y obedecen a una única consigna: la ley del más fuerte. Un darwinismo de pega en donde las mejores cualidades no son tenidas en cuenta, sí, en cambio, un ethos de supervivencia que no pone en juego valores sino una depedación rápida, entre el acecho y la rapiña. Nuestros chicos son así, nada de directos ni jabs ni apercuts, sólo pegan duro bajo la cintura. Hablar más alto, más rápido o no dejar hablar al otro es la primera regla de la gramática parda en nuestros coloquios. El espectáculo de estos mamíferos conversadores soltando su jerigonza es lamentable, pero lo es aún más ver a media docena de ellos, exaltados y ruidosos rivalizar en una contienda en donde, para empezar, casi nada de lo que se dice se entiende. Confiéselo, todos hemos estado alguna vez en medio de una de estas trifulcas, elevando el tono para figurar entre los ganadores o entregando las armas, declarándonos incapacitados para ese neurodebate a primera sangre. ¿Quién no ha visto a un extranjero (o a un intelectual llegado el caso) discreto y educado, con todos sus PHs, presa del pánico en medio de una ganadería peligrosa y poco taurina? ¿Quién no se ha visto alguna vez languidecer y desvanecerse, como Keats en Pamplona? No señor, ni jóvenes románticos, ni prerafaelistas, ni círculo de Bloomsbery, ni leches, sólo una molesta sensación autoexcluyente. Mientras el resto del mundo civilizado se pela los codos con organization studies y language etiquette, y hace esfuerzos por entenderse unos a otros y corregir comportamientos inadecuados en el escenario del debate social, nosotros nos mantenemos en el furgón de cola del discurso autoritario y la mala leche. Personalmente, siempre me he sentido incapaz de entrar en esta dinámica de sordos, de hablar más alto o al mismo tiempo, o ambos, que los demás, y en consecuencia he renunciado a buena parte de mis expectativas de comunicación, y llevo años cumpliendo con mis votos de castidad, sumido en un condescendiente silencio contemplativo que sólo da sus frutos en soledad.

El autismo es la segunda regla. Se trata de no escuchar lo que dice el otro, cada uno a su bola, la cuestión es no apearse del discurso en ningún momento, de ser tenaces hasta el final en la obcecación y la falta de interés. Como cualquiera sabe, el autismo es sólo un modelo de comunicación frustrada, y aquí estamos a la última en técnicas de distanciamiento y aniquilación, somos unos maestros en el arte de no entendernos y agraviarnos, y ambas cosas a la vez. No, no hay nada que lamentar, somos vieja escuela sí, pero estamos en la cresta de la ola de esta manera de vivir, digámoslo así, salvaje e inopinadamente. Algún dia, cuando somaticemos toda la angustia, nos sentiremos, uno cree, un poco solos.

La sobreimpresión, tercera regla, es una regla técnica y tiene que ver con la habilidad para hablar por encima del otro, técnicamente sobreimprimir sin ningún pudor nuestro discurso sobre el del otro con la intención de que sólo el primero sea escuchado. Dos o tres, o más niveles superpuestos no sólo resultan indescifrables, sino que tambien producen el aspecto de un debate imposible que en nuestra cultura y sólo en nuestra cultura, pasa por comunicación. Un tejido vivo, sin duda alguna, que para el novato en el encriptado fonético no pasa de ser un galimatías, y la impotencia de los recien llegados a este limbo de los monólogos cruzados es desde el principio evidente. Qué pasa por la cabeza de los sacamuelas es un enigma, y descifrar los códigos fonéticos de una manera accidental es imposible o en el mejor de los casos irrelevante. Ignoramos si se trata de escuchar lo que dicen todos, o sólo algunos, o el macho dominante, o si da lo mismo, y la sobreimpresión *per se* es la que debe generar el sentido. Lo cierto es que el debate en estas condiciones de pre-racionalidad suele estar vacío de contenidos intelectuales y pasa por ser sólo un discurso emocional, o mejor aún, una emoción no discursiva. A veces pienso que vivimos en una etapa onomatopéyica de la comunicación oral, y que a los finolis y blandengues y desencriptados como un servidor, los enterrarán al final de pie igual que a los gitanos rumanos.

La descalificación es la cuarta regla, y parece igual de primitiva que las anteriores, con las que mezcla sin duda estupendamente. Si pensamos por un momento que descalificar no es más que un criterio correctivo presente en muchos otros códigos de conversación, debemos decir que por aquí no sólo es una estrategia comunicativa más o menos aceptada, sino más bien un mecanismo expeditivo que poco tiene que ver con los contenidos. Unfair play es el nombre del juego (justo en las antípodas del inglés), y aunque no se trata nada más que de una maniobra de distracción, es la mayoría de las veces un ejercicio brutalista en malos modales, otra de nuestras artes consuetudinarias que compartimos con meritocracias varias y sociedades teológicas.

Estas cuatro reglas -que podrían ser más- entran en juego en todos los debates (mediáticos, políticos, amistosos o familiares, en el trabajo, en discusiones jerárquicas o en chácharas patronizantes de toda clase, entre padres e hijos, en el periodismo rosa, entre humoristas y entre pedantes, y como una práctica corriente en la descalificación intelectual del otro), lo único que en realidad cambia es el aspecto exterior del mecanismo y el grado de intensidad.

En el debate político uno ignora o descalifica o sobreimprime o eleva el tono, siguiendo la mayoría de las veces un modelo retórico desfasado. Es curioso ver como mientras nuestros políticos se pavonean inútilmente, su discurso hace todo el trabajo de lastre por ellos. En consecuencia, el debate sólo se polariza y se repite hasta el cansancio, y son la crítica periodística y el editorialismo los que habrán de ocuparse de interpretar los síntomas de una clase política que *tout court* no dice nada.

En los debates ocasionales (familiares, laborales, etc...) estas reglas conversacionales son por lo general humorísticas y desenfadadas, pero no por eso dejan de ser efectivas. No cabe duda de que funcionan y pueden ser igual de nefastas e inmovilizantes. En la pandemonia del pregón, en el debate de roles o en la discusión familiar, la charla puede ser divertida y excitante al mismo tiempo que insubstancial, y suele carecer de fondo. Arniche, Almodóvar, Torrente... contra Ibsen, Bergman o Ali G. Nos falta moderación y estructura, en ésto como en tantas otras cosas, lo que aquí tenemos es hipérbole española contra buen diálogo protestante. Nos falta tranquilizarnos y recuperar estilos más relajados. Cuando hablamos a gritos o no escuchamos, cuando odiamos a nuestros contertulios, simplemente nos hacemos daño, ponemos el cartel de cerrado en el comercio al por mayor de nuestros intercambios y nos largamos. Aburridos, solemnes, engolados, melodramáticos... a saber, cuando no estamos chillando entre nosotros o dando la vara a otros pobres desgraciados nos ponemos terriblemente serios y, como ya se dijo, nos automutilamos.

En el periodismo rosa estos mecanismos son flagrantes y se combinan con una actitud de desprecio irreverente y mal intencionada, inimaginable en guiones de formatos más sofisticados. La buena televisión basura americana, reina de las franjas horarias de la tarde, es moralmente obscena, y brutaliza por definición a sus sujetos, procedentes la mayoría de un lumpen propiciatorio al parecer inagotable, pero suele ser indulgente con los presentadores, por lo general profesionalmente impecables. La sangre no mancha a los periodistas, último reducto de la *intelligentsia* en televisión, sólo sufren los reos, demonizados o sometidos a una tv-terapia clínica de nuevo cuño. Freaks, marginales o gente corriente, toda la vasca, lucen con la luz propia de sus debilidades contra el fondo brillante de la superinteligencia de los medios. En casa, en cambio, el periodismo rosa es igual de prosaico y lamentable que sus pobres víctimas, y sufre de un analfabetismo crónico por defecto. Esta doble cosanguineidad de una televisión basura de mierda nos hace únicos en el panorama mediático del mundo entero.

En los diálogos con intelectuales, de gentiles con intelectuales, las reglas de tono, sobreimpresión y descalificación, están magnificadas, y más que un recurso oratorio primitivo parecen instrumentos de tortura, doce golpes con una barra de hierro en las articulaciones para acabar *per pena forte et dura* con sabiondos y ratas de biblioteca. Hemos visto más de una vez a cómicos de la legua e histéricos reconocidos tumbar a tipos sutiles e ilustrados, académicos y polemistas educados, hacerles morder el polvo de sus buenos modales. Y es triste, es el triunfo de la bestia, algo así como el fin de la civilización tal y como nos la habían contado. Nuestras minorías han aprendido la lección y no se acercan a menos de trescientos metros de la violencia de género de cierta televisión lamentable, violenta y marimandona.

Y la cosa sigue y sigue, y los espíritus se cuentan por miles, cientos de miles de conversaciones frustradas se arrebujan en el paraíso de los tipos educados a la espera del juicio final. El tiempo les dará la razón. Nos preguntamos cuales serán las últimas consecuencias de ésta, por lo menos inadecuada, gramática conversacional, pero lo cierto es que no lo sabemos. Si alguna vez hemos sido tolerantes y comunicativos, al menos durante un breve período de tiempo, y creado un oásis en medio de este desierto, hoy hemos perdido el tren de los chicos listos y la posibilidad de entrar en el club de las sociedades sofisticadas, inmunizadas contra ese oscuro resentimiento generalizado que nos atenaza. Nos hemos quedado en cueros, cazadores recolectores primerizos, nos hemos quedado a verlas venir en un contexto tenso y encolerizado a años luz de los que cortan el bacalao allí fuera, y vendiendo lo que se dice servicios, condenados a disfrutar eternamente de una oralidad lúdica para unos, estéril y pesada para otros, pero para nadie, y en ningún caso, histórica.

Obsesiones locales e identidad

Tenemos problemas con nuestra identidad, la mayoría de los pueblos no parecen tenerlos, al contrario, les resulta demasiado fácil adscribirse a propuestas colectivas y a un prototipo nacional más o menos rudimentario. Los nacionalismos arquetípicos mejor organizados (ingleses, franceses..) y los más dispersos y segmentados (americanos y australianos, por ejemplo) encuentran rápidamente una salida negociada a sus diferencias, y no tardan en adherirse a los estereotipos. Y se diría incluso que no lo hacen por espontaneidad o afinidad, en una primera instancia al menos, sino por un esfuerzo de constricción que los impulsa a superar cualquier naturaleza individualista. Conscientes aún de la conveniencia de una identidad colectiva homogénea, en contra de tendencias más o menos irregulares, se hacen de alguna forma voluntaristas y entran al trapo de hábitos consuetudinarios bien reglamentados.

Los españoles, en cambio, casi siempre somos lábiles en cuestion de comportamientos homologados. Parecidos unos a otros, conspicuos en materia de tradiciones excéntricas y/o cohesionantes, somos casi imposibles a la hora de unificar criterios y hacernos voceros de estereotipos evidentes, y perdemos el tiempo haciendo proselitismo de nuestras particularidades. Hay tantos y tan diferentes nacionalismos, españoles y antiespañoles, tantos como individuos, y al tiempo, para un observador no comprometido, somos taxonómicamente idénticos. Ésto, que resulta muy difícil de explicar, encierra la clave para una descodificación rápida de una identidad fragmentada e inestable, pero intensamente presente.

En realidad se trata de una crisis familiar magnificada, la guerra civil, el oscurantismo, el autismo social y un pensamiento político empobrecido, han contribuído desde siempre a retaliar lo que quedaba de un escaso instinto nacionalista. Históricamente, apenas hemos tenido unos pocos años de gloria (el imperio español), de super ego colonialista, para entrar luego en un largo proceso de descomposición. Unos cuantos líderes patéticos y una baja en la ingesta de calorías, han sido suficientes para ponerrnos al borde de un feudalismo corrosivo de príncipes y caudillos subidos a la chepa de nuestros orgullos comarcales. Es verdad, la historia nos separa, tenemos culturas y lenguas diversas, no tenemos antropología ni nada que se le parezca, ni historiografía comparada, hemos estado siempre solos y aislados, pegados a las faldas de amos y señores y de toda clase de líderes carismáticos, hemos sido los santos inocentes de un montón de basura genealógica, semiesclavizados (según la geografía física) y sin ninguna auténtica posibilidad de alianzas.

Bien, si ésto explica nuestras diferencias, qué pasa entonces con ese nacionalismo consecuente pero no buscado al que llegamos por no sé qué vías. Esa sensación que nos aglutina, cuando no nos separa, esquiva e involuntaria y apenas normalizada, que nos hace evidentes para los demás e invisibles para nosotros mismos. Qué pasa con esa identidad nacional suspendida en la que nos prodigamos, y al mismo tiempo ocultamos a veces con vehemencia.

Creemos que uno llega a este espacio nacionalista (que promocionamos o rechazamos desde la política o a veces de manera irracional) por exceso, por pasarse de la raya en materia de microidentidades y localismos resistentes. Una hipótesis algo descabellada pero bien intencionada, todo sea dicho. Hay españoles que dicen no ser españoles, y no españoles que dicen no serlo, y hay españoles que dicen serlo más que ningún otro. Hay una españolidad histérica, una reticente, otra mal asumida y huidiza, y una españolidad que se niega a si misma, y que de todas es la más compleja. Por contrapartida, existe una relación desinhibida y apasionada, con los que se consideran atributos locales, seán estos, nacionales o comarcales o incluso municipales, y que son los que resultan, por lo menos desde una perspectiva cercana, los únicos de verdad vinculantes. Visto así, la españolidad, en el caso de que se manifieste y no prefiera ocultarse junto a otras enfermedades sociales, siempre viene a lomos de una lista de obsesiones locales, muchas veces triviales o folklóricas que, en cualquier caso, se sitúan por encima del vínculo nacionalista, y parece evidente que la falta de compromiso es una carencia crónica en las reglas secretas de este comportamiento.

Es verdad que la clínica no hace buena pareja con esta etnografía popular para zurdos, pero intentemos corregirla. Una obsesión es una perturbación anímica ocasionada por una idea recurrente, etc... Bien, a nosotros lo que nos interesa es sólo el mecanismo de repetición y la intensidad, no queremos *liassons* con la patología médica. De todos los europeos quizás seamos los menos sintomáticos y los que gozamos de mejor salud mental, lo cierto es que no dejamos de exteriorizar conflictos y eso nos mantiene en un estupendo estado físico. Las obsesiones a las que me refiero son siempre, y en alguna medida, saludables, además de formar parte activa de nuestra identidad. Nuestras obsesiones no nos inahabilitan ni nos dejan hechos un asco, todo lo contrario, son las que nos empujan al juego idiosincrático. Ni enfermos, ni convalecientes, somos pura raza -dirían algunos- la mejor dentadura del mercado.

No hay demasiadas, es cierto, una obsesión es por definición excluyente de otras, tampoco dejan mucho tiempo sabático, y se ecuentran repartidas geográficamente según un manual demonológico secreto que nos impulsa a crear diferencias con nuestros vecinos. Las obsesiones linguisticas -también llamadas lenguas- están generalizadas, son históricas, y se viven de modos diferentes. Hay quienes utilizan la lengua de modo natural, adherida a una ruralidad mórbida y conservadora; o como un slang urbano; otros la utilizan como un encriptado dentro de un sistema de comunicaciones políticamente correcto, como una hermenéutica rural adaptada al nacionalismo radical; para otros, es atrabiliaria y mal homologada, y no parece dar problemas al equilibrio lingüístico del territorio, una lengua dócil y bien avenida con la lengua madre dominante; y hay dialectos que funcionan casi como jergas secretas, aunque ingenuos y permeables pero que pueden llegar a ser un punto pesantes, como el valenciano, el chueta o el romaní, imaginen esta diversidad en una asamblea de la ONU. Y nuestra relación con todas ellas es a veces excluyente, nada de ese asuntillo cordial y polisémico del buen bilingüismo que tantos no gusta, sino un monolingüismo con pies de cemento, un juramento mafioso, un pedrolo de palabras con el que aplastar la cabeza de otras familias lingüisticas, olvidándonos al final que las lenguas, que están hechas para unir, al final nos separan. Tenemos también comunidades epicureístas que viven su diferencia obsesivamente y se hacen fuertes en manierismos de estricto carácter local aunque grandilocuentes, y que se hacen pasar a menudo por identidades nacionales. Se trata de una obsesión compleja, un rizoma según se mire, estejanovista para sus usuarios (es una función a ocupación plena) y excesiva para consumidores menos conspicuos, y la forman valores en alza como la descontracción, la exhuberancia, el antiintelectualismo generalizado, la exteriorización del ingenio convertida en una práctica permanente, la corporalidad impresa en la educación familiar, en la comunicación cotidiana, en las artes. En qué medida este epicureísmo es representativo del carácter nacional es algo discutible, pero no cabe duda de que se trata de un clásico en el panorama de los modelos al uso.

Hay comunidades más reprimidas que se hacen obsesivas con rasgos no tan populares, el culto a la fuerza y un sentimiento vernáculo chovinista, por ejemplo, que les hace luchar a muerte por establecer una diferencia y asentar un código de valores en principio difíciles de reconocer, pero que seguro no tardarían en identificarse con la ideología mayoritariamente asumida, fuese la que fuese. A veces, a los separatismos violentos les sigue una cohabitación simpática con el enemigo, del goze político a la comedia ligera hay sólo un pequeño paso. Los geocentrismos micronacionalistas se pillan por contagio, se volatilizan con facilidad y entran por las vias respiratorias creando un conocido cuadro de alergias violentas y respuestas a agentes patógenos, y la población receptiva se selecciona entre ciclotímicos agresivos, colgados, jovencitos Frankestein del revival trotskista y amas de casa partidarias de la violencia doméstica en las calles. El panorama es sombrío, y en el fondo nadie cree que estos hipertensos puedan crear ninguna gramática identitaria, ni nada que no sea una independencia de pega. Nuestros nacionalistas de hoy, a pesar de su fuerte onda expansiva y su chantaje a la teoría (el nacionalismo es siempre por definición una reivindicación políticamente correcta) son parecidos a los jóvenes turcos de ayer. La mezcla entre el independentismo pasmado de nuestros onanistas linguisticos, y una rara rarísima masculinidad autóctona debidamente sancionada, es otra de las mejores ofertas de modelos nacionalistas de bajo coste que nos trae por el camino de la amargura.

En el grupo de segunda, digámoslo así, hay otras debilidades obsesivas que no dejan de pasearse por el *catwalk* de nuestra idiosincracia dispersa. Puedo imaginar una comunidad fronteriza, atemperada por una naturaleza racionalista y notarial, heredada del derecho romano y del contrato, que ama aunque no apasionadamente sus atributos de pueblo, y que se adhiere a ellos con una insistencia pasiva pero no por ello menos obsesiva. Una comunidad reticente y contenida, correctamente administrada, con una tímida inclinación hacia la escatología y una sorna intelectual bien dibujada, y con sus arquetipos perfectamente situados, como con Tulio Crali, como viejas estatuas fascistas en el olimpo de los dioses locales. Un modelo etnobiológico se diría, apropiado para la *haute politique*, y a primera vista emparentado con culturas más recortadas, correctas y un poco aburridas, con suizos y belgas, por ejemplo, lacónicos también y algo oscurantistas, como los papalagi del sur de Francia. Un modelo que, llegado el momento, encontraría serias dificultades para integrar manifestaciones más eufóricas de otras partes del territorio.

Imagino también comunidades como más espectrales, ni mejores ni peores, pero ligadas a arquetipos aislados (por la geografía o por un apartheid blando y costumbrista) que señalan la presencia de una idiosincracia de faena pegada al terruño, progresista o conservadora, da igual, pero siempre local y ensimismada. Comunidades decantadas con un empecinamiento farragoso por la historia universal de sus castas e ideologias dominantes de andar por casa. Isleños, mestizos tránsfugas del tedio peninsular, bien adaptados al transculturalismo americano; o neo colonialistas olvidados igual de transculturados pero buenos patriotas, como aquellos soldados japoneses perdidos en las islas del pacífico; u otras especies en peligro de extinción aplastadas por el peso del dinero global y un cosmopolitismo de desecho centrífugo, judíos de la diáspora mediterránea convertidos a la nueva religión inmobiliaria de los paraísos climáticos; o indígenas melancólicos y desconfiados, dóciles inadaptados de una Éire minifundista, genéticamente preparados para la emigración en cadena, ambivalentes, enamorados de la tierra y al mismo tiempo poseídos por un poderoso deseo de largarse.

En cualquier caso, modelos sesgados y parciales a los que la peña autóctona se pega como lapas, pero que no sirven por exceso idiosincrático, para el concierto internacional. No queremos hacer el papel de Tiavea o Tuvalu o Papúa en el gran mercado de las nacionalidades prorrateadas y políticamente saludables. No, no queremos hacer de buen indígena, una especie de micronesio en un mundo de pirados católicos y evangelistas, de salvajes exóticos aculturados contra los zombies del establishment. O pensándolo bien, quizás sí queremos. Quizás nos vendría muy bien una gramática nacionalista diferente, ya saben, un remake de sociedades menos convencionales, como aquellos falsos poblados hurones de Quebec, una miniatura sociológica contra la hegemonía de los nacionalismos frios y superestatales. Quizás los alemanes se vayan a la porra con todo el Bunder y el Uberstaat prusiano, y los campos del futuro se estén abonando para el cultivo de nacionalismos más robustos ¿como el nuestro? Todos sabemos lo bien que nos ha ido con luteranos y teutones subidos a la parra de la predestinación, aquél panaché de cromosomas clasistas y perfiles genéticos que ha moldeado Europa desde el inconsciente durante el último medio siglo de hipocresía, estatus adquirido y falso comunitarismo.

O quizás no, quizás se pueda vivir sin identidades nacionales, en un tejido denso de etnografías parroquiales, como en la cuenca del Sepik o del Amazonas, como en nuestros antiguos principados y ducados y ciudades estado, en un puzzle laboriosamente ajustado. Los nacionalismos, casi sin excepción, siempre han sido nefastos, y nos han dejado Gulags y Buchenwalds, y una atmósfera irrespirable de Zyklon B y Schwarma (los odios étnicos son igual de salvajes cuando lo que quieren es atribuirse valores nacionalistas). El nacionalismo es como el último estertor justo antes de la descomposición moral y el sálvese quién pueda del fin de los dias, cuando agitando nerviosos banderitas de todos los colores tendremos que ver a un atractivo Mel Gibson apátrida metiendo mano a nuestras mujeres delante de nuestras narices. Sí señor, el nacionalismo es una psicosis como otra cualquiera, y está en el umbral del cinismo global.

Quizás una vez más estemos en la cresta de la ola, anticipando un eclecticismo parroquial viejo estilo, y a sabiendas de que el nacionalismo es casi siempre belicista o segregacionista y muy agresivo *sotto voce*, y auguremos un futuro más pintoresco de diversidades no reguladas y ligeramente conflictivas. A saber.

The politics of bad temper

El anecdotario es exhaustivo. Podriámos sentarnos aquí, junto al mar, mientras esos dos energúmenos frente a mi ventana se agreden mutuamente sin tocarse, engolados y atocinados, con un empecinamiento inusual, a cuenta de no sé que comportamiento irregular del buga de uno de ellos. Sentarnos y contar historias con moraleja, como si uno fuese el tal Adam Clark, o como se llame, ya saben, las veinte reglas de la mala leche bien gestionada. Sí, el anecdotario es más largo que un trasplante de cara, es ubicuo y viene con ABS de serie y cinco válvulas y GTI, es el Mahayana de nuestra absoluta falta de *self restrain* y cortesía negativa.

Y la he visto en un montón de lugares, en la cama con algunas amantes ocasionales, en la I97, en la Santa Sede, en sesiones parlamentarias, en el despacho del rector, en el Supremo, en los medios no digamos, en la Feria de Sevilla, en casa, en casa de otros, en la familia real, en el Corte Inglés, entre cardiólogos y comerciales de laboratorio, a la vuelta de la esquina y en los ojos de algunos perros abandonados... no la he visto en cajas de cartón ni en vuelos tripulados al espacio exterior. Y de todo dejo constancia aquí. Vale, es sólo un simple gesto, de ida y vuelta y articulable, es sólo una psicosis de transición, pero ahí está, ondeando al viento con sus barras y estrellas, es la insignia nacional, la edad del hielo del comportamiento social hecho en casa.

¿Pero de qué se trata? ¿De un ethos, de una función corporal, de un temblor esencial incorporado a nuestros genes desde los Pinzones, es acaso nuestra propia retórica siciliana de marras, es lo que tenemos en lugar del detachment y el understatment de culturas más elaboradas? No, seguro que lo han visto en otras partes, en aeropuertos de Richard Rogers o Foster, y en todo el establishment protestante, es un atributo universal, sólo que aquí le damos el punto .

Mientras en el extranjero la mala leche adopta nombres abstractos, como derechos civiles o cortesía expeditiva o simple crueldad, aquí es propiedad de cada uno y nos encanta personalizarla, cortarla en trozos gruesos para el puchero e ir por ahí haciendo bulling con ella, ya saben, pasándosela por la cara a los chicos buenos. La diferencia principal es que en el extranjero la mala leche está legislada, y más que un brote neurótico es un enunciado jurídico, un caso de jurisprudencia, y los guiris la usan racionalmente, para controlar los riesgos laborales, por ejemplo, para reafirmar sus libertades o como respuesta punitiva, y en ocasiones incluso como síntoma, esa manera exponencial que tienen de hacernos participar de sus propias patologías. Aquí los pirados y los neurasténicos se van al mazo, se van con viento fresco y dejan a los agresores carismáticos campar a sus anchas.

La mala leche en casa es pura mala conciencia, distante y al mismo tiempo íntima, una cosita recoleta y sin bajas, nadie se va a dejar los piños por un aquí estoy yo de mentirijilla, preferimos el distanciamiento a un mal entente, estamos más lejos de la modernidad liberal que de las Marshall. Es también una infatuación, y al mismo tiempo una bajada al infierno del menosprecio, si llegásemos un dia a un sumarísimo jucio final tendríamos que dar cuenta de ella, junto a otros pecados capitales contra el buen gusto. Es histórica, y ya la llevaban dentro los Reyes Católicos y el Conde-Duque de Olivares, iba en los barcos de Palos y en los de la Armada Invencible, con el lastre y el escorbuto, ninguneamos con ella a varios millones de cobrizos y, eventualmente, nos la comimos con patatas. Es el arma secreta de líderes carismáticos del santoral local, de algunos políticos y de algunos bienes de exportación. Con ella mataron a Lorca y llenaron unas cuantas tumbas colectivas con vecinos inofensivos y gente que pasaba por ahí, un arte de la guerra lo que se dice patético. Y ahora, años después de aquél fascismo agreste y mesetario, se ha convertido en nuestra idelología nacional.

Eso es. ¡Qué leches! Un bonito *purdah* para machitos belicosos que no quieren dar la cara. Si la pusieramos en línea con otros problemas de sensibilidad nacional, como el odio racial, la intolerancia o la exégesis a tiempo completo del Corán, por no mencionar alguna Encíclica papal, el cricket o la superpoblación, saldría entre los ganadores. Es como con aquella plaga de topillos en Castilla-León, un puñado de tipos simpáticos y expeditivos dispuesto a acabar en un visto y no visto con la raiz del problema. En muchos aspectos, y salvadas las distancias, es nuestra solución final, la manera que tienen los nativos de despachar las expectativas de los demás. Y no ha hecho falta gran cosa, ni planificación, ni infraestructuras, ni ninguna jerarquía militar, ni tratamiento de los residuos, por no hacer no han hecho falta ni campos, ni marear la perdiz, genéticamente hablando. Cada uno ha puesto espontáneamente su granito de arena y ahí está, extendida, ubicua, reincidente, paseando a sus anchas por todas los caminos de la piel de toro.

¿Qué cómo diablos se manifiesta? Para empezar es negativa, contradice por definición, a no ser que se presente como una ilusión positivista, lo que sería entonces ironía o sarcasmo, artefactos mucho más sofisticados y menos presentes en el paisaje local. Ha sido creada para acabar con el otro, fulminarlo, y no perder el tiempo con encajes de bolillos inte-lectuales. Negar es la clave, abortar cualquier intento de con-sideración y buen rollito, y dársela en toda la cara, es el arma blanca de los duros del barrio que no han encontrado todavía un partido político que los reclute. Y además, es impertinente, no puede transitar la senda de la simple discusión, es una pa-tada en los huevos para el pobre incauto. Algunos de noso-tros, incluído quien les habla, sufrimos ésto en silencio. Hay poco que hacer, no se puede racionalizar ni contemporizar, ni moralizar, ni adoptar una actitud de superioridad, estos ca-brones son hipersensibles en materia de educación urbana, y cualquier esfuerzo en este sentido puede ser mal interpretado. Hay que darles entre ceja y ceja, y acabar en el juzgado, ya saben, el séctor público, la cuna de la mala leche, y asesorado por un abogado de oficio. Hay pocas peores pesadillas.

Además, no coge prisioneros, esos máquinas han lle-gado solos y se van a ir solos, no conocen ninguna ética de vencedores y vencidos. Pueden ponerse una caperuza de cue-ro con cremalleras que no nos darían más miedo. No es el gore, es el snuff de los crímenes de calle, el más público y el más secreto de nuestros delitos performativos, la violencia impúdica por la que nadie paga un duro, y de la que nadie habla. Según la doxa, somos idiosincráticamente perfectos, con unos gotas de mal humor quizás, pero no vamos por ahí prodigándonos. Falso. Pornógrafos de la etiqueta social, los máquina son legión, van por todas las ciudades y pueblos del territorio coleccionando víctimas propiciatorias. La mayoría han perdido la cuenta, otros son ahora mismo flagrantes, otros están en libertad vigilada. En cualquier caso, llevamos la marca tatuada en la piel.

¿Qué cómo se manifiesta? ¿Está usted de broma? Irrumpe, como la peste negra, como el cólera, como un mon-tón de tutsies con machetes, ha estado esperando por usted pacientemente, acicalando a su madre anciana, juntando pre-sión en la caldera, y no se va a amedrentar por una reprimenda, quiere nuestra jodida cabeza como trofeo. ¿Manifestarse? ¿Es una broma? Que sutileza, es como una *ratatouille* para una zorra acostumbrada a darse el lote, y no va a entrar, por mucho que a usted le pese, en un programa de reeducación.

Como el esprit para los franceses o la conciencia de clase para los ingleses, Kant para los alemanes, el seny catalán o el gore tex para los islandeses, la mala leche es el rico caldo de cultivo de nuestras reglas idiosincráticas, el lecho donde yace un jovencito Frankestein hosco y pendenciero, hecho con las partes corporales de abuelos malhumorados y trozos sangrantes de camouflage little-comunity. Ataviados de esta guisa, como francotiradores en Sarajevo, agazapados como predadores solitarios, estos superhombres salen a la caza de pequeños hervívoros inofensivos que están a su bola, grooming con otros colegas o camino del mercado. Top Gun, la élite del regimiento, mejor que los marines o los paracaidistas, la crem de la crem, tipos duros con cortes de pelo. Y si no la tienes estás acabado, fulminado, ya sabes, *one shot, one kill*, muerto entre las flores, un pardillo menos en esta guerra sucia de los malestares culturales. Un español sin mala leche es como un pollo sin plumas, un pringado, y no tiene la más mínima posibilidad allí fuera.

De su genealogía se sabe poco o nada. Podría haber estado ya entre los íberos, apenas un cromosoma entre un puñado de pobres transhumantes; o quizás sea parte del legado de los árabes, inventores patentados de la mala leche final, una especie de *fatwa* de andar por casa, un diamante en bruto entre otras piedras preciosas del heritage del islam, como jaula, aljibe o alacena. O quizás todo lo contrario, quizá haya sido una esfera de la Cábala judía, una reliquia del éxodo sefardí, o quizás fuese parte del *crash course* del pequeño comerciante mozárabe, el arte de mantener a los malos clientes de puertas afuera, como hacen hoy los chinos. Podría haber llegado con Fernando e Isabel, junto con el paquete completo de doble moral, verborrea católica y masoquismo intelectual, algo que al final terminaria moldeando todo el corporativismo institucional. A saber.

Pruebe usted suerte. ¿Cual es entonces su opción preferida? No es fácil, nos falta documentación, nos falta que la peña del departamento deje las aldeas castellanas o los concejos asturianos o las alpujarras, y se dedique a la antroplogía urbana, que entren al tajo de nuestra identidad nacional antes de que sea demasiado tarde y nos convirtamos en muñecos de palo. Pero digamos que usted no es historicista, que no le va eso de los árabes o los Reyes Católicos, que prefiere una hipótesis de trabajo más al dia, un poco de anatomía patológica en lugar de tanta memoria médica. Pues mejor aún, nuestro panteón está rebosante de tumbas frescas. Le ahorramos los nombres porque son legión, y por aquello de que ésto que hacemos es pura ficción. Que no le va aquello de inquisición y mala leche, pues tiene usted dictadura y mala leche, o democracia y mala leche, o PP y mala leche, o literatura y mala leche... qué sé yo! El arbol genealógico echa sus raices muy lejos, y las líneas de parentesco son siempre múltiples. Si bien está generalizada, si es hoy un fenómeno social y una praxis habitual, como las hipotecas o darse una chufa en la carretera, la mala leche tiene sus castas y sus parientes pobres.

Entre los ricos, en nuestra pequeña burguesía aristocrática, adopta una aire de *finesse,* extensivo a muchas otras burguesías europeas. En cualquier caso, no es lo que nos ocupa, el humor, el distanciamiento irónico y los referentes de clase, la convierten en una *rara avis,* más parecida a la anglofilia de la alta sociedad europea que a nuestra rancia maledicencia. Salvo quizás entre las élites rurales, que imitan sin darse cuenta la conducta de sus encomendados, la alta burguesía es obsesa de sus indicadores de clase, y por lo general no comete errores formales, por lo que su mala leche es elaborada, un rasgo infrecuente en el bajo mundo de los instintos sociales. Entre los nuevos ricos (casta sin genelogía y bastión de la cultura medioclasista) la mala leche es el buque insignia, el gran maestre de su secta de palurdos. Los nuevos ricos la han apañado al punto de convertirla en un código de clase. Incapaces de emular el dandismo de los viejos ricos, sus distanciamiento casi grato y desapegado, han hecho de ésta un artículo de fé. Dueños de los bienes de consumo, pero sin herencia cultural ni don de lenguas, y a años luz del *parle* de las castas superiores, están por lo general nerviosos y pueden ser hostiles, algo poco común entre los ricos tradicionales.

La clase trabajadora, asalariados o esclavos liberados sin un palmo de tierra, y las nuevas clases hipotecadas han hecho de la mala leche una disposición genética, y han evolucionado de rumiantes a carnívoros cazadores, como en Resident Evil, y desarrollado un buen par de colmillos y una línea de incisivos. Podrán tragar toda la mierda que usted quiera en aras del desarrollo desigual, pero no les de la vara porque acabarán con usted y su flia a dentelladas. Y para los agitadores del prurito laboral, para los chicos de los sindicatos, no se llama mala leche, se llaman derechos adquiridos. Ya podríamos educarlos en la flema de Patrick Macnee o en budismo tibetano, pero quién es el valiente que entra ahí y se lo dice. Sería como predicar el Esquema de Ponzi entre las tribus africanas. Habría que pensar en transferir esta carga al discurso político y hacer mala leche institucional que es, después de todo, una práctica aceptada. O incluso, en el peor de los casos, al voto, que es, como todos saben y antes que nada, una predisposición negativa, una mala disposición. La burguesía ilustrada no parece sufrir esta dolencia, su formación académica y cosmopolitismo les permite sublimarla en conductas mejor aceptadas. En cuanto a mí, soy un caso aislado, un pequeño intelectual escabroso, desclasificado y undercover, desclasado y con una hipoteca compartida de tres dígitos, un poco en vía de extinción, y considero la mala leche un género caduco y un *horroris horrendum* del mal gusto.

También hay toda clase de malas leches gremiales, fundacionales, sectoriales... pero no nos vamos a ocupar aquí de ellas. En cuanto a la mala leche de las minorías étnicas, digamos que está en plena fase de desarrollo y muestra signos de adaptación y progreso favorables. Podríamos adelantar algunas hipótesis, pero no sin el compromiso de reabrir el expediente en futuras ocasiones. La población inmigrante trae consigo su propia mala leche, nadie está exhonerado de pagar su cuota de participación en el malestar global. Vista desde lejos, creánme, es un paisaje pintoresco, como un catálogo de armas o una exposición de muebles de jardín. Nuestros primos cruzados (los marroquíes), por ejemplo, son versátiles en este arte, su mala leche es dogma con una intensa vertiente cómica, y puede convertirse *mutatis mutandum* en terrorismo internacional, esos morenos tiene el jodido cubo, el Hellraiser, y pueden abrir cuando quieran las puertas del infierno. En casa, todavía, they play it low, o eso creíamos, han elegido un perfil bajo para pasar desapercibidos, sonríen mucho y son capaces de ir a misa para crear esa atmósfera de fingida buena comunicación que les gusta tanto. Y de alguna manera, con esa elegancia freaky que les caracteriza, utilizan la hipocresía como mecanismo detonador de su mala leche. Llevan años haciéndolo, de adelante para atrás y de atrás para adelante, desde el primer dia en las madrasas.

Ecuatorianos y rumanos, por ejemplo, se piran por su propio modelo, más aústeros sí, pero écheles usted de comer aparte. Los primeros, pipiolos todos, llevan la bandera blanca clavada en toda la médula, como las Tortugas Ninja, y exhiben una mala leche crepuscular y potencialmente homicida como conducta asociada al alcoholismo, la pájara que en el altiplano cataloga como función vital. En ésto son muy poco originales. El mismo comportamiento puede observarse en Moss Side o en West Hollywood. El alcohol, esa especie de San Patricio de apocalípticos e integrados, deja el núcleo al descubierto y zás! En el caso de los rumanos y otras bandas, la mala leche es un comportamiento adquirido, después de decenios de lesiones vasculares y hematomas varios, no les quedaba otra que hacerse híbridos con sus barandas y crear un mestizaje melancólico y agresivo y como saturado, que se llevaría todos los premios en Sundance. Los chicos raros, semiólogos o rateros compulsivos, llevan la mala leche como una imagen de marca.

Pero sin duda los ganadores, los faraones del mal gusto y la bipolaridad en las distancias cortas somos nosotros, los españolitos de a pie. No hemos comprado los jodidos derechos de rececho pero estamos de caza. Y saben qué, no hemos despegado todavía, pero el modelito promete. En el futuro la mala leche española será un must, una conducta homologada en el balance de fuerzas, en política internacional y en Wall Street, y tendrá su silloncito Wellington en Turtle Bay y en el Midtown. Y entrará con las minas antipersona y el PK, el Kalashnikov, en el arte de la guerra, y guiará, como el faro de du Four a futuros líderes populistas del tercer mundo. El abuelo sabandija y marimandón habrá dejado su impronta. Y no sólo eso, también la utilizarán los etnólogos en sus trabajos de campo (ya lo había hecho Malinowski después de todo, pura mala leche polaca) y la gente corriente la pondrá en sus bolsas de viaje para darle la vara a culturas exangües y residuales, a los pocos desgraciados que queden, los morenos del folleto que en un futuro muy cercano tendrán que bailar la polka por unos pocos doblones. Y entonces pensaremos que en el principio de todo, en el origen mismo de toda esta nueva y odiosa sociabilidad, estábamos nosotros.

Viejos roles, nuevos roles

Los tiempos cambian, pero nosotros no cambiamos con ellos, nos vamos a otra parte. Tradicionalmente, cuando no teníamos un duro emigrábamos; hoy, cuando llenamos el saco, nos largamos, nos pegamos el piro, Miami, Nueva York, Dubai. En casa, parece ser, no hacemos progresos. Cuando cogí la pluma para escribir estas notas pensé: viejos roles, coño, los tenemos todos, tenemos mogollón, más que en las páginas amarillas, como en botica, ¿pero nuevos? ¿Qué nuevos roles tenemos? Aparte de algunos prevaricadores y un montón de crápulas políticos, de haber metido un guaje en la fórmula uno y el embarazo de P, todo sigue igual. Nos hemos hecho más esbeltos y compramos algunos masters en los mercados de segunda, pero seguimos fuera de concurso. Se diría que cierta condición de felones y tocineros nos impide ocupar puestos relevantes en el vanity fair del siglo recién estrenado. A pesar de todos los blinis y cócktails de champagne, todavía olemos a ajo, como los coreanos. Exportamos inteligencia, una producción limitada claro, y mano de obra oportunista, y compramos jugadores en el extranjero, luego el patio se nos llena de bípedos ambidiestros con el cerebro de galgos de carrera. ¿Nuevos roles? ¿Qué nuevos roles? Vale, tenemos a gallegos en el Vaticano, y algo de cine primigenio saliendo en los papeles, como el iraní, y un cocinero mitólogico que en realidad es un extraterrestre pero que al menos no es francés, pero seguimos en la lista de desaparecidos, tirándonos petardos unos a otros y vistiéndonos con trajes de colores como la etnia mong. Otros, lo hacen para poner distancias, nosotros lo hacemos sin darnos cuenta.

Dedicados al cachondeo, hemos llenado el pobre país de arqueología costumbrista y montones de tradiciones locales difícilmente venerables que mantienen a distancia a los nuevos roles. Hemos hecho adelantos notables en materia de moda y animales de compañía, pero vamos vendidos en todo lo que sea cambios estructurales. Adictos a la informática sí, pero *piano piano*, sin ningún Neo que ponga en jaque al sistema. Transitamos por los caminos del futuro porque no hay otra, y vamos día a día haciendo el papel que nos ha tocado en suerte, comparsas de este difuso e incongruentemente solidario *boom* europeo. Nos falta algo. No sabemos qué. Pero son muchos los que se sienten marginados de este nuevo hacer epistemológico todavía por definir. Lejos de la sensación de vértigo, de velocidad y adaptación al cambio, que he creido presentir en lugares como Bombay o Beijing. No somos ni siquiera ergonómicos, nos falta la capacidad de pixear y digitalizar nuestros sentidos racionales, nos falta la matriz, el asiento anatómico para acomodar los nuevos vectores y empezar a pensar como el organismo colectivo en el que un día nos convertiremos.

Me gusta caminar. Me gusta que me lleven en coche y observar al personal en sus quehaceres cotidianos, en el campo, en la ciudad, en las playas en verano, promiscuas y masificadas, un cuadro alegórico del fin de la especie. Y lo que veo no me gusta. Tiene un aire obsceno y apocalíptico que no debería estar ahí, y le falta la frescura y la serenidad inteligente de lo nuevo. Los viejo roles se descomponen en sus nutrientes originales, como cadáveres en el lecho del bosque, y todo vuelve a empezar, igual que en un menú del Bulli o en una cerámica de Barceló, como Pachá en Ibiza, o algo así. Pero lo que veo es como una mala película de Florián Rey, un cómoda Imperio hecha en León, futuro cero, ya saben, apaga y vámonos. Lo que veo en mis paseos es embarazoso, es Parque Jurásico II, un montón de dinosaurios dándose el lote en una isla prohibida en un lugar remoto del Pacífico sur.

En Hyderabad, en Dublin o Reykjavik, por ejemplo, he visto una sensación de ruptura y una voluptuosidad futurista difícil de ocultar. Gobiernan las mujeres o el individualismo ha sido desclasificado y se vive una nueva moral, hay un colectivismo sano y la creatividad es vinculante, los sueldos son igual de altos que los precios, y no abandonan a los perros en la calle, tienen las manos limpias y se han dado a sí mismos un tiempo para la cordialidad. Y los nuevos roles han aparecido o están a punto de aparecer. Cuando viajo, a veces me siento feliz al encontrar lugares en donde todo parece que vuelve a empezar, quizás lo mismo de siempre pero rehabilitado. Cuando camino en el barrio, sin embargo, siento que casi nada se ajusta a los nuevos modelos. Seguimos siendo demasiado conspicuos y orgullosos, apegados a los viejos estándars.

Me muevo a saltos, en el bosque boreal, entre rododendros y helechos gigantes, hay que tener cuidado con los restos orgánicos que siembran nuestros habitats, puedo ver carnívoros hostiles reconociendo el territorio, son muy activos, y no dejan de repetir sus conductas asociativas y de cortejo. No espero sorpresas. Llevan años haciéndolo de la misma manera. Los antiguos roles, aquellos sobre los que se ha moldeado el carácter nacional, no son fáciles de ver, pueden anidar en atmósferas rancias y endogámicas. En el paisaje colectivo de nuestra sociedad sólo las conductas externas son observables, los grandes papeles se representan en la intimidad. Están por todas partes, ellos también son vectores habituales, buenos transmisores, pero prefieren el calor de las madrigueras. Las visitas apenas pueden verlos, son igual que animales escurridizos, asumen conductas herméticas y evolucionan siempre en el secreto sociológico.

En estos bestiarios, las categorías son obscenas y pertenencen a un espectro cultural del que me avergüenzo. Somos machistas y violentos domésticos, y podría decirse incluso que en esta materia somos ingeniosos y continuistas. A las mujeres se les pega y se las martiriza y se las asesina a diario. No hay códigos escritos, ni tabúes religiosos, ni oscuras tradiciones, ni nada de eso, es sólo una vergonzosa conducta espontánea. Un deporte perseguido y secreto practicado compulsivamente por un grupo de minorías arcaicas que han echado raices en el suelo bien abonado de nuestra misoginia. No cabe duda de que hemos conseguido *a good breeding*. La violencia de género llenaría páginas enteras de historia, pero no es un valor convertible, apenas si sirve para el morbo mediático, y para sustentar una buena parte de la televisión local. Penoso. No sólo somos maltratadores autodidactas, sino que hemos hecho con ello un subgénero melodramático, mientras tanto los metrolegales de la oficina del fiscal van por ahí persiguiendo causas ajenas que hacen titulares. Somos unos machitos pendencieros dispuestos a poner orden en la casa, violencia de género una leche, es como Cicerón, Salustio, Herodoto para nosotros, pura cultura clásica.

En política, somos unos chavistas arrogantes y chovinistas, pensamos que la función pública es una marca de nacimiento que nos ha sido otorgada por Dios en calidad de usufructo, y vamos perdonando la vida al personal como si fuésemos el César. Cierro los ojos y puedo ver a un montón de politicastros envarados, caminando tiesos, apretando el culo, serios y cenizos, charlatanes *ex cátedra*, distantes, sobrealimentados y aburridos, los veo y me hierve la sangre. No, no se les ha ocurrido pensar que la función pública es en realidad un servicio y que está ahí para algo, que se esperan resultados. Aquí la política conservadora, aparte de analfabeta, es un ejercicio de impunidad, su única fuerza proviene de nuestro voto y sin embargo parece olvidarlo. Por sí solos los políticos no son nada, vanidad y subestima son las claves, y ellos los chulos de una mayoría silenciosa adherente y mitómana.

La empresa conservadora no es diferente, y está infectada por roles vetustos o nuevos roles de vasallaje. La norma es: jerarquías despóticas (como en los planes quinquenales rusos) y un estajanovismo para pobres ilusos. Jefes atrabiliarios, suntuosos y mediocres, mentecatos que han memorizado con esfuerzo su delgado manual de mando, líderes de cuarta que mangonean a sus bantús como si fuesen los negros de la plantación. ¿Se porta usted bien? ¿Es obediente y solícito, ha perdido su dignidad? Está usted entonces en el buen camino. Los que mandan son behavioristas, les interesa poco su capacidad personal, sólo quieren su adherencia, son unos reflexólogos y el único aprendizaje que a usted le espera es correr por el laberinto detrás de un trozo de queso. Esta especie de autoritarismo jamonero a golpe de requiebro y monserga, este cutre-absolutismo reimplantado y amplificado a diario, es moneda corriente en nuestra empresa. Se nos ha quedado fuera la inteligencia, la psicología, los buenos modales, la desjerarquización e igualdad laboral, la sensibilidad y la gestión relajada de los recursos humanos. Nos ha quedado una estructura obsoleta y dementizada, más cercana a Charcot que a Frederick Terman, en el valle de Santa Clara.

Pero junto a estos jodidos ejecutivos, hay aún más roles antediluvianos, viejas reliquias de nuestros peculiares clubs de caballeros. El antiintectualismo, por ejemplo, más que una práctica habitual en los consejos de dirección, es un sentimiento colectivo. Podemos no tener un verdadero libro del té, como el de Okakura, o un manual de etiqueta, o un establishment como los ingleses, pero la mayoría compartimos un miedo visceral contra el pensamiento. Cualquier cosa más complicada que Marina sería condenada a galeras. No somos ni buenos protestantes ni reformados ni afrancesados, somos fascistas franciscanos y hemos hecho votos de humildad y abstinencia, somos los hijos de viejos inquisidores y rendimos culto a la simpleza. En España ya casi no hay intelectuales, los pocos que quedaban han sido castrados químicamente después de un juicio sumarísimo (la intelectualidad molesta a la doble moral establecida, igual que la pederastia) o se esconden en la universidad, igual que un zorro en un gallinero. En su lugar tenemos infinidad de celebridades y tipejos infames que operan con las manos. Siendo el intelectual un factor de agitación en el cementerio cultural que hemos heredado de nuestros mayores y que nos afanamos por conservar, una especie de réquiem en esta jota aragonesa que interpretamos a diario, hemos preferido los perfiles bajos, los chafarderos y cómicos de bazar. La cultura es privilegio de unos pocos, y queda prohibido hacer con ella exhibición pública. Vivimos una larga discusión improductiva, y antes muertos que contemporizar, se recomienda el cliché, por supuesto, y la agresión verbal, nada como un buen par de banderillas. Tenemos a Lucero, a Quiroga y a Fernando de Valdés en nuestro árbol genealógico, y vamos a darle a esos herejes *Ad Extirpanda* hasta que digan basta.

Y si ésto todavía le sabe a poco, vaya enterándose que también tenemos a la vuelta de la esquina a otra joya del más puro patronage español, esa frágil pieza de la ingeniería social del siglo XV. No, we dont have cosmopolitan sympathies (en palabras de Isaac Rosnberg), no nos gusta el otro, nunca nos ha gustado. Preferimos el caldo corto de nuestros huesos, en fin, anticosmopolitas hasta la bandera. Es curioso ver como nos regocijamos con obscenidad en la familiaridad perversa y endogámica, mientras el país se llena de teens marroquíes e introvertidos de la cordillera, y una corriente inmigratoria de pensionistas cabizbajos parasitando nuestra medicina social, que vienen a parar aquí con sus huesos como si esto fuese un

Shangrilá para pobres abuelos sin cuartos. Hoy, metafóricamente hablando, seguimos expulsando a los judíos, en el XV era una moda sociológica, en los tiempos que corren, como casi todo, es una figura de estilo. En lugar de inquisidores vesánicos como Torquemada, o leguleyos como Valdés, en lugar del Santo Oficio, un anhelo difuso por mantener a raros y marranos a distancia, una xenofobia reblandecida de provincias y barrios residenciales. No, no nos gustan los otros, somos unos frenólogos desconfiados, como los australianos, y rechazamos a los morenos y a las que consideramos anatomías sospechosas, y pensamos, como la mayoría de los pueblos primitivos, que somos divinos.

Y además de no subirnos ni a la de tres al tren del mestizaje saludable, como se hace por ahí, mostramos una mala disposición egocéntrica y no nos interesamos por casi nadie. Obsesionados durante años por una gramática comportamental que ninguno parece capaz de describir, hemos olvidado lo importante que es relacionarse y aprender de los demás, al mismo tiempo que hemos desatendido la necesidad imprescindible de una conducta estoica en contra de cierto autóctono *laissez faire* temperamental. No es un ejercicio difícil, es cotidiano y no implica ningún traumatismo para la identidad, sólo que hay que hacerlo según los modelos al uso. Quizás deberíamos seguir alguna clase de tutoría, algo suavemente sugerente que no lesionara el sprit local ni a sus iconos culturales, ni adulterase el logo que llevamos tatuado en la nuca y que no podemos ver. Sólo un poquito más de sensibilidad y self-control, y menos samba. Necesitamos con urgencia cambiar de imágen, lo han hecho todos ya, admitir nuestros errores y escuchar. Nos falta, diría Gruning, comunicación corporativa a múltiples niveles.

¿Dónde está la gracia?

Aceptémoslo al menos como premisa, tenemos un par de problemas con el humor. Y no tiene que ver sólo con sus formas o contenidos, sino con toda su naturaleza. Históricamente no los hemos tenido, el humor desnaturalizado es un problema contemporáneo. En el siglo diecisiete estaba en forma y era soberbio, Quevedo, Alemán, Lope... Después nos convertimos en adustos y avinagrados los señores, y semianalfabetos los siervos, y tiempo después en comediantes de género. Con la caída del imperio se nos pelaron los cables y entramos en una intermitencia a ratos graciosa y a ratos funesta, en donde los cómicos se convirtieron al terrorismo incruento y el humor se hizo en lugar de cultural, sectario.

Hoy somos, en el mejor de los casos, imitadores inspirados, copistas, copias perfectas, transubstanciadas, casi genéticas, de personajes públicos y celebridades, somos los maynates de un submundo de dobles hiperreales, los Heminges y Burbage de una parodia suculenta que llena casi todas las páginas de nuestra *vis cómica*.

También tenemos el secreto de una mímica transgresora y moderna que utiliza múltiples códigos, y con una capacidad extrahordinaria para decir entre líneas. Más allá de los clásicos, Keaton, Tati, Marceau, de la mímica conservadora y simbolista, el genio catalán nos ha regalado el milagro de una mímica abstracta que reinventa no solo su propio lenguaje sino todos los lenguajes.

Y también somos los afortunados beneficiarios de un humor vernáculo que raya en la perfección, más agudo y ajustado que Thurber, y con una perspicacia y capacidad de diagnóstico envidiables. Y que aún a riesgo de parecer repintado y localmente acentuado, al punto de hacerlo con más frecuencia de la deseada, intrasmisible, tiene la precisión mecánica y el tempo justo del teatro isabelino. Un humor seudo universal, aunque quizá excesivamente pautado y codificado, lleno de los oropeles propios del ingenio andaluz, pero con una lucidez y capacidad de disección que ojalá fuésemos capaz de dejar en préstamo a nuestro, en general, pobre discurso idiosincrático.

Sin embargo, el humor nacional de bandera, el que está hecho con los retazos del vodevill y el barroco castellano, huele un poco a podrido. No sólo se trata de un humor fosilizado que proviene sin escalas del pasado, sino que es ostentoso y burdo y en ocasiones, inaceptable.

Hace un par de dias, después de una cena ligera, me dí de bruces con un programa llamado "Escenas de matrimonio". El shock post-traumático duraría unos quince minutos. Una sola dosis de aquella molécula sería suficiente para hacerte entrar en un coma cerebral inducido. Sólo la presencia de Hugh Laurie haciendo su conocido número de Lecter de la medicina para enfermos muy listos, me haría sentir ligeramente recomfortado. Y mientras el Dr House hacía picadillo a su tercer paciente del día por motivos psicológicamente inescrutables, yo me preguntaba de dónde había salido aquél guión, si venía del infierno de los guionistas descorticados, o del mundo de los muertos de los Arniche, del sainete, de la zarzuela y la tragedia grotesca, o si sería sólo una paja mental de los guionistas basura de telecinco. Y me decía a mi mismo, no sin pudor, qué sería de nuestra ya bastante depapeurada credibilidad si álguien en el extranjero viese y fuese capaz de interpretar esta falacia. Y si el despropósito, el mal gusto y la demencia senil de nuestros jóvenes guionistas, sería causa de litigio en el derecho penal de sociedades más sofisticadas. Y me pregunté si la gente de la calle se merecía este intercambio de fluidos mentales, y si semejante mierda vendría del diario secreto del violador doméstico -vieja patente nacional- o de las páginas de "Monster". Y me dije a mi mismo si sería sólo un fallo de guión sumado a un problemilla de conducta social de carácter leve, una disfunción del contenido y el lenguaje, facilmente corregible con la educación adecuada. Dicho de otra manera, si éramos lo que se dice estúpidos por naturaleza, o si se trataba sólo de una patología adquirida.

En la hora siguiente no encontré respuesta. Tres dias después seguía sin encontrarla, y decidía entrar aquí y ponerlo por escrito, y consultar, por así decirlo, a otros colegas del gremio digamos que un punto regeneracionistas. Los resultados de esta compleja incursión estarán presentados ordenadamente.

Para empezar digamos que parece innegable que existe un problema de formulación. Las varias partes de este teorema han sido convenientemente adulteradas para mejor servir a un planteamiento ideológico, uno que dice que el español debe salir ganador en cualquier debate, incluso en aquellos que se presentan como simples intercambios cordiales, que el abuso es por definición jocoso y que la inteligencia aplicada al diálogo cómico no lo es. Pues bien, aquí las tres variables están equivocadas. En el humor, primero, no hay ganadores ni perdedores, sólo una especie de concurrencia de signos contrarios, un puzzle que entra en su posición correcta por contraste, pero en ningún caso hay enfrentamiento. En la formulación correcta el insulto debería quedar excluido por estéril, y el abuso sólo es jocoso cuando es inteligente. Y deberíamos saber que la inteligencia bien formulada, sí lo es, incluso cuando no se entiende. Si insultar al comparsa y esperar que un observador imaginario se ría, es la clave del humor nacional, es porque somos propensos a un amateurismo inadecuado y nos falta la constancia y el esfuerzo que conduce por lo general a la inteligencia; y dos, porque la soberbia no nos da tregua. Qué mejor que embadurnarnos en el lodo de nuestras señas de identidad sin esfuerzo, no dar palo al agua y sacar por eso una discreta plusvalía. Acaso no es mejor ser nosotros mismos, con nuestra pesada y rancia liturgia, malos modos, despropósitos y pases de pecho, que entrar al trapo del humor pretencioso que practican, por ejemplo, los ingleses. Nada como un buen trozo de humor carnoso, nada como un buen chorro de verborrea disparada justo entre los ojos del otro. Y nada mejor que todo se entienda con claridad, que sea al menos tan obvio y rotundo como nuestra presencia.

De estos falsos razonamientos se deduce una nueva premisa, una que dice que nuestro humor no es deseado, que es tautológico, y que está ahí porque no puede ser de otra manera, porque es el único catalizador que puede proyectarnos socialmente, la única manifestación de la identidad pública que todos entienden y nadie disiente. Y ante la ausencia de cualquier otro mecanismo de representación, buenas son tortas. Sentado frente al televisor, soportando otra entrega de "Escenas" y mordiéndome la lengua, entiendo el porqué de esta ceremonia del horror. Ellos están ahí no para reeducarnos o hacer creíbles nuestras peores pesadillas, ni para crear un modelo con nuestro rico patrimonio conyugal, sino que están ahí para reafirmar los patrones de una triste cosanguineidad y desculpabilizarnos. La televisión que hacemos en casa nos rehabilita de la barbarie cotidiana y nos proyecta socialmente.

En otro orden de cosas, nuestro mal-humor -léase literalmente- pone en evidencia un mecanismo de defensa, otro de esos pequeños ingenios antisocráticos (existo luego pienso) que sazonan el caldo de nuestra identidad nacional.

¿De qué nos defendemos? Del sentimiento de culpa por utilizar todavía un manual de protocolo inadecuado, obsoleto y con pocos registros, un código que no ha tomado conciencia todavía de su propio lenguaje, y que mantiene con otros géneros europeos la misma distancia que Von Triars con Cine de Barrio. Nos defendemos de la sensación de incompetencia y vulnerabilidad que cargamos sobre la espalda hace ya tiempo. Y para eso, qué mejor que movilizar un humor que suprime la perfomance intelectual y promociona con descaro la impetuosidad, es decir, la estrategia por la cual el otro nunca tiene tiempo para responder.

Y con la belicosidad y la ostentación, dos ejercicios también habituales en este ataque frontal que algunos consideran gracioso, nos defendemos también del sentimiento de renuncia de un humor pausado que se toma su tiempo, y que identificamos con otras culturas ricas en registros y tejidos verbales, a las que de una manera silenciosa menospreciamos.

A el humor de "Escenas" le falta ironía y sarcasmo (understatment), la capacidad de reírse de si mismo y de la españolidad como condición propia. Y le falta deflectación, el esfuerzo por desviar los impulsos negativos y la mala conciencia, y le sobra el españolísimo deseo permanente de provocar la confrontación, no la violencia o la destrucción, no la pelea o la descalificación, sino un desagrado churrigeresco, una afectación desafortunada *border line* con la antipatía.

Si los ingleses tienen un humor estimulante que los ayuda a construir su identidad y al que todos aspiran, un humor que los educa y más aún los gratifica con el regalo de una personalidad colectiva mejorada, nosotros tenemos uno embarazoso y díscolo, que nos empobrece y nos desacredita, y con el que es mejor abrir distancias. A veces uno tiene la impresión de lo que queremos hacer es una película de Tarantino pero nos sale el falso trailer de una película que no existe. Como un proceso de germinacion interruptus (recuerdo aquellas untosas vainas de Don Siegel), el humor español todavía no existe, se está gestando burdamente en el interior de una vagina vegetal gigante, y lo que vemos en el escabroso *prime time* español son entidades intermedias, seres tristes y precarios cuyos procesos genéticos han sido interrumpidos. Crudités para alimentar a una población privada durante años de una dieta equilibrada y de las delicias del buen gusto.

¿Estaremos todavía a tiempo de salvarnos y empezar un curso rápido en moderación? Necesitamos con carácter urgente una doscientas flexiones diarias de autocontrol, ejercitar nuestro *restrain* y convencernos de que la contención como práctica cotidiana es buena para la convivencia con cautos y capullos da igual, y que hará un estupendo plato frio frente al humor *sanglant* que la mayoría todavía practicamos. Un curso en el que también aprenderíamos a quitar plomo a nuestra seriedad aprensiva. Demasiado tiesos y engolados, aparatosos y pesados como metales densos, nos damos golpes en el pecho a cada enunciado y línea de diálogo, y a veces nos hundimos bajo el peso muerto de nuestra propia retórica. Somos emocionalmente pesados y poco distendidos, apóstoles vociferantes de una extraña gravidez, y en el humor, como en tantas otras cosas, somos maquinaria pesada.

Y aprenderíamos también de una vez por todas a reírnos de nosotros mismos, un poquito más Sanchos que Quijotes, a quitarnos todo ese latón de caballeros cruzados, bajar al patio embaldosado de nuestras pequeñas aspiraciones y hacer envites discretos. Hay que aprender ya a quitarle plomo a nuestra cultura severa y reconcentrada de patanes orgullosos, y entrar un poco al sesgo, al escorzo dice el libro. Hemos sido tanto tiempo pomposos y proverbiales, que buena parte de nuestro humor lleva las marcas del demonio, el triple seis de la mala disposición, es el humor de un fangoso subsuelo idiosincrático.

Y por favor, un curso rápido sólo para ponernos al dia en materia de buenos modales, en el humor, en el adosado, en la parcela, da igual. Y la próxima vez que usted quiera hacer sonreir a alguien no tenga que mentar a su madre o referirse a sus problemas metabólicos u otras malformaciones, no tenga que meterse con sus mismísimas partículas elementales.

¿De dónde diablos han sacado ustedes esos guiones? ¿De un cruce genético desautorizado entre Miliki y los hermanos Calatrava?, ¿del stand up comedy de Hamás?, ¿del sindicato rumano de guionistas?, ¿del libro secreto de los cien mejores chistes de Chávez o Arias Navarro? ¿Jura usted que han sido escritos en pleno uso de sus facultades mentales?

Sentadito en mi sillón de cuero, siendo testigo de la última entrega de "Escenas", siento que mis neuronas forman un muro de contención contra una pléyade de microorganismos no sensibles. Supongo que debería ser algo más participativo, un poco más tolerante con esas lacras, después de todo son parte del patrimonio nacional, pero no lo consigo. Mi condición de expatriado y mi rechazo personal a los tipos bajos en colectivización cultural, impiden que me adhiera a la comedia de nuestra cotidianeidad más íntima. Cierto que el humor es uno de los reductos donde se esconde el prejuicio, el repertorio completo, pero no debemos mostrar debilidad con la contrapedagogía de los medios, y menos aún con esta vulgata de vieja psicología colectiva que nos quieren vender por nueva.

No soy un humorista, soy más bien un cínico pendenciero y mi humor de guerra de guerrillas estaría mejor en Peshawar que en cualquier cadena populista y contaminante. Supongo que los tipos que cortan el bacalao allí en Fuencarral se pondrían tan serios que se les partirían las cejas. No señor, ni Thurber, ni Perelman, ni Scully, a nosotros nos gusta cortado grueso. No sé que les pasa a nuestros cómicos, si van muy cargados o sus papaítos les han hecho los deberes, o tienen algún problema grave en sus hemisferios cerebrales. Lo que no vamos a negar es que este humor de saldo es heredero directo de nuestra laxitud y ocio intelectual.

En el humor, como en tantas otras cosas, nos merecemos algo más. Las lecturas adecuadas y un poco de moral en el sector público y en nuestros dirigentes culturales. No hay buen humor sin honestidad. Necesitamos otro catalizador, uno que al menos nos devuelva la salud intelectual y nos ayude a liberarnos de este histrionismo para zafios que sólo alimenta nuestra mala conciencia.

perfomance lingüística

En cuestiones de lenguaje somos negligentes, dejamos para después cualquier esfuerzo que pueda mejorar nuestra perfomance lingüística. No se trata de que espontáneamente nos hagamos coloquiales, sino que a conciencia retaliamos y minimizamos el discurso corriente y en muchas ocasiones los discursos profesionales. Hemos desarrollado, por motivos hasta ahora desconocidos, un falso pudor que nos impide, digámoslo así, hablar correctamente.

Hablar mal parece ser nuestro sino idiosincrático. Y en cuestiones de herencia somos por lo general, escasos. Hemos dejado una lengua que utilizan más de cuatrocientas millones de personas pero no ejercemos sobre ella ninguna tutela, la hemos abandonado a su suerte, a veces en ambientes proclives y saludables, y a veces en lugares conspicuos, con toda clase de resultados. Como en un campo de patatas en el altiplano peruano o en Polonia, de un paisaje yermo han salido ejemplares soberbios con todas las texturas, pero en casa, vamos pillados y malvivimos lingüisticamnete con una oralidad precaria y disminuída.

Tenemos lenguas, dialectos y acentos, como cualquier hijo de vecino. Más aún, se puede decir que en materia de diversidad somos versátiles y creativos, y que nuestro retail de acentos es especialmente estimulante (y como siempre con los acentos un foco de prejuicios y sectarismo), es vulnerable (aunque sin una RP, received pronunciation) y susceptible de ser corregido, suponiendo que sea esa la praxis adecuada. En cada provincia, comunidad o comarca, existen voces nativas que nos gusta reconocer, incluso parodiar, y que a veces subestimamos y otras elogiamos, y que generan un montón de patrimonio verbal por un lado, y por otro, una oralidad difusa y poco comunicativa. No cabe duda de que los acentos están histórica y geograficamente justificados, y que el esnobismo hinca sus afilados dientes en el tejido blando de los acentos nativos menos favorecidos o más étnicos. No cabe duda de que en muchos aspectos no pueden ser corregidos, y de que en esta materia somos tolerantes y hasta progresistas. Pero esa es otra historia. No deseamos obliterar los acentos, más bien todo lo contrario, ni homologar una RP para medrar en sociedad, ya saben, asientos de primera para una clase emergente de hombres de negocios y nuevos pedantes. No, no se trata de eso, estamos todavía en la prehistoria de los manuales conductistas a lo Margaret Mitford, se trata sólo de ponernos a salvo de una precariedad castiza y de los miedos performativos que nos parasitan.

Hablar mal es una de nuestras señas de identidad. Todavía nos impresionamos de "lo bien que hablan" argentinos o peruanos o tipos del valle del Cauca, qué sé yo. En cuestiones de lengua, después de más de trescientos años y para la desgracia de algunos, Garcia Calvo, Pla, Cardín... seguimos infantilizados. Algunos virreynatos nos han dejado parados en los cien metros lisos del último spring de nuestra lengua madre, y vamos por ahí haciendo un pésimo papel de obsoletos, periclitados y un poco racistas e inmovilistas. En latinoamérica lo saben, y nos tratan como si ellos fuesen Groucho y nosotros Harpo, nos parafrasean y pontifican, y ponen palabras en nuestra boca que nosotros ni siquiera sabíamos que existían, luego se miran entre ellos, divertidos y autoritarios, y con esa seguridad recomfortante que da el hablar bien y que nosotros ni siquiera presentíamos. Comunitariamente las cosas no mejoran, y en lugar del inglés utilizamos el lenguaje de signos. Los buenos socios europeos saben de nuestra *faiblesse* y se conforman, por lo general, con cierta proverbial cordialidad y deflación made in Spain, y con una simple mueca de aprobación. En casa, estamos muy ocupados con otras conductas poco verbalizadas, o en pegar la hebra sin más, y no pensar en las consecuencias, y no parece que tengamos conciencia del maltrecho estado de nuestros recursos orales.

Pero veámos un análisis de cualquier muestra, algunos perfiles básicos y: ¡marque la casilla por favor! Para empezar nos llevamos un cero absoluto en conducta verbal por una falta de cortesía generalizada y por nuestra bien conocida perentoriedad y ansiedad a la hora de hablar. Pero aún en estado de reposo, por así decirlo, somos disfuncionales y poco convincentes. En vocabulario somos un fracaso, y la mayoría nos buscamos la vida con un rol quizás de quinientas palabras, una docena de verbos transitivos y otras tantas frases coloquiales. Tenemos el Diccionario de la Real Academia criando setas y fungus varios en el aparador de madera de cerezo del comedor, y en general, un índice cero de natalidad en neologismos e intertextualidad. Estamos al borde de la indigencia en cuestión de vocablos, y los pocos que usamos están fatigados y enfermos terminales de polisemia. No somos exactamente parcos ni concisos, somos más bien damnificados y sobrevivimos con una dieta de campo de refugiados. Intelectualmente inseguros, nos paraliza el miedo a los nuevos léxicos, a los vocabularios técnicos y palabras abstractas, y mostramos una clara tendencia a utilizar sólo aquellas con las que nos sentimos seguros. La palabra escrita es igualmente censurada y nuestro mezquino establishment cultural condena a la hogera o al ostracismo a cualquier texto que se salga de la norma. Nos asusta la complejidad, somos un poco animistas en cuestiones de lenguaje, y está claro que nunca tendremos ni Connollys ni Hamilton Patersons, ni filósofos alemanes, y nos apalancamos para siempre con un extraña *lingual trade*, un pidgin hecho en casa, muy español y excluyente, y menos divertido que en PNG.

En materia de adverbios de modo y adjetivos tampoco andamos lucidos. Al parecer nos sentimos poco inclinados a deleitarnos con calificativos que deberíamos considerar banales y a macerarnos en nuestros propios jugos. Somos parcos y promediales, average, individuos de sujeto verbo y predicado, y consideramos la expresividad un ejercicio manierista. Antes, en el diecisiete, no eramos así, teníamos un dominio de la lengua envidiable, y los adjetivos eran dagas voladoras entre Echegaray y Huertas, nadie se achantaba por un inofensivo par de adverbios de modo, unos latinismos o unos cuantos clichés cortesanos, y la lengua era como una lluvia de metralla sobre los maderos. Hoy nos hemos pasado a la contra, hemos cambiado aquella lengua de oro afilada y precisa por un balbuceo primitivo que no dice nada. Tenemos miedo de adjetivar, de mejorar la comunicación fuera de las normas, somos víctimas de una depauperización de clase que ejercemos inconscientemente. Nos da miedo perdernos en la jungla, diría Wolfe, de los calificativos con un criterio personal, y faltar a ese *Santa Santorum* del hablar *deflacté*. He sido tantas y tantas veces testigo de una intimidación no deseada a mis interlocutores, que ahora cierro el pico y me aburro. Hablar bien, es algo que no deja de sorprender a los pobres pringados acostumbrados a la cosa periclitada de sus manuales.

¿Y qué pasa con la sintáxis, y la figuras retóricas? De eso nada, salvo que venga marcado en"otras peticiones", uno no va por ahí haciéndose pruebas del virus del papiloma humano. Nuestras frases son demasiado poca cosa para tener sintáxis, en el mejor de los casos, apenas si son un poquito ordenadas y aleatorias. En cuanto a la retórica, a saber no es más que una pasta siciliana, y como cualquiera sabe, en casa no somos demasiado italianizantes. Donde haya un español que se vayan quitando todos esos espaguettis, tampoco llevamos trajes apretados ni zapatos con punta de la Condotti, somos un pueblo garbanzero y tocinero y no nos gusta hablar como si fuésemos unos jodidos maricones. No vamos por ahí, dice la gleba, dando palique y meneándosela al personal, basta con que te entiendan un poco, *mi no klia gut, mi laikim sampala kaikai,* como en Port Moresby.

¿Y las jergas? Bueno, las jergas más bien poco también, salvo Reverte quizás y otros populistas laicos que no salen de casa sin su JHH, su diccionario de jergas. A las mayorías parlantes no les va nada el curro especializado, son generalistas y no van a producir ni una sóla palabra más sino es por motivos estrictamente justificados. Las jergas suponen un aprendizaje, sabe usted, que no tiene nada que ver con la ley vigente del mínimo esfuerzo y nuestros perfiles bajos.

¿Y en cuanto a la connotación qué? Bueno, connotar connotar, tampoco connotamos. Somos pelágicos unicelulares, y estamos lo que se dice en el primer eslabón de la evolución lingüística, somos unos párvulos interactivos intercambiando nuestros cromos verbales. No nos interesa ni connotar, ni sugerir, ni confitar, ni escarchar, ni entredecir ni subdecir... lo nuestro es al pan pan, y al vino vino, y dejamos el understatment para los tipos distinguidos.

Hay pueblos que hablan bien, los ingleses y los franceses, por ejemplo (los ingleses han abandonado la RP por los acentos regionales). Es verdad que los iconos culturales (la BBC) están desapareciendo en favor de los paricularismos, y que los recursos locales están siendo sobreutilizados, lo que marca una tendencia al autismo sociológico y a la incomunicación más o menos pautada. Y que como consecuencia de ésto, la lengua sufre toda clase de coacciones anquilosantes y un progresivo reduccionismo. Lo que hoy parece preceptivo es diversificarse fonéticamente y gestionar sólo a través de éste y otros rasgos secundarios ciertos microderechos políticos, como los nacionalismos. Y, por otro lado, homogenei-zarnos al nivel de las estructuras, y hablar todos como todos un léxico desculturizado y de pura supervivencia, hecho a la medida de tácitos y anodinos, y de monguis políticamente inofensivos. Nada que se parezca al pidgin o al nasdat de Burgess, a la jerga del talego o al habla de los hooligans o pachucas mexicanos, sino más bien todo lo contrario, una oralidad descodificada y nada secreta, aburrida y desarmada.

Aún así, hay pueblos que todavía hablan bien, que pa-recen preocupados por su expresividad y el deseo de enviar mensajes completos y matizados, por mantener el nivel de una comunicación creativa al márgen de los blabaísmos ofi-ciales. Lugares en los que se habla bien no sólo en los foros políticos o universitarios, en la televisión o en los centros de investigación, sino también en la calle, lugares en los que la peña habla bien, los niños, la pasma, los fulleros, la gente a fin de cuentas, el paleta y los instaladores de aire acondicio-nado, lugares en donde todos han incluído una lengua viva en la lista de sus derechos civiles. Utopías en donde ¡aleluya! la televisión es educativa y propone modelos orales estimulantes y dignos de imitar, y en donde los presentadores no han sido lobotomizados e ideológicamente condicionados, y en donde los políticos no se comportan como si hubiesen perdido parte de su masa encefálica en las últimas generales. Hay lugares en donde todavía brillan los lenguajes performativos y en donde presumen de intelectuales alfabetizados, y en donde la comunicación verbal no ha sido desposeída de sus atributos. ¡Pueden creerlo!, países enteros incluso en donde la vasca no pasa palabra y está todo el tiempo pronunciándose, pasándo-sela bien con la lengua de sus mayores, como en los buenos tiempos.

Aquí las cosas son distintas, aquí linchamos a los que hablan bien. Esos exégetas, esos masturbadores y pornógrafos de diccionario son una amenaza para la gente de bien. Lo ha-brán visto ustedes en más de una ocasión, los buenos ciudadanos son cómo las masas polarizadas y actúan igual que inquisidores a la mínima que detectan cuaquier herejía formal, y las víctimas duran menos que una escupida en una plancha caliente y son linchadas o emparedadas detrás de un montón de tochos en su mismo barrio. Que se vayan enterando, aquí somos todos iguales y usamos las mismas palabras, pocas en la medida de lo posible, y tambien tenemos unas cuantas lenguas, no setecientas como en PNG, pero unas cuantas, y hacemos lo mismo con cada una de ellas, la misma mierda. Y ya somos más de cuatrocientos millones, se dice pronto, pegando la misma hebra con sólo un par de cromosomas, para qué más. Los tipos que hablan bien están en otra parte, en sus estudiolos, en la universidad, en los consejos de dirección, en las embajadas, y cuando quieren hablar, lo que se dice hablar, se reúnen en secreto.

Si por aquí pensamos que los pupas que sueltan el mirlo como la Maximova movía los brazos, exhiben conductas extraviadas, hay otros lugares en donde la lengua es pensada y en donde su buen uso se gratifica socialmente. Los franceses, por ejemplo, salen del Liceo escribiendo como Paul Valéry o León Bloy, y empiezan desde el seno familiar a construir su propia y sofisticada personalidad oral. Los ingleses, aunque darwinistas en cuestión de hablas regionales, son igual de astutos y perfeccionistas a la hora de activar lenguajes completos, y hacer de su perfomance linguistica una conducta idiosincrática. A diferencia de nosotros, pobres progenitores de nuestras pequeñas criaturas parlantes, padres irresponsables que dejamos a los crios campar a sus anchas en el territorio desconocido de la lengua, ellos los dejan con un completo manual de instrucciones y bien equipados para sobrevivir en el mundo de las palabras, y lo que es aún más importante, con la lección bien aprendida de que uno debe cotidianamente reinventar su propia lengua.

Si asomamos las narices por la ventana de este simpático y prepúbico país nuestro y miramos fuera, vemos no sólo sólidas lenguas institucionales bien gestionadas, lo que sería para nosotros una utopía descabellada, si no también gente ilustrada, gente que dice cosas sin tener que gritar o perder los estribos o mover las extremidades, sujetos parlantes desarrollados. Por aquí, los hablantes cualificados son minorías perseguidas, y los demás no hacen sino soltar la broza. Las instituciones están deslenguadas y son incapaces de enseñar a nadie ni siquiera su primer enunciado, son secretamente disléxicas y no comparten nuestra política educativa, siguen obsesionadas con la alfabetización y el fracaso escolar y se encuentran todavía como en el bajo medioevo. Aquí ni Dios habla bien, ni lo académicos, ni el Rey, ni el Presidente de Gobierno. Todos tienen también sus problemas con los adjetivos calificativos y los adverbios de modo, por no mencionar la falta de recursos generalizada. Cualquier parecido con Escipión o Gayo Lelio o Cicerón, es pura coincidencia. Y no sólo las instituciones, sino también la plebe, la peña piensa que lo propio es calentar la boca y que los delincuentes y fulleros que hablan bien deberían acabar en los calabozos.

¿Qué diablos nos pasa? Nos pasa que somos inestables y pensamos que una lengua bien hablada es inadecuada, y una amenaza contra nuestra autoestima. Preferimos adherirnos a tradiciones duras y antintelectuales que recuperar nuestra edad de oro. Elegimos antes que el chic verbal de los vecinos, un extraño embrutecimiento decoroso que haga pareja con la belleza dura de la tierra y la fisicalidad de nuestra herencia y raices profundas. Quizás el imperio y la edad de la locuacidad hayan sido sólo anecdóticos, y que aquello con lo que de verdad nos identificamos sea la expresividad corporal y la inteligencia emocional. En el siglo veintiuno no habrá Quevedos ni Góngoras, seguiremos en la vieja escuela de embolar al toro y arrancarle el cuello al pato, y tendremos más Manoletes y bailarines hiperactivos con problemas de ansiedad y seremos *ad libitum* los pringados de siempre, pre-semánticos y medievales.

O quizás no, quizás seamos proféticos una vez más, y el auténtico modelo español sea homologado en todas partes, de la Rue de Rivoli a Hudson Bay, en la China y en el subcontinente indio, y todos descubran la ventajas de una lengua sintética desafectada y retaliada, hecha a la medida de una plebe futurista bajo mínimos. Quizás el neo-capitalismo descubra al final el gasto cero en lenguas y las grandes ventajas económicas de una población mundial afásica. Quizás los listos de los españoles nos hayamos anticipado, una vez más, a la decadencia de Oriente y Occidente.

Misbehaving abroad (o sacando lo mejor del choque cultural)

Hemos pasado años, demasiados, sin viajar. Mientras allí fuera un montón de ventoleros no paraban de trajinar, nosotros nos quedábamos en casa y poníamos en remojo las lentejas. Eso le ha dado a ellos una cierta ventaja, una destreza natural para la convivencia oportunista, y un saber de campo del que a nosotros se nos ha privado. Hoy, que hemos liado el petate, el viaje se ha domesticado y no ofrece aquella vieja posibilidad de hallazgo y reciprocidad, a veces pacífica y a veces hostíl, pero siempre novedosa. A cuenta del cliché, el visitante ha perdido curiosidad mórbida e ingenuidad y el anfitrión su voluntad de agradar e interactuar, y al parecer ya es demasiado tarde para rectificar.

Antes el viaje pertenecía al género literario, se situaba en una dimensión personal y era sencillamente evocado; hoy, sólo la literatura puede salvar al viaje, descatalogarlo y convertirlo en un subgénero, un objeto irreconocible que ha pasado por el tamiz de nuestras paranoias. Ya no se viaja más a los lugares por sí mismos, se viaja al interior de algunas mentes enrarecidas e inéditas. Masificados y aglutinados, los nuevos viajeros han perdido la perspectiva, y sus especímenes se esconden apretujados debajo de las piedras como *armadillidiums vulgaris*. Perdida la lucidez y el interés por los demás, sólo nos queda deambular pasmados a la espera de que nuestras neuronas nos rehabiliten. Antes me gustaba leer a Naipaul, a Thubron, a Leigh Femor, a Waugh, hoy me gustan Gill o Johann Hari, un par de histéricos brillantes con licencia para matar; y siento que el mundo, excepto para los fotógrafos del NG, ha desaparecido tal y como lo conocíamos y sólo quedan las cenizas de su inconsciente colectivo. Viajar por ellas es puro desapego, cirugía forense o plástica, como en CSI o Niptuck. All travel is a form of self-extincion, decía Naipaul, yo digo que lo que se extingue es todo lo demás.

Pero recapitulemos. Bien o mal, la gente no para de viajar, largarse es una antigua reivindicación y está entre sus derechos, y para muchos detractores es sinónimo de no pegar un sello. La diferencia radica en que algunos han heredado de sus mayores versatilidad y un saber estar geográfico, y otros no. Nosotros pertenecemos a esta segunda categoría, y en el extranjero, sometidos a las presiones de la diversidad y a la estimulación de zonas desconocidas del cerebro, nos mostramos, con más frecuencia de la deseada, inadecuadamente provocativos a veces, o aletargados otras.

He viajado mucho, por todas partes, y casi siempre acompañado por los marisabidillos de un lumpen viajero inmunizado contra el papanatismo del turismo reblandecido. No obstante, he observado una serie de comportamientos no regulados que no cesan de bajar nuestros estandars en materia de adaptación al medio y permeabilidad. Si partimos del principio de que la inadecuación es un hábito adquirido en cualquier desplazamiento, de que la mayoría somos ingratos y sesgados con nuestros anfitriones, quizás podamos particularizar y ver algunos primeros planos de esta falsa sentimentalidad y extrañeza made in Spain.

Los españoles siempre hemos hecho del choque cultural un arte menor. Empezamos mal, bajando enjubonados y enlatados en aquella playa de arena blanca de la República Dominicana, acarreando artículos varios de todo a cien e iconos morbosos de gente torturada, luego vinieron más de trescientos años de esquilmar y dar la vara y de embajadores obtusos, y luego Flandes. Tenemos escuela, qué duda cabe, en aquello de ningunear a los bárbaros y crear al mismo tiempo una superestructura al pedo. Hemos sido los maestros en la historia universal del malentendido y llevamos ese fardo en nuestro equipaje. No paramos de exteriorizar conductas desafortunadas o nos hacemos chovinistas y reconcentrados.

Muchos de nosotros somos anodinos e inadecuados, y con mucha frecuencia, por desconocimiento del lugar visitado, nos retraemos a un estado lamentable de timidez aletargada, y en lugar de sacar lo mejor de nosotros mismos y transmitir una sensación de calidez y el lenguaje corporal adecuado, nos mostramos recelosos y amodorrados. O, en lugar de retraernos, sacamos de paseo a nuestra vieja amiga la idiosincracia impulsiva y exhibimos los mejores códigos secretos, para acabar haciendo en todo el Pashupatinah un Chiquito de la Calzada incomprensible, o parafraseando a Estopa frente un público de pashtos en Pakistán, o explicándole a un recepcionista del Danieli las maravillas de la costa levantina. Después de todos estos largos años de picar espuela, de crear y perder un imperio, todavía no hemos aprendido que a los guiris no les interesa nuestras vergüenzas personales, que el improbable garrapiñado español no es transmitible, y que es mejor quedarse con unas pocas generalidades bien moduladas. Por favor, no den ustedes pie a los malentendidos, piensen, aunque sólo sea por un instante, que la vasca allende los mares está como todo el mundo, a su bola, que no han hecho la mili, ya saben, ni sus A levels en lenguaje taurino, y que tanta recochinera etnicidad los tiene hasta el moño.

Y si ésto le sabe a poco, digamos que somos inadecuados pero de muy diferentes maneras. Las tenemos todas, en do, en re mayor, todas las variaciones. Y para más *inri* pensamos que los aborígenes deberían sentirse, al menos, gratificados. Por ejemplo, a veces somos indiferentes, indolentes, y nos pasamos por el forro de las pelotas, a saber, la cultura funeraria hindú, la liturgia del shabat, las ruinas incas, a los amish y a la población entera de la Isla de Pascua o de la Micronesia. Absortos en nuestro propio domaine y líneas de descendencia, nos trae sin cuidado toda esa farragosa diversidad del mundo exótico que al parecer tiene muy ocupados a gringos eruditos y weirdos de todas clases. Somos los jeques, los tipos que cortan el bacalao allí en el desierto, tenemos que ocuparnos de nuestros negocios y no perder el tiempo con pelaos y culturas alternativas. La consigna es: ¡pancistas hasta la muerte!

O lo contrario, y somos demasiado curiosos, inquisitivos, merodeadores, y perdemos el temple queriendo beber de las fuentes, queremos saber porqué toda esa cosa de la clitoridectomia y ese puritanismo reformista o evangelismo, o porqué usted y su familia extendida viven en un espacio tan reducido. En lugar de hacernos eco del sufrimiento de los demás via un comportamiento afectuoso y desinteresado, de ser discretos y contenidos, no paramos de interrogar a nuestras víctimas sobre sus ingresos netos mensuales o la ingesta de caloría diarias, o cualquier otra cosa igual de personal. Nos morimos por saber si hay lupus o escabiosis o enfermedades de transmisión sexual en la aldea, o si la promiscuidad endofamiliar está asociada a la gestión del espacio. Una pequeña low fare y ya nos sentimos con derecho a pontificar y hacer de desarrollistas y europeos modelos, dispuestos a arreglar el problemilla indo-pakistaní de un plumazo y justo antes de sacar una foto de ese auténtico cadáver a punto de ser incinerado. A los naturales hay que explicarles que en Europa todo es un poco Gucci, y que allí tenemos el secreto de la polinización capitalista y que todo lo que hay que hacer es poner al cafre a trabajar.

Existen otras conductas desreguladas que no nos hacen precisamente simpáticos a los ojos de los demás. Algunas de ellas son universales, pero nosotros les aplicamos un generoso barniz local que las hace aún más indeseables. El humor, por ejemplo. Incapaces de asimilar que el humor es lo más difícil de comunicar en otra lengua, y más aún si viene corregido y censurado para adaptarse a la patanería que siempre presuponemos en nuestro interlocutor, nos dedicamos a la comedia permanente y a satirizar con intenciones amigables todo lo que vemos. Por generación espontánea nos convertimos en cómicos de la lengua y al viaje en una pesadilla frustrada. Mientras nuestro paciente y estresado anfitrión se retuerce con los dolores del parto de lo que él entiende como una entrega frustrada, estos cómicos improvisados se parten la boca con su cháchara. Obligados por los buenos modales a no desmotivar o reprimir a las visitas, las pobres víctimas se multiplican por cero y declaran oficialmente cerrado el expediente de apertura cultural al visitante. No importa nuestro CV, cuando viajamos siempre nos ponemos estúpidos. Se diría que la adaptación intelectual y la empatía son siempre inversamente proporcionales a la distancia recorrida. Por algún extraño mecanismo el viajero hace casi siempre el papel de obtuso, y el nativo de chico listo. Y hemos de saber, sin más pérdida de tiempo, que el humor a la fuerza, aplicado a conciencia sobre la superficie corporal de la víctima, le hace un flaco favor a la condescendencia deseable en cualquier viaje.

En la larga lista de estas demi trends del viajero inoportuno, encontramos otros clásicos. La mezquindad, por ejemplo, es el arte de prorratear tus recursos, tu bolsa de viaje. Un Birr por foto en etiopia, cien francos congoleños por instantáneas de guerra en Burundi, o cien rupias nepalís para niños y monjes, y algo en la línea de los diez pavos para colectivos de mujeres del altiplano y veinte para conductores afroamericanos o bolis para escolares magrebis. No, no se trata de que arregle usted solo el problema del desarrollo sostenido, sino de acometer voluntariamente un acto por definición generoso, darle al nativo al menos una alegría y no pagar siempre el precio menos alzista. La generosidad, especialmente si se practica de arriba abajo, está reñida con la política de precios, y resulta moralmente inaceptable para un turista acaudalado hablar, por así decirlo, en la lengua económica de los desfavorecidos. Lo correcto sería dar más o abstenerse, aunque sólo sea por buen gusto. Al final de cuentas, una vieja paradoja kantiana.

Hay otras dos tendencias que suelen presentarse juntas y hacen una buena pareja para asegurar al viajero novicio una línea segura de retirada, y son la desconfianza y la malevolencia. Si protegerse es instintivo cuando uno se aventura en un entorno a priori hostil, sobreprotegerse es por defecto una conducta penosa, siempre excesiva e inoportuna. Nadie podrá negar que el engaño es una práctica cotidiana entre indígenas, que éstos se chiflan con aquello de despistar al nuevo. Pero si lo de ellos es un pasatiempo inofensivo, y según se mire, formalmente etnológico, lo nuestro es pura malevolencia. Este segundo elemento es el proceso de extrañamiento, un viejo conocido de nuestros buenos paisanos en el extranjero, y es también el *déjà vú* del modelo idiosincrático y el combustible alternativo de los esfuerzos destinados a acomodarnos en una realidad social desencajada. Durante el viaje, sin embargo, se presenta a sí mismo como un fenómeno secundario, vinculado a un manual de supervivencia generalizado. Somos malevolentes y mezquinos en política exterior, por aquello de asegurar resultados y correr, como se corre hoy, mirando hacia atrás. Allí donde la conducta recomendada sería ejercitar los músculos de la confianza mutua y adoptar aunque sólo sea por cuestión de método una buena disposición, el español decide, en ese momento tan frágil de la primera cita cultural, desregularizarse e iniciar el solito una autocampaña para salvar el tipo y meterse con honores en la lista de celebridades de los viajeros inadaptados. Usted dirá que la seguridad personal está más que bien pautada en todos los libros de la nueva diáspora, en Fodor`s, en The Rough, en Lonely Planet, que es un tic adquirido entre viajeros recurrentes, y que no tiene nada de extraño en los tiempos que corren velar por tu propia seguridad con los únicos instrumentos que uno tiene a su alcance. Y yo le diré que no, que hay que asumir riesgos controlados, que es mejor arriesgar con clase que perder los papeles, que salir a tiros con los locales es por lo menos un acto de agravio contra el código diplomático y un descrédito. Salvo que usted sea partidario de los viajes de guerra, ese subgénero de nueva generación, el no va más en paint ball para alimentar estrategias seudomilitares y dotes de mando y lucir sus últimos modelitos castrenses, o se incline por el viajero colonial vestido de camuflaje, el nuevo macho alpha del tour bizz, es imprescindible que sepa, que el viaje no puede ser sino etnológico y que siempre debe conjugarse en segunda persona. Debe usted saber que aunque el derecho internacional no diga nada al respecto, el sentido común proscribe siempre las conductas vermiformes y despreciables.

La retórica inoportuna es otra de esas demi-trends irritantes. El deseo de hablar y darse el lote cuando el protocolo recomienda un silencio prudente y asertivo, es consecuencia de nuestros altísimos índices de ansiedad comunicativa. Los viajeros más bocazas no parecen saber resistirse a la tentación de aliviar sus fuertes deseos retóricos a la vista de víctimas frescas. Se vuelven locos por echar el párrafo a guías e indígenas indefensos, de sacar el Góngora que llevan dentro y soltar a los perros de la cultería española. Somos pomposos cuando viajamos, hemos perdido el sentido de la realidad y necesitamos impresionar a cualquiera que se ponga a tiro. Oralmente indeseables la mayor parte del tiempo, elegimos la violación alegórica del otro. En caso de ingesta accidental o abuso de la retórica inoportuna, uno debe tener en cuenta que el viaje puede convertirse en una incómoda ficción antropológica a lo Gutierrez Solana, y que uno puede sentirse igual de incomprendido que Lope de Aguirre en una fiesta popular en Puerto Maldonado, en todo el Amazonas peruano. Lo mejor es callarse, ya saben, cerrar el pico y escuchar a nuestros interlocutores ocasionales, y no ir por ahí echando el cuarto por espadas.

También somos oportunistas. Otra demi-trend para no perder de vista, ruin y desinhibida. Cierto que el oportunismo no conoce fronteras, pero nosotros lo bordamos, lo mantenemos limpio y bien alimentado, y lo llevamos de paseo con correa corta como otros sus schnauzers gigantes. Nos damos de ostias por los asientos delanteros o la complicidad del guia, llenamos la alforjas a cuenta del modesto buffet del desayuno para asegurarnos lo que en la jerga nacional podría llamarse una alimentación continuada, otro rasgo del españolismo más burdo; habitaciones al mar, por favor, y algunos minutos sobre la hora de salida para cosas personales, un abuso de confianza obsceno que ellos ponen en la lista de sus plusvalías, y todo antes de poner un pie en la calle. Sobre el terreno las cosas empeoran, no podía ser de otra forma, y los viajeros más conservadores suelen cebarse con la buena disposición de los nativos. La lista de penurias a las que someten a los desgraciados es larga y va de la *a* de acoso a la *z* de zopenco, ventajear y sacar del gasto un plus o una pequeña renta psicológica o en especies son preceptivos, y puede que sea uno de los motivos secretos por los que se viaja. Demandamos protagonismo a veces, y a veces no, según las circunstancias, queremos un asiento de primera fila en todas las atracciones, en el safari de la mañana, una mesa con vistas en el QM2, una buena fila en el Musikfest y no queremos esperar por las llaves. Y los locales tendrá que estar a la altura, por poco que sepan de este nuevo colonialismo edulcorado, los cafres tendrá que dar el callo si no quieren que soltemos a los perros de

114

la guerra. Nuestro oportunismo no es presuntuoso y clasista, como el de los ingleses, ni un recurso al método, ni una praxis económica, como el de los alemanes, es endémico y surge del deseo de sacar ventaja, una picaresca feudal más antigua que el pestorejo, el capón de leche y el pan con queso.

¿Qué qué tienen ellos que no tengamos nosotros? Digamos que ellos, los viajeros discretos, han madurado, han aprendido a bajar sus expectativas y a dominar sus impusos hegemónicos cuando tienen delante a unos pobres desgraciados, susceptibles de ser convertidos en sujetos turísticos oprimidos. Han aprendido a adecuarse a los perfiles bajos y a los bajos índices de competitividad, y a revalidar los viejos protocolos del viajero y del viaje, que hoy se ha convertido en el usufructo turístico de la desigualdad. Y han aprendido a comer un poco menos, y a esperar, y conocen bien el libro segundo de los buenos modales. Nosotros estamos todavía en el primer curso, y salvo por algunos detalles formales y alguna que otra diferencia en política exterior, no hemos salido de Pizarro y Pedro de Mendoza, y a los chicos de las indias los tenemos, lo que se dice, acojonados.

Me pregunto si al final de verdad existen maneras correctas e incorrectas de viajar, o si el viaje es por definición siempre inapropiado. Y si en el futuro deberíamos corregir viejos hábitos, o por el contarrio dejar de viajar *tout court* y pensar en la posibilidad de que el no viaje sea, al final de cuentas, lo mejor para salvaguardar la biodiversidad y la integridad del otro.

Los malos modos (loose protocols)

A veces me siento mal, muy mal. En un entorno pobre en protocolos y rico en afrentas vehementes y conductas irregulares, generalmente absurdas, me siento como el autoestopista galáctico de Douglas Adams. Por un lado estoy yo y alguno de mis socios disfuncionales, licuados en ese tibio zumo dulzón de los buenos modales; por otro, ellos, hostiles y desinhibidos al mismo tiempo que ignorantes, exhibiendo una espontaneidad endémica y una agresividad pocas veces vista en las tribus africanas ni en ninguna otra de las mal llamadas culturas primitivas. Es igual si se trata de conductas verbales o no, la enfermedad toma carta de naturaleza tanto en el discurso como en los actos cotidianos. Es una proteína ubicua y peligrosa, y puede ser detectada en cada uno de nuestros anti-protocolos (somos entusiastas a la hora de corregir conductas amables diferentes socialmente aceptadas) y actos convencionales. La gama es muy diversa, o malhablamos o intimidamos o descalificamos, o empleamos los desperdicios para marcar el territorio. Para un tipo sensible y condescendiente, el entorno que generamos es insoportable. Entre moros y cristianos, un individuo educado, como un servidor, portador del antivirus y consciente de la necesidad de regular los impulsos sociales destructivos, está acabado. Y en esta exótica distopia de la educación desregulada, los finales felices son raros.

Los extranjeros normalizados ven en ésto una metáfora (como se nota que los cabrones no tienen que vivir aquí), algo así como una mezcla entre panoptismo emocional y violencia de género, piensan que somos telúricos y sobrehormonados y que llevamos las emociones ostentosamente, como un montón de gatos en una bolsa. No se han parado a pensar ni por un instante que estamos enfermos, están convencidos de que somos una raza primitiva, adoradores del sol, confinados en un hamada mediterráneo semidesértico cargado de adrenalina y otros caldos. Mientras ellos deambulan elegantes rizando el rizo, el rizoma de su etiqueta social y conducta reprimida, nosotros somos los especímenes de Almodóvar (única proyección en los medios de la que por ahora disponemos), cien por cien vernáculos, salvajes congelados a la Chagnon, una rara especie *in vitro* de auténticos apóstatas irracionales.

Hay extranjeros mal educados, qué duda cabe, pero a diferencia de nosotros, utilizan modelos homologados. Es bien sabido que uno puede ser descortés, siempre y cuando copie formalmente los protocolos corteses o sus mecanismos. Se puede ser educado desde la aberración homicida o la pederastia. Se puede ser un nazi educado o un el Zawahiri, o un Hannibal Lecter o cualquier otro asesino en serie, uno puede ser una bestia negra educada e incurrir sólo en conducta deshonesta y hablar la misma lengua que sus jueces (la paradoja de la violencia razonada). Se puede ser hostíl y peligroso sin ser descalificado, basta con imitar el aspecto de los protocolos adecuados; se puede robar de los fondos públicos o de inversores privados montañas de dinero siempre y cuando se respete el rictus financiero y se persista en el léxico apropiado, y es previsible que la pena sea benévola. Se pueden saltar las normas y no parafrasear los tropos cordiales habituales, pero hay que utilizar su misma mecánica y llegar a la mala educación a través de los mecanismos formales aceptados. Podemos ser descorteses pero técnicamente educados, a la Bernard Pivot, a la francesa, o se puede ser miserable y desagradable sin dejar de ser correcto, a la alemana. Lo que no se puede en ningún caso es improvisar, lo que es inaceptable es la autogestión en solitario de la norma social, las recetas personales en materia de protocolos que nos atañen a todos.

Por aquí los malos modos son un símbolo de la empatía nacional. En lugar de entrar al juego de la regulación voluntaria y la hipocresía razonada en beneficio sólo de una convivencia social cada vez más aséptica y desmotivada, nosotros proponemos un raro folklore, una cocina rústica y bien especiada, con ingredientes inaceptables, un modelo vísceral (otro) de convivencia. Hay a quien le gusta ésto porque nos hace de verdad exóticos, cualitativamente inferiores pero tiernos, como si fuésemos una familia de orangutanes de Sumatra hurgándose la nariz en su parcelita de selva secundaria. Otros pensamos que los malos modos nos hacen insociables, y que la educación por muy hipócrita y relativista que sea, nos prepara para una interacción relajada. Pintan bastos en el escenario bélico de nuestras simpáticas y agresivas sociedades, y parecen convenientes algo más de sublimación, más contención y menos conductas apasionadas. Vale, somos empáticos y dicharacheros (adjetivo susceptible de ser utilizado sólo en el estrés barroco de la identidad local), nos mostramos tal y como somos, dicen los roles, y concedemos a los otros una garantía de autenticidad, y no nos damos el pisto con una inteligencia formal colectiva lógica y bien reprimida. Algunos ilusos creen que en materia de convivencia somos la leche, una tribu perdida de higienistas catárticos correctos y equilibrados, un modelo a imitar, y que vamos a enseñar a nuestros pobres y lánguidos socios europeos el *abc* de una sociabilidad mejorada. Otros, creemos que todavía están por verse las ventajas de nuestra personalísima y proverbial productividad emocional y verdadera abundancia de recursos expresivos, de esta manida exposición anatómica médico-quirúrgica a lo Sculley. El teatro de la emociones colectivas no está bien ni en los cenotafios, deberíamos guardar algo más de memoria sentimental y agresividad natural para nosotros mismos.

La mala educación adopta muchas formas y es rica en matizes, y por lo general es obstrutiva e impide el flujo normal del equilibrio deseado. Ni se autocensura, ni se reprime, ni apenas se modifica en condiciones extremas. Es una bacteria resistente, se retroalimenta y se multiplica por división celular, puede adoptar formas sorprendentes y entrar en períodos de letargo para luego recuperar su estado normal de hostilidad latente. Es una bacteria inmune a las tetraciclinas y a los antibióticos convencionales, bien adaptada para sobrevivir mucho tiempo en el caldo orgánico de nuestra singular naturaleza idiosincrática, está ahí desde hace barbas, desde hace años y piensa darnos bien por el culo.

Pero veámos algunos de estos ejemplares únicos. Nos encanta el mal gusto, por ejemplo, como recurso del método. Da igual dónde, en el urbanismo, en la oficina, en la televisión, en la atención médica, pero muy especialmente en la cosa coloquial y en la discusión ocasional. Nos vuelven locos los golpes por debajo de la cintura, bajar en picado a las letrinas del inconsciente colectivo y volver de allí con algunas joyas con las que sorprender a nuestro interlocutor. Y todo sin intencionalidad ni mala conciencia, como una bravuconada sobre la que no se ha de asumir responsabilidad alguna. Somos la barra brava, el frente sur de este club de maleducados con carnet de socio. En la cultura material el mal gusto se manifiesta por ajuste económico o abandono, y no está elaborado. Somos buenos plásticos, creativos y al mismo tiempo estéticamente indigentes, capaces de poner junto a un Oteiza un contenedor de basura, o dejar a los chinos los bajos de un exquisito edificio modernista de Puig i Cadafalch.

El lenguaje de los desperdicios también es bastante elocuente. Como en La Paz o en Bombay, y en todo el chabolismo oportunista, los límites de la higiene han sido personalizados, y la basura siempre se encuentra fuera de la propiedad y del ámbito personal. Podemos tener nuestra vivienda como los chorros del oro y sin embargo tirar la basura por la ventana. En la cultura comunitaria practicamos un extraño apartheid de los desperdicios, podemos vivir juntos pero separados. Por aquí sólo los progres y los nuevos ricos reciclan, les preocupa adquirir ese nuevo status recién incorporado a los tics de clase de los barrios residenciales. Afuera sigue siendo el lugar de la basura, adentro, aunque no siempre, el lugar higienista por excelencia, y la limpieza de los espacios públicos sigue siendo irrelevante para las mayorías. Dicho de otro modo, mantenemos con la basura una relación de connivencia, cercanía e indiferencia, una complicidad casual como en el medioevo.

El territorio, otro de los especímenes costumbristas de los malos modos, tiene mucho que ver con este bizarro maniqueísmo. Somos territoriales en casi todo, en cuestiones de propiedad, en relación a nuestro ámbitos de influencia, en las relaciones personales y en el lenguaje. Nos pone a cien orinar en fachadas y en los árboles que delimitan el territorio, marcar a los miembros de la manada, y electrificar el espacio cerrado de nuestro discurso. Somos inseguros y no dejamos al otro perturbar el espacio, sea cual sea, de nuestras incertidumbres, si no es al precio de que el intruso resulte al menos simbólicamente maltratado.

Y por si ésto fuera poco, siempre territoriales y desagradables, en las distancias cortas disponemos de armamento ligero. Mientras los auténticos héroes, los tipos educados de la Royal Artillery o de los Welsch Fusiliers van por el campo de batalla reprimiendo sus emociones por algo tan frívolo como el autodominio y el código de caballeros, nosotros nos dedicamos a mangonear y a practicar el juego sucio de siempre, a socavar las raices del buen gusto. Equipados con toda clase de herramientas primitivas de fácil manejo, como la porfía, la terquedad, la puesta en escena de un machismo dominante y la imposición de modos ofensivos casi siempre poco elaborados, nos convertimos en personajes cómicos o tragicómicos con poca o ninguna credibilidad ni gracia.

Insistentes y reiterativos, acosadores a veces, impertinentes, parece ser la especialidad de la casa. No nos cuesta trabajo renunciar al pensamiento bien organizado ni a un discurso estéticamente generoso, y en cambio nos gusta horrores mangonear y molestar con las peores intenciones (minimizar y desacreditar parecen ser estadísticamente los recursos más frecuentes), no podemos resistir la tentación de pavonearnos y repetirnos hasta hacernos prácticamente indeseables.

Me pregunto porqué hemos convertido a los malos modos en un artículo de uso corriente y en un desconcertante e inesperado código de convivencia. Porqué elegimos sin dudarlo el malestar cultural y el estrés social, allí donde otros prefieren la contención de modelos mucho más rentables con menos gasto y deterioro anímico, es álgo que pocos saben

El buen gusto y la elección libre de conductas mal llamadas regresivas es minoritario. Nuestras mayorías están emancipadas al punto de gestionar colectivamente una patología de usos de conducta liberados. Individualistas y egoistas impulsivos, piensan que reprimir la trivia de sus deseos y tics temperamentales es malo para la salud. Infrigir al otro el primer golpe, parece ser el router de esta tecnología made at home de la comunicación rápida no censurada. En nuestro entorno, a las culturas contenidas se las tiene por hipócritas y malévolas, y en contrapartida se considera de mal gusto la prueba de sangre de una honestidad de viejo cuño. Y a la culturas elaboradas y agresivas, se las tiene por orales y onanistas, y se las excluye *de facto*, se las condena al destierro, a ser ignoradas y descalificadas, a los extralímites de los delirantes y las invenciones artificiosas. Fuera de nuestras seguras fronteras, el mundo es a veces un lugar engañoso y sintácticamente incomprensible, mientras, en el calor del hogar español nos maltratamos colectivamente pero vivimos en una falsa utopía naturalista de supuestas conductas desinhibidas.

Nuestros asalariados, comerciantes, funcionarios, directores de recursos humanos, nuestros vecinos, amigos y muchos de nuestros parientes son salvajes funcionales, y han inventado o reinventado el arte de la guerra en las pequeñas comunidades y en las grandes ciudades. Por aquí se vive todavía en el mundo perdido de las antiguas especies sociales, en una brutalidad descontraída y anticuada que se hace pasar por mentalmente saludable y públicamente deseada, y que posa idiosincráticamente junto a otras conductas legitimamente homologadas, y aunque frustrante a veces y muy distante todavía de modelos evolucionados, permite al menos una convivencia desangrada. Lo nuestro es pura vieja escuela, oscurantista y desagradable, ofuscante, peligrosa, y proviene directamente de tiempos retraídos y tenebristas, de un bajo medioevo de parias deshaprensivos y maltratados. Deberíamos aprender de los demás, de todos, de irlandeses, de bolivianos, de indios, ecuatorianos, colombianos, de esquimales y tipos de las aleutianas, de canadienses e islandeses, de brasileños y de tribus perdidas de Indonesia, de refugiados y etnias africanas, de birmanos y camboyanos... de los poderosos y de estoicos y humillados, deberíamos aprender a no perder la cara y a cultivar un perfil bajo en un mundo cada vez más desencajado.

Llevamos en la piel la marca de la bestia, somos junto a otras identidades nacionales desbocadas, una casta de guerreros obscenos y malhumorados, y necesitamos un código deontológico, un manual de convivencia civilizada. Debemos aprender a compartir nuestros deseos frustrados en un ambiente más relajado, y dejar al otro penetrar un poco más en nuestras zonas sensibles sin maltratarlo. Sí, un poco más hipócritas por favor, más cortesanos, un poco más de protocolo y retóricas cordiales, si usted quiere, y un poco menos de ese fragor guerrero y ofuscada impaciencia, un poco menos entusiastas y belicosos y un poco más de cortesía y suspensión del juicio, un poco más de buena naturaleza. Dejemos atrás la devoción ensimismada de nuestros antepasados, y entremos de una vez por todas en la onda de los ganadores.

Los buenos salvajes (o el mundo perdido del pueblo)

Muy cerca de nuestras grandes ciudades globalizadas existe una diáspora de pueblos primitivos y microcomunidades aisladas, y un espectro de identidades cerradas que han perdido, de alguna manera, sus referentes. Un mundo perdido de especies exóticas en peligro de extinción y que nunca podrá reservarse, como no sea a riesgo de caer en una fábula etnológica no deseada. Las que aquí se relatan son las variables y las condiciones de posibilidad de una larga lista de souvenirs y costumbres periclitadas de las que existe abundante bibliografía, la cual no va a ser en ningún momento citada. La mayoría de ellas son violentas o penosas y elementales, aún a condición de ser completamente tradicionales. Otras, sólo ingenuas o inesperadamente primitivas, y algunas, sólo gratuitas y un poco bochornosas. Y entre todas, alguna que otra flor rara. Si hemos de rescatarlas u olvidarlas, o encerrarlas para siempre en un ataúd de plomo, es algo que todavía no se discute oficialmente. Somos tan endémicos y micronacionalistas, y tan poco *cross cultural,* que ni siquiera soñamos con un debate. Los políticos toman cartas en el asunto y lo hacen al final intratable, y las sensibilidades locales se ponen al rojo. Mientras tanto, la discreción, las nuevas sensibilidades y el sentido común, brillan por su ausencia. Nuestros viejos reptiles no mudan la piel.

Es cierto, en términos generales parece que nos gusta, entre otras cosas, maltratar a los animales, despeñarlos, acogotarlos, martirizarlos según una bizarra deportividad, colgarlos por el cuello, desmembrarlos y con frecuencia, abandonarlos. Y también nos chiflan algunas prácticas decadentes como excretar u orinar en lugares públicos o en propiedades privadas, y disponer de los desperdicios ostensiblemente como ejecutando una especie de afrenta, arrojar cosas por las ventanas con un gesto de desprecio por los demás, subirse o circular por lugares prohibidos en aras de un desacato emparentado con nuestro concepto de las libertades públicas. Y nos gusta imponer nuestra voluntad casi siempre inadecuadamente, régimen que se manifiesta con una regularidad ejemplar en la mayoría de festejos y fiestas populares. Y nos gusta alimentar a animales de granja y domésticos, y expurgarlos o eliminarlos cuando se hacen inútiles o vanales (el campo es pragmático en materia de recursos). Y nos gusta la matanza (del cerdo, quizás uno de nuestros primeros iconos animales) dentro del entorno familiar, desangrar, destripar, seleccionar, embutir... en el más estricto escalafón y reparto de funciones, como en el clan neanderthal o en la ceremonia del té. Y nos gusta la ingesta ritual de animales salvajes simbólicamente despachados (el toro de lidia), somos herederos de una conciencia popular sobre los beneficios energéticos o de transubstanciación fetichista por la depredación de animales icónicos (como en tantas culturas egocéntricas y chovinistas) y de una gastronomía de penuria, conviviendo codo con codo con nuestra potente cocina popular.

Y casi sin salir de esta subcategoría, debemos confesar que nos gustan las falsas contiendas, no somos ni marciales ni belicistas, pero adoramos los riesgos controlados y la temeridad infantil, un arrojo de pacotilla como en las guerras de las

126

Galias de Asterix (tomatinas, mascletás, la suelta del toro de peluche... la lista sería interminable). Y al contrario de lo que se podía esperar, no sólo somos adictos a estas prácticas sino que, con frecuencia, hacemos una defensa ardiente de nuestros ritos paganos.

Está claro que mantenemos una compleja relación con el subconsciente primitivo. Aunque sin dicotomías, no parece haber discrepancias entre nuestra espontaneidad y poca intelectualidad, y este amor desinhibido por las prácticas brutalistas. En realidad somos deshaprensivos para atesorar tradiciones históricas relevantes, y en cambio nos radicalizamos con historias que son insubstanciales pero que a través de un lenguaje *naif* convocan emociones sociales simples pero de gran alcanze, hechas de recuerdos históricos, sensaciones y clichés psicológicos de los que apenas podemos dar cuenta. No somos responsables de nuestra memoria, pocas veces sabemos qué recordamos en materia de tradiciones populares. Casi siempre superficiales, cuando nos toca desconstruir el tejido del que está hecho nuestra memoria colectiva, se diría que sólo somos capaces de poner a funcionar tópicos y mecanismos simples e inestables. Incapaces de dar sentido a la memoria de forma referenciada, somos algo así como mascotas conductistas y no pensamos, sino que sólo reaccionamos. No tenemos nada claro por qué competimos por arrancarle el cuello a un pato o arrojamos una cabra desde un campanario (aunque probablemente no nos falta continuidad ni hilo argumental, ni estructura mitológica), y estamos siempre en sensación de pérdida en relación con nuestro pasado histórico, lo que nos hace singulares, aunque vulnerables.

Somos ricos en tradiciones populares escabrosas. Con sangre o sin ella, lúdicas o tragicómicas, se diría que nos resulta irresistible dramatizar algo que tiene el aspecto de irrelevantes episodios históricos con poca o escasa vinculación con lo de verdad importante. En lugar del dia de Quevedo o Góngora o Lope de Vega (como hacen los irlandeses en Dublín o los dickensianos en Portsmouth) en lugar de cervantinos o gassetianos, en lugar de transmutarnos con personalidades de nuestro patrimonio, como hacen con Proust o Hemingway, nos dedicamos a asustar al vecindario con máscaras litúrgicas, arrojarnos tomates maduros u organizar estúpidas, por no decir paranoicas, e incendiarias batallas con petardos. Hacemos gala de un desprecio minucioso por nuestro escaso pasado iluminista, y nos emocionamos como niños con un pobre anecdotario de costumbres de corto alcanze, la mayoría de las veces físicas y brutalistas.

Si hiciésemos algo más que un paseo imaginario, un auténtico viaje al mundo perdido de nuestras fiestas populares, saldríamos escaldados. Una cosa es hablar, otra muy diferente sumergirse en un montón de absurdas y truculentas gestas hechas con los retazos de hábitos que se remontan al origen de los tiempos, cuando no al tardo-franquismo antropológico de ingrato recuerdo. O arcaicos o simplemente cutres, nos sentimos en nuestro jugo reelaborando año tras año y con cargo a las cuentas del ayuntamiento, alegorías salvajes más primitivas que todas las ceremonias de iniciación y ritos de paso que nunca hayamos visto. Podríamos tener festivales como el Buda Purnima (celebrando la iluminación y muerte de Buda) con baños colectivos en el Ganga, música y danzas, o el Diwali o ferias religiosas como el Kumbh Mela en Uttar Pradesh (peregrinación a la confluencia del Ganges y el Jumna) o algo así como el frágil Loshi Punan (cuando las niñas reciben su primera lección sobre la cocina del arroz) pero no, eso no, preferimos las manualidades seudo obscenas o abusivas, el maltrato a los animales, los largos silencios y los gestos repetidos hasta el cansancio, las pequeñas epopeyas sarcásticas y una extraña corporalidad catártica difícil de explicar, la gestión casi infantil de una pasión colectiva hecha con el cuerpo y con escasa o ninguna trascendencia intelectual.

Nuestras fiestas son así, endémicas e intransferibles y arrebatadas, pero sobretodo personales. Hay algo en ese espectro de nuestras tradiciones populares que las hace casi únicas, en uno u otro sentido. Por un lado vehementes, como si hubiesen sido pergeñadas durante los sueños sueños son de algún vecino, una pesadilla de col y garbanzos y manos de cerdo, en algún pueblo perdido de cualquier serranía o cuenca mediterránea; por otro, el de un increíble poder de adherencia, el poder cogerse con uñas y dientes al imaginario colectivo y entrar a formar parte de él por derecho propio e indisolublemente. Por mucho que éstas puedan parecer gratuitas e inconexas, su carta de naturaleza no deja lugar a dudas. Están, pueden apostar, en el origen de casi toda la idiosincracia de la que damos cuenta, y comparten con ella la misma desfasada pertinacia y mál carácter. Puede que sorprenda a algunos, pero es hora de que empezemos a reconocer que, aunque lúdicos y festivos, descontraídos y escandalosos, una gran veta de amargura y de oscura reticencia y contradisposición recorre el material genético con el que estamos hechos.

¿Qué les falta, podría decirse, a nuestras costumbres para alcanzar el estatus de coherencia etnológica deseado y entrar a formar parte del código compartido de la especie? Les falta sincretismo dicen, una transculturalidad que pueda ser fácilmente observada entre bolivianos, peruanos, mapuches y pueblos del Himalaya. Desde tiempos remotos, desde Amadis de Gaula y Tirant lo Blanc (desde el crudo realismo), hemos sido parte de un doble juego y nunca, salvo raras excepciones, hemos querido jugar al juego del otro. Hemos sido siempre y somos, endémicos e irreproducibles, los peores candidatos a este nuevo imperio de las modas clónicas. No cabe duda, no sé si por suerte o desgracia, de que somos únicos, el eslabón perdido de una antigua edad del hombre descentrada y temperamental, y algunas de estas raras tradiciones dan buena cuenta de ello.

En algún sentido también vamos sobrados de intencionalidad y poderes no-convencionales, pero nos falta, digamos, glamour antropológico. Nos falta traducción y algo de comunicabilidad, nos faltan agentes en todo el mundo y *lingua franca*, y nos sobran un montón de impulsos veniales. Somos como una pandilla de X-men que comparten atributos singulares, unidos por una serie de cromosomas impares, desconfiados y reivindicativos, y vamos de un plan quinquenal a otro en una antigua política de reformas que casi nadie entiende.

En mis viajes al pueblo he creído detectar más de una vez los límites sensibles de una extraña falla espacio-temporal, ya saben, una cueva estrecha al uso de Verne por la cual acceder a un ecosistema primigenio repleto de helechos arborescentes, geckos y coco-de-mer, como el Vallée de Mai, en Praslin. No importa dónde, en Pals o Los Santos o Muros, siempre he creído percibir la presencia, si no inquietante por lo menos perturbadora, de una puerta, a veces castellana en madera dura y remaches de hierro, a veces catalana con mirador y arco de medio punto, o una persiana de esparto o una pesada cortina de mallas, o una pequeña ventana enrejada de hierro forjado en una sólida casona señorial, una puerta inter-dimensional por la que aún hoy transitan los espiritus más esquivos y atrabiliarios de la crónica rural. Da igual, entre sorianos o extremeños o castellanos viejos o ampurdaneses, pervive un aliento secular, mezcla de feudal, clerical y palaciego, que nunca he detectado en otras partes de Europa. Un perturbador cliché fotográfico (de Avendon) con su propia dimensión sonora y olfativa, hecho al calor de un fuego de encinas en el hogar de una oscura casa de piedra que sin saber porqué me produce escalofrios. La visión es por lo general fragmentaria pero frecuente, da cuenta de sí misma a propios y extraños y no deja a nadie indiferente. Es magia simpática, como un viaje al Alto Egipto o a la sabana africana o a Idebarad, en Irán, y nativos y forasteros caen seducidos por estos pintorescos fantasmas del ayer.

El mundo perdido del pueblo es una *blue print*, la impronta atávica de nuestras muchas identidades colectivas. He viajado, ocasionalmente y con escasa frecuencia (lo contrario podría crear una empatía y afinidad que lleva a muchos españoles a inventarse una falsa psicología vernácula con la que les gusta medrar), a pueblos de pocos habitantes en distintas partes de nuestra geografía, y salvadas las distancias, en todos he creído detectar los rasgos, a veces nostálgicos, a veces violentos, de una cultura primitiva que suele preservarse en pequeños bolsillos en la gran ciudad.

En Europa el pueblo se encuentra la mayoría de las veces mediatizado y relevado por clases alternativas y opciones divergentes, roto su habitat naturalista de ancianos locales, bajos perfiles y trabajadores rurales, toma un aspecto heterogéneo de tránsfugas urbanos, inmigrantes, agricultores, restauradores, anticuarios, comerciantes glamourosos, extranjeros, artistas industriales, comunidades budistas... Si bien digamos ésta es la tendencia general, y hoy resulta inevitable anticipar la aparición de futuros pueblos cosmopolitas y socialmente incongruentes (nos queda por inventar una antropología *du terrain* sobre mini-comunidades abiertas y coyunturales) en el paisaje europeo, podemos decir que entre nosotros sobreviven todavía espacios no ficticios reservados en donde se conservan congeladas, intactas y más o menos inmersas en una dinámica social pre-urbana y muchas veces perfectamente aislada de la realidad, la mayoría de nuestras personalísimas señas de identidad.

Y todo esto no sólo es observable en las actividades colectivas, sino también en la vida cotidiana de autóctonos y ancianos mal encarados, en su criminología de parentesco, en su pasado oculto y conflictos familiares, en su tedio y odio aislado de cualquier distensión de clase o frivolidad, en sus hábitos recortados contra un escenario cruel y por momentos desolado, y llegado el caso, en la ley no escrita e implacable de estas microsociedades espartanas.

Todos, en una u otra medida, somos herederos directos de este espíritu agreste (vanos y toscos como en los tercios de Flandes) y torturado, hecho para sobrevivir en el tejido denso de una sociedad feudal, oscurantista e insolidaria, que todavía no hemos logrado transformar.

Desaparecido el pueblo, quedarán en nosotros (como en los ingleses la conciencia de clase) las marcas de un atavismo en pequeños bocados, perceptible en el trato con los recien llegados, siempre un punto sospechoso, anudado y excluyente; y quedará en el espiritu de empresa y corporativo, entre yuppies despiadados y viscerales, siempre dispuestos en la cima de la cadena alimenticia; en las relaciones de género, peligrosas cuando no letales; y en nuestros viejos jóvenes escritores apergaminados, prendados del trust intelecto-aristocrático de la España fulminante, viejos y reviejos y redichos como de Prada o Gala o Villena o Muñoz Molina, y tantos otros; y en política, como no, escrupulosamente incompatible y divergente y lleno de tensiones comunales, nacionales, vecinales, encastado en el nepotismo y en una multitud de caziques locales; un poderoso atavismo que sobrevivirá en nuestras mujeres con bigote y en la oficina, en el lenguaje de la calle, en la tele, en la impronta política, en las miserias de la vida pública, en nuestra oralidad impulsiva y en el trasiego de una sensibilidad abotagada, y a saber, en panfletos como éste.

Somos atávicos e intrínsecamente violentos, los señores feudales o los siervos de un temperamento terco y persistente a prueba de balas, los legítimos dueños de una luctuosa herencia que resulta imprescindible homologar y que necesita con urgencia una nueva producción.

Hábitos nocturnos

Mientras la mayoría de nuestras culturas vecinas se van pronto a la cama, nosotros persistimos en una continuidad agónica y obstinada, que dice mucho de cierto carácter al límite, entre excesivo y redundante. Si los anglosajones, por ejemplo, son contenidos y regulan socialmente la distribución del tiempo y su aprovechamiento, y eligen la ocultación y el retiro (en el círculo familiar y en la casa) como un sistema ingenioso para huir de la presión pública, del estrés social y su demanda constante de coparticipación; y al mismo tiempo adoptan una actitud moralista en la división del tiempo, exluyendo el late night de su régimen de horas éticamente aceptables. Si los asiáticos están aún mucho más vinculados a los ciclos naturales (del sol y la luna) y reinventan a diario sus sociedades perfectamente reguladas de acuerdo con las horas del amanecer y la puesta del sol, se muestran devotos de sus ritos tempranos y retiros vespertinos, y reservan la noche para la introspección, para el refugio íntimo y para el sueño. Si si el planeta entero se vuelca en una saludable diurnidad colectiva y huye del noctambulismo *per se,* poco aprovechable y por lo general extenuante, nosotros debemos ser una curiosa minoría de los cárpatos en el lugar equivocado, adoradores de la luna, una cultura en peligro de extinción de hematofilos inhibidos y bar hopers incansables. Pero no, no vamos ni de bares lácteos, ya saben, ni de pandilleros abstemios como en aquella inolvidable Naranja de Burguess, ni de chupasangres adolescentes como en Crepúsculo, somos sólo unos provos alcohólicos exahustivos, noctámbulos y muy persistentes.

La nocturnidad parece ser nuestro signo de identidad, somos obsesiva y compulsivamente noctámbulos, ese es el aspecto exterior, debemos admitir, de nuestra penosa sensibilidad after hours, a veces irritante e improcedente, y más veces aún, socialmente deseable e imprescindible. Mientras las otros optan por el individualismo, el ejercicio en solitario de las particularidades, por la creatividad o la lectura, por el ocio en familia, o por la necesidad de balancear los chacras, de buscar una pausa natural para regular los canales de energía, esa cosa tan asiática de la ingravidez y el saber estar, mientras el mundo entero busca afanosamente en su interior, nosotros nos echamos a la calle detrás de una alegría colectiva sórdida y tumultuosa, y casi siempre acumulativa.

Los amantes del silencio, de los solos de viola, del retiro, los tipos sensibles se refugian en pueblos de Soria o en las Alpujarras o en el Pirineo leridano, o han emigrado hace ya años, y naturalizados *in lego veritas* hacen vidas paralelas protestantes, time abiding, según los canones y los hábitos diurnos homologados. No quiere decir eso que se vayan a la cama pronto, lo que sería una simpleza, sino que se dedican a sí mismos, (cualquier cosa antes que ceder a las presiones del vulgo y entrar en la ronda del embotamiento y el adocenamiento gregario) y machacan sin piedad su identidad personal.

Muchos, en esta exasperada y lúdica minisociedad noctámbula han abandonado el espacio interior por un colectivismo de marras, una esclerósis de los hábitos sociales. Nos preguntamos qué se hace en estas seances colectivas, cual es el interregno de nuestras cruzadas por las más estúpidas creencias populares. Mi experiencia personal en este sentido es por lo menos cobarde. Nunca he llegado a altas horas de la madrugada, siempre he entregado las armas prontamente y me he largado con viento fresco en busca del silencio recomfortante de mi habitación. Pero lo que he llegado a ver es más o menos ésto: se empieza con el humor, claro está, allí donde todo lo demás falla, el humor es el gran reconstituyente. Hasta aquí bien. Aunque nuestros códigos sean gruesos y malintencionados, mezclan bien con las personalidades más toscas. Sin embargo, el humor, con toda su precariedad y connivencia con el papanatismo, no tarda en desaparecer para converirse en intimidación y abuso hasta hacerse insoportable. Y junto con la intimidación vienen los desafíos, las perversidades, el ablandamiento, la introspección de los más sensibles y el envilecimiento y equistamiento de los más grotescos, todo bien junto y revuelto con una actitud necia y un amancebamiento y liderazgos perversos. Ya en las últimas, con el alcohol bien subido, los mantras de la repetición obsesiva, el infantilismo y la inteligencia cero de todas y cada una de las manifestaciones, hacen de la experiencia algo intolerable para algunos, y para la mayoría, agotadora. Las experiencias positivas, que las hay, suelen terminar invariablemente antes, y son por lo general individualmente inducidas. El paganismo nocturno, en cambio, es un *moloch* y su todo es siempre más grande que la suma de sus partes.

Nuestros hábitos nocturnos son públicos, tienen lugar en espacios abiertos convencionales y macroespacios, en bares o lugares de tránsito, y pocas veces en domicilios privados. Huímos de los espacios acotados para la sensibilidad personal y la intimidad, y nos sentimos irresistiblemente atraídos por la exposición colectiva. Somos ambulantes y exhibicionistas, aunque de una manera retraída. Adoramos los jardines públicos, las plazas, las esquinas, las calles peatonales, los polígonos industriales, nos encanta llenar los bares hasta la bandera y esa promiscuidad gregaria que da la cercanía. Nos encantarían las macrocervezerías de los maoríes en nueva Zelanda o los kava polinesios, y los grandes pedales rituales colectivos de los indígenas, adoramos las paellas para dos mil personas y los bocadillos de cincuenta metros, los superroscones y el reparto gratuito de pitanza en las plazas públicas. Somos los sibaritas del escanciado y los reyes del embaulado, una comunidad aislada en el mediterráneo occidental dispuesta a acabar con sus recursos naturales.

¿Porqué no podemos beber en casa, o en Vince & Paul o en Seven G`s, como cualquier borracho que de verdad se precie? ¿Porqué tenemos que colectivizar nuestras angurrias personales, darle al prive, echárselo todo al coleto? ¿Porqué tenemos que atiborrar los espacios públicos y dejar que nuestros ancianos se maten entre ellos por un puñado de castañas del bierzo? ¿Porqué tenemos que babardear incansablemente o hacernos inaudibles o repetir estribillos? ¿Porqué hacernos masones feroces de nuestros hábitos menestrales? ¿Porqué exhibir públicamente nuestro agiornado y primitivo inconsciente colectivo?

He asistido más de una vez, respetando la distancia de seguridad, a esta clase de espectáculos paupérrimos e idiotizantes. Se trata de perder parte de tu cortex cerebral en beneficio de una solidaridad gregaria ritualizada, y borrar del mapa cualquier indicio de inteligencia personal o consigna intelectual que no haya sido previamente alcoholizada. Beber mucho o poco en grupos puede funcionar como una ideología, un programa rápido de asociación, sin nada de la pesadez ni la retórica de las fenomenologías de los viejos clanes. Ni teddies, ni mods, ni góticos, ni nuevos románticos, ni punks, ni maos, ni grupos de base, sólo una pandilla de alcohólicos anónimos y morons desquiciados.

Las macroborracheras son el signo de un nuevo, o no tan nuevo, paganismo cívico autodestructivo de bajo impacto, ni hedonista, ni político, una manifestación sin agenda, sin itinerarios ni adjetivos, sólo un desarrollo errático de algunos malestares generacionales. Como un montón de Rimbauds alógrafos, estos chicos se juntan en orgías de ron y Coca Cola, junto a furtivos, seudopederastas, psico divorciados, adultos infantilizados y otros casos perdidos, en una algarabía desbordada, aglutinados y gregarios como en patios de recreo, y lo hacen, no vaya usted a creer, selectiva y puntualmente, para volver luego a sus masters o colegios empresariales, a sus puestos de trabajo y ciudades dormitorio. Sin ninguna herencia que reivindicar, las mayorías son tránsfugas puntuales, bien asimilados, miembros voluntarios del club social de los descorticados echándose una cana al aire.

No, la edad no es un obstáculo, hay nicho para los grupos cronológicos, para la mediana edad, para braguillas y meones, para pollos y carcamales, para todas las especies, para híbridos y straights, para morenos y mestizos, basta con rendirle culto a la garrafa. Hemos mitificado a estimulantes y depresores, anfetas y antidepresivos, opiáceos, derivados de la morfina, tranquilizantes para caballos, litronas, hemos creado un pequeño olimpo químico, impersonal, sin costes sociales añadidos y nos encanta juntarnos en su submundo.

Beber en grupo y por la noche produce una intensa ilusión de adherencia, es la hermandad de la uva (los bacos, los borrachos de siempre), pero sancionada y legitimada por una triple garantía integradora: la masa, el espacio público y la nocturnidad. Tenemos los votos, el usufructo legal de espacios patrimoniales (y la difusión adecuada) y nuestra propia cronología, un reducido espacio temporal propio y completamente inédito. Los bares, los pubs, los afterhours son la prehistoria de este mundo de fin de semana, de beodos altamente socializados.

Nuestros peneques y curdas son una fuerza social, y el gregarismo, una obsesión española. Es la triste divisa con la que uno paga su ingreso en el cuerpo social, o mejor dicho, el ingreso y la salida de aquél inolvidable Potala pre y postuniversitario, al que uno queda estrechamente ligado por los tiempos de los tiempos, e incluso marcado de por vida con las señas de identidad de lo que parece ser un alcoholismo intermitente de penuria. Y la nocturnidad es la unica plaza posible en donde hacer efectivo este fondo de divisa, moneda corriente de un escapismo de nuevo cuño, a la vez evasivo y perfectamente adaptado.

Soy un insomne, pero siempre me he preguntado porqué la gente utiliza la noche para sus intercambios más superficiales, en lugar de quedarse a solas consigo mismo y darle algo de densidad a ese obtuso Yo que lleva en su interior. Porqué prefieren prodigarse y derivarse, hasta la insoportable levedad del ser, en medio de la puñetera noche como si estuvieran en un Whitby, en un Northyorkshire español, en una siniestra convocatoria de góticos, jocosos y folloneros, vestidos de faralay adolescente, haciendo botellón junto a las cenizas de su difunto padre putativo llegadas Federal Express desde los Cárpatos. Porqué no eligen la sutileza intelectual de las verdaderas perversiones nocturnas, de la soledad, de la literatura, o el vértigo de una botella de escocés con tu nombre, o el sexo o la caricia de algún inductor del sueño, o algo de raga u Oliver Shanti, y prefieren en cambio la bulla, el vocerío y el agrupamiento. Incluso las tribus más extravagantes y remotas prefieren aunque sólo sea un poco más de individualismo y diferenciación. ¡Porqué diablos somos tan discontinuada y exacerbadamente gregarios, y nos falta al mismo tiempo casi toda la conciencia social!

Por desesperación quizás, por estar fuera de contexto, porque tenemos problemas con la historia universal y el humor, y cualquier cosa que sea argumentativa o discursiva, abstracta a fin de cuentas, y preferimos elegir los signos fáciles y crudos de pertenencia. Agruparse físicamente, parece ser la respuesta a un montón de carencias intelectuales. Amotinarse sin objetivos claros es algo así como el movimiento de contracción de una sociedad confundida que no loga desinhibirse.

El aglutinamiento tiene que ver con la visceralidad y la condición masculina. No se trata sólo de *tribal membership* (vital para los jóvenes de todas partes) sino, en nuestro caso, de una colectivización desvinculante que no cesa de proyectar, con poca o ninguna conciencia, el deseo de distanciamiento primero y de transformación después. Y la noche es siempre el escenario adecuado para esta defección, un aquelarre de géneros (male dominated), de tránsfugas sociales reunidos alrededor de su poderosa y aislada corporalidad.

Si nos apretujamos en locales, en discos y garitos de moda, en polígonos industriales y parques, si nos chifla beber en grupo, las concentraciones por cualquier motivo, las macromanifestaciones con iconos fáciles sacados de los lugares comunes de nuestra cultura, si nos gusta el fútbol como ideologia, o los conciertos o el squatting, o la adherencia a los reality, las grandes audiencias y todos los fenómenos de masas, es porque somos incorregibles, porque elegimos nuestra identidad colectiva antes que quedarnos con nosotros mismos, con nuestro propio Vigo Mortensen, aquél inolvidable Luzhin de Cronenberg, heridos, apesadumbrados y solitarios.

El grupo es casi siempre habitable y distendido, nos ahorra el gasto de una puesta a punto personal dolorosa y en ningún caso retribuída, y nos pone a salvo de nuestros desorientados y maltrechos padres. El valor del individualismo y la honestidad personal es *rara avis* en nuestra particularísima historia local. En el teatro de sombras que tanto nos gusta representar, somos siempre los farsantes, los perderdores anónimos y los anti-héroes de una cosa rauda y estrafalaria y siempre en movimiento que llamamos identidad colectiva, que trasciende incluso los más fuertes sentimientos nacionalistas, y que no parece que haya sido todavía ni dicha ni representada.

A solas, en bares y espacios públicos, sin abrir la boca, observando desde la distancia como un cazador de focas, un innuit regordete con gafas de alambre del 3.5, he creído ver el contorno de este leviathán pubescente, ocupando todo el espacio dedicado a la personalidad y a los intercambios de energía en nuestra cultura, contra el fondo oscuro de las noches atlánticas o mediterráneas. He visto con asombro escamotear las reglas del buen gusto y la consideración, y cambiarlas por un deseo ardiente de estúpida notoriedad, a la vez brutal e inofensiva. Y he visto, después de la batalla, los suelos cubiertos de deseperdicios, únicos testigos de esta ya vieja historia de párvulos sin remedio. Y he pensado en la necesidad de jugar a la contra, de separarme aún más, abrir distancias con estos comparsas y dedicarme a cultivar mi propio jardín, teniendo en cuenta que cualquier formulación general, cualquier indicio de voluntad popular, cualquier ligero olor fétido a masas, a necios amontonados y apretujados, es para mí, por lo menos desvinculante.

Con la edad y el paso del tiempo quizás las noches se acaben antes, y perdamos la habilidad para las corales y la capacidad de revitalizar nuestras pobres identidades deshidratadas en grandes saraos colectivos, y quizás perdamos el humor sangrante y nos hagamos mucho más retraídos y germánicos. Y probablemente descubramos un dia que quizás era mejor antes, tal como éramos.

Gregarios y furtivos (la vida secreta de las emociones)

Tenemos emociones como todo el mundo. Sé de algunos pueblos, no obstante, que las ocultan, las disimulan o las reprimen, nosotros en cambio, o las hacemos públicas y las proyectamos en códigos bien reconocibles y de acuerdo con los géneros aceptados, o las vivimos secretamente, con el pudor, la culpabilidad y mala conciencia del que sabe que está haciendo algo prohibido. Gregarios o furtivos, extrovertidos o introvertidos, parece que siempre elegimos proyectar de la manera que sea, una emoción que no es exactamente la nuestra sino su modelo idiosincrático, uno pueril y moralmente reconocido.

En el mundo de las emociones somos unos crápulas, y antes que cometer la flaqueza de ser bien entendidos, preferimos la sátira social y los modelos al uso, y en el plano personal, cualquier forma estereotipada, antes que elaborar nuestro propio discurso sentimental. El fútbol y el mus, por ejemplo, son dos de los lugares residuales en donde expresamos la paleta de colores de un obtuso catálogo de emociones.

Los ingleses las ocultan, eligen en su lugar el humor o los protocolos formales, según las clases; los franceses prefieren el lenguaje, las mayorías retóricas y las minorías autoanalíticas y judeizadas; los alemanes prefieren olvidarlas y adoptar la decoración, el sexo o el pensamiento científico como alternativas al mundo emotivo que han decidido esterilizar; los escandinavos son estoicos y autopunitivos y quieren sólo sus emociones nacionales bien gestionadas, una especie de IKEA psicoanalítico; en los Balkanes son emotivos/reactivos, las adoran y han llegado al genocidio a cuenta de ellas, y algo parecido ocurre en el mundo árabe; en latinoamérica son más atemperados, unos sutiles y otros no, unos introvertidos y otros no, pero todos llaman a las emociones por su nombre; y los italianos ¡ah, los italianos¡ son los naturales, los príncipes de las emociones, reactivos lo justo, melodramáticos lo justo, discursivos lo justo, bien adaptados a los vaivenes de sus activos corazones, y toda su herencia artística da buena cuenta de ello.

Nosotros, entre tópicos y adocenados, entramos casi los últimos en linea de meta. Somos una mala copia de los ingleses con un punto oscuro, un punto zafio, como en algunas tribus etíopes. Primero, nuestras emociones públicas no son ni la ira ni el sniggering, no vestimos a la furia con fancy dresses, sino que preferimos algo más austero y ceporro, algo entre Felipe II y el tocino con huevos, la España cañiz es empecinada y retraída y se inclina por una gama menor de emociones, como el valor amplificado y ritualizado, y las fiestas populares (entre otras payasadas nemotécnicas crudamente colectivizadas), preferimos la alegría estereotipada y expresada públicamente. Segundo, con las emociones que vivimos furtivamente (los celos, la envidia, el extrañamiento, la falsa camaradería...) hacemos un repertorio de sensaciones psicológicas de signo negativo que refuerzan el sentido dramático y el resentimiento que rigen nuestra identidad cotidiana. Emociones negativas estratégicamente situadas y preparadas para evitar, antes de que se produzcan, dos de las sensaciones más temidas del español medio: la deflación y el menosprecio, dos viejos tabús enquistados en el tremendismo de las relaciones personales y en nuestro complejo de inferioridad histórico.

Llevo mucho tiempo observando la conducta emocional de mis paisanos, apostado en el campo, sin ningún criterio selectivo sino tirando al bulto como los cazadores de suelta, y lo que he visto no me ha gustado. Educado en una diáspora de bajos perfiles, complicidad y contemplación psicológica, me he encontrado aquí con un montón de sangre derramada y la violencia de una espiritualidad en permanente estado de crisis. Desconcertado ante la virulencia, tanto de las emociones públicas como de las furtivas, he adoptado para sobrevivir registros más discretos y un humor ligero de alta flotabilidad del mismo género. Para un paisa de la diáspora, la emotividad española no adulterada es un plato fuerte, una escudella de vísceras, densa y humeante, servida sin ningún pudor en toda la mesa familiar. Bien camuflado y en silencio, he creído oir crujir los huesos de la competencia desleal, de la agresividad sin tapujos, y el dolor cebándose sobre los más debiles.

He visto a Andrómeda y a Orión, a enormes galaxias de zafios y amas de casa y a meseteros de todas las edades y condición, hacerse fuertes en manifestaciones vergonzantes y burdas que en otras latitudes sacarían los colores de los más pintados, y he visto derrumbarse edificios emotivos enteros para levantarse al dia siguiente como si no hubiese ocurrido nada. Y he sentido el ruido inquietante y obsceno de la envidia royendo los huesos en tipos mal encarados inacapaces de resolver en equilibrio un simple problema de expectativas y tímidos ajustes. Y he visto, no sin angustia, la muerte clínica de cientos de relaciones interpersonales a causa de una malevolencia gratuita o un simple descuido. Y me he visto obligado a improvisar esta hipótesis de trabajo, un antimodelo con el que mantenerme a distancia, en el caso de tener que corregir mi propia conducta por contagio.

Y llegado este punto se me presenta una nueva duda. Aceptado aquello de que nuestra emotividad nacional (sin entrar todavía en la psicogeografía de las particularidades) es de signo negativo, de que existe un territorio inexplorado de emotividad salvaje y de que somos una página en blanco para futuras generaciones de antropólogos y profilers. Y aquello de que hay emociones públicas y otras furtivas, o que al menos se experimentan furtivamente, nos queda todavía por aclarar si éstas son verdaderas o copias idiosincráticas baratas de las primeras. Nos queda por aceptar pulpo como animal de compañía.

Somos, no cabe duda, intelectualmente tímidos, huimos de propuestas abstractas o de discursos demasiado técnicos o formulados, huimos de la ilustración francesa, del pragmatismo, del estructuralismo, y de cualquier chovinismo académico que no haya sido debidamente asilvestrado. Nos encanta la inteligencia pero en plato de cuchara, y estigmatizamos a los cabezones, a los chicos listos que se pasan de la raya. En el mundo secreto de las emociones somos igual de paletos y tarugos, nos falta el valor, un par de huevos con los que vivir emociones de primera línea. Tenemos quesos y jamones que son una bendición del cielo, y gallinejas y entresijos, pero nos falta inteligencia emocional y un montón de denominación de origen en las cosas del corazón. Sin ningún handicap jugamos a tientas en el cuarto oscuro de la comunicación afectiva. Sin coraje para vivir nuevas modalidades o emociones originales o inéditas dentro de nuestro territorio ancestral, preferimos rentabilizar los viejos modelos, por lo general oscuros, sobreutilizados y transmitidos por generaciones en las células madre del pecado original de los españoles: la precariedad.

La envidia, los celos, la frustración, la alegría colectiva, entre otros, son algunos de los totems del culto local. A primera vista, puede parecerse a cualquier cargocultismo del trust católico, pero basta echar una mirada con detenimiento para descubrir que no es así. Estos modelos han sido hechos a medida desde la decadencia y las guerras de Flandes, son como los tapices de la Real Fábrica o los aceros de Toledo, como las sopas de ajo o las mesas tocineras. Estas puñeteras ya estaban en las cartas de navegación, en los barcos de madera, en los mesones y en los tercios, en los cartones de Goya y en la calle Huertas, desde los tiempos de María Castaña. Valores rancios, sí señor, pero que hemos llevado con nosotros a las colonias en donde casi no han sobrevivido, salvo quizás algunos retazos en fiestas populares de bolivianos y peruanos y otros pueblos del altiplano, pequeños fósiles de la herencia imperial. Y llevan con nosotros la tira de años, son valores seguros como los bancos o las petroleras. Llevamos la vida entera haciendo la ola a viejas emociones negativas que llevamos pegadas a la piel, y que son, como los tatuajes de las mafias rusas, a veces nuestras únicas señas de identidad.

Y llevamos el mismo tiempo haciendo impecables copias idiosincráticas de ellas, cada rasgo, cada pequeña fisura, la misma idéntica sensación de pertenencia, apartenence y belonging. En ocasiones tengo la sensación de que por temperamento el español no explora emociones nuevas, y que en su relación con los demás es una especie de fundamentalista laico, álguien que ha radicalizado sus ideas primitivas sólo por resentimiento, provocando así inadvertidamente un curioso estado de intolerancia. En ausencia de un texto sagrado y sin clases aristocráticas dirigentes, ni teocracias, ni nepotismo religioso, hemos puesto a las emociones en el el lugar del mulá. La frustración ha sido siempre el motor encargado de poner en marcha nuestra historia nacional, y junto con otro huérfano, el resentimiento, han estado allí siempre, desde el principio de todo.

En este enrevesado pais, tanto tiempo aislado y endogámico, se han gestado las emociones de signo negativo para disponer de un libro de conducta que en su debido tiempo fue interiorizado y hecho inconsciente, como Maquiavelo o Confucio en el pragmatismo chino, o el talión en el Islam, y convertido en nuestra propia esencia.

Nos preguntamos porqué somos tan deterministas y repetitivos, porqué un repertorio de emociones simples colectivizadas y convertidas al sentido común han tutorizado durante tanto tiempo, y siguen haciéndolo, todo el comportamiento social. Porqué la frustración y el resentimiento, esos dos huérfanos son los fundadores (desde un bestialismo de penuria) de nuestro oscurantismo sentimental, y los únicos responsables de que no abramos nuestros corazoncitos a la luz del sol. Hasta aquí la teoría de porqué sobrevivimos en un estado de represión emotiva imposible de calificar, en un régimen en donde emocionalmente se trabaja a destajo y en el que pocos se sienten capaces de dar generosamente lo mejor de su naturaleza, y porqué las mayoría son retentivas y secas de vientre. Queda explicado entonces porqué no hemos llegado siquiera al primer curso en nuevas emotividades, porqué somos unos pobres palurdos en cuestiones de sensibilidad social o buen colectivismo, al estilo holandés o escandinavo, o por qué no reinventamos el estado protector de los franceses, o la empresa humanista, o el nirvana de algunas culturas también excéntricas y aisladas, como los islandeses, qué sé yo. Y porqué somos indigentes en cuestiones de sensibilidad pública y tareas reeducativas, y estamos más quietos que un fiambre en materia de filantropía social y no tan social.

Queda por preguntarse porqué somos tan furtivos en otros géneros, como los sentimientos amorosos o los buenos modales, entendidos como afecto compartido con desconocidos, y porqué nos asociamos tan rápida y enérgicamente con nuestras viejas emociones históricas. El miedo a vivir sin prejuicios conductas sentimentales que en apariencia nos dejan indefensos, y al mismo tiempo asumir roles antipáticos en la creencia de que eso alimenta la ideología seudomasculina y dominante que favorecemos, parecen ser las dos caras de la misma moneda. Una vieja moneda castellana de vellón con el escudo de la corona, maciza y sobredimensionada, con la que pagamos nuestras deudas.

Siempre que he intentado romper barreras y estimular en mis compadres una conducta desinhibida, convencerlos de las ventajas de un acercamiento digamos psicoanalítico, de una simple terapia hablada, de abrir puertas a la calle e improvisar los modelos linguisticos de aquello que nos reprime, he salido mal parado, y los resultados han sido siempre desiguales. O han entrado demasiado fácilmente en una oralidad vanal repetitiva y sin trazos de honestidad alguna, una pura verborragia hecha de lugares comunes y redichos que te llevan a salir de allí disparado; o todo lo contrario, el desgaste bastante patético de una confesión en su mayor parte frustrada por incapacidad, el tedio insoportable y desalentador del tipo que simplemente no sabe decir lo que quiere.

Llevamos, la mayoría de nosotros, una máscara de inspiración Munch que nos empuja a sobreactuar esta condición zafia de nuestro cromosoma xx, una escuela para párvulos que sacan un extraño placer de dar la vara al personal, sin un momento siquiera para un chill out, ya saben, una cervezita o algo de terapia de clase en la costa amalfitana, un puntito oscar Wilde, si ustedes quieren. Cualquier cosa autoreflexiva, afectuosa y/o distendida, que nos libere, aunque sólo sea por un instante, de esa cabalgata española a lomos de burro.

No obstante, en ocasiones, cuando abandonamos el Garcia Campos (el Diccionario de Refranes), y nos hacemos un poco menos métricos y sentenciosos, la cosa funciona. Y es una gran sensación, como una canasta de tres, es lo que siempre hemos buscado, una puerta al campo, pero no el de Puerto Urraco, sino algo más verde y Oxfordshire, con un poco más de diálogo. Y cuando la conexión se confirma y recortamos perfiles y hacemos origami con todas aquellas viejas pasiones que nos tenían inmovilizados, y sin perder por eso un ápice de nuestra identidad colectiva ahora reorientada, nos sentimos tan bien como Calvin y Hobbes, y no queremos que aquello se acabe.

¿Acaso existe algo mejor que hablar con un gato? Quizás al final de todo podamos hacer del lenguaje un completo obstáculo para la comprensión. Quizás cuando dejemos los manuales antiguos y nos pongamos a hablar con un gato como si se tratase de un individuo adulto, estemos haciendo algo por nosotros mismos. Llevamos años sin romper un plato en materia de desórdenes afectivos, pero basta ya de miserias, y regalémosnos una buena dosis de literatura eclesiástica, una ducha fria de palabras, y quizás las cosas empiecen a funcionar, y nuestras emociones secretas negativas tan bien apañadas y que llevamos en la solapa como otros llevan la cruz de hierro (la envidia, la violencia de género bien frappé y mezclada con dos partes de machismo galante, la soberbia, el valor al pedo de los tercios, el gusto por atocinarse, el desprecio por las letras...) terminen por convertirse en angustia, depresión, estrés y paranoias de calle, pero en ningún caso aquella cascarria nuestra de pueblo atribulado.

Nos modernizamos, qué duda cabe, incluso en poblaciones de menos de tres mil habitantes hay tipos con Blackberries e inversiones en bolsas de divisas y fondos extranjeros, se rueda con cámara al hombro, y se pueden comprar cantidad de salsas inglesas, pastas italianas, salchichas alemanas... y esa predestinación es como una carrera de relevos, y el mundo de las emociones corre parejo, así que pronto es de preveer que nos convirtamos en cebollinos y paletos otra vez, incluido el universo de las emociones de supermercado, productos de bajo coste, sostenibles y bien distribuidos. Cualquier comparación con el pasado será inútil, no habrá ni libros, ni feligreses, ni comunidades religiosas, no habrá fé, ni leches... ni ninguna mariconada por el estilo, sólo un estado neurótico generalizado con un sinfín de emociones patológicas de bajo impacto.

Quizás cuando estemos todos en el bote, aburridos y homogeneizados, idénticos unos a otros, expeditivos y poco comunicativos pero bien cebados con alta tecnología, como aquellos reptiles hich tech de la guerra de los mundos, nos preguntaremos si no tendríamos que haber reivindicado a tiempo nuestra emotividad sanglant, nuestro feroz código de supervivencia, aunque fuese un poco más diluído y adaptado al nuevo orden y a la estupidez de fondo de armario que se lleva. Si no habría sido mejor que nos congelasen con nuestra mierda de atributos pueblerinos, que nos hubiesen dejado vírgenes para un futuro inmediato de leisure tecnológico, aunque brutal y desatendido en cuestiones de sensibilidad social y convivencia.

Mañana probablemente, las cosas habrán cambiado, y una decadencia psicológica generalizada provocada por la televisión, la farándula política, todos los nuevos parámetros económicos y la desigualdad, se harán uña y carne con el cambio climático y el grado cero a la hora de crear vínculos en otro lugar que no sea nuestro PC, y se producirá una nueva especie de individuos frios, recelosos y distantes, sin interés en interelacionarse con nadie que no preste o al que no se le presten servicios. Un pragmatismo inhumano será la nueva moda. Y en ese paisaje hostíl nos preguntaremos si quizás nuestra bonita colección de emociones públicas y furtivas no habría hecho mejor papél, arqueohumores contra transformers, depredador contra depredador como en District 9.

Dentro de miles de años encontraremos en el subsuelo de casa una capa freática intacta de extraños fósiles bien conservados, con una estructura anatómica adaptada a una compleja y diversificada gama de emociones viscerales primarias, un depredador original sin parangón, y nos preguntaremos qué habrá causado su extinción, un ejemplar tan sólido y bien dotado, tan territorial y competitivo, y tan bien equipado para el enfriamiento generalizado, y sellaremos para siempre su fosa.

Lugares (de lo español)

Hay espacios en donde sólo lo español puede tener lugar. Lugares que llamaremos españoles por antonomasia, a los que el extranjero sólo accede después de un aprendizaje, y que son, por un lado idiosincráticos, hechos a la medida de nuestras aspiraciones secretas y tics sociales; y por otro, excluyentes, es decir que no admiten con facilidad la presencia de aquellos que no han sido modificados con ese propósito. Todas las culturas los tienen, son parte del bienestar colectivo y poderosos mecanismos de integración sin necesidad de compromiso alguno, basta con una actitud voluntarista que no implique ningún sacrificio para entrar en el club. No hay impuestos, ni costes adicionales, la disponibilidad del otro está, en la mayoría de los casos, garantizada, y la gratificación es instantánea. No entrar en este hammam equivale a automarginarse, por lo menos en relación a las conductas de grupo que nos definen. La identidad colectiva es por lo general consecuencia de diferentes comportamientos generalizados y repetitivos que sólo contribuyen con arquetipos a la formación del carácter. Algunos de nosotros, entre los que me incluyo, derivamos entre el placer del individualismo solitario y los modelos de inserción al uso con variedad de roles. Otros no aguantamos el colectivismo sincopado, la predictibilidad y el gusto por la psicología de masas; y otros apenas soportan estar solos y prefieren la vehemencia, la plenitud, el mobbing de las grandes y pequeñas organizaciones, el placer de formar parte de un super organismo que nunca se equivoca.

Los ingleses tienen el pub, el cricket lounge, la memoria histórica, la monarquía, la hipocresía, las colas; los alemanes las cervezerias, los buenos coches, las vacaciones a lugares cálidos, la sexualidad en televisión; los italianos la familia matriarcal, las pizzerias rústicas, el café, las tiendas de zapatos, el Renacimiento, el grana padana; los franceses, los libros, el debate público, la lengua al final de cuentas, las panaderías, los quesos, los animales domésticos, el chovinismo; en Marruecos, el mercado, el retailing en general, las clases, los espacios públicos, la suspicacia, la tienda como espacio metafísico; los escandinavos, el liquor store, el diseño de todo y de las relaciones personales; los groenlandeses, el blanco, la caza de la foca, las motos de nieve, las pinturas de colores, el suicidio juvenil; los griegos, el tráfico, los barcos, la geografía, la reconstrucción del pasado, el mal humor, la taverna, los pueblos con encanto, las mujeres vestidas de negro; en los Balkanes, el odio étnico, los micronacionalismo, las armas rusas, las mujeres sin depilar...

El mundo está hecho con peculiaridades que se repiten o entrecruzan, que se diluyen o transforman, y muchas de ellas son únicas. La tendencia es siempre unificadora, una especie única y un solo modo de funcionamiento. Una cosmogonía en donde las diferencias habrán desaparecido en beneficio de una cultura homogénea. Probablemente, en el interior de esta tendencia habita en estado latente el virus que invalidará todo el proceso, un peligroso virus con un código genético irreductible, mal encarado y beligerante, que sólo admite su propia singularidad. Ésto que ya hemos visto en

Ridley Scott o Douglas Trumbull, tiene otros nombres, que, en la medida de lo posible, discutiremos aquí.

No sólo se trata entonces de reconocer los lugares en donde se miden las puntas más altas de densidad ideológica, de entender porqué aquí y no en otras partes, sino de hacer una lectura diferente y descubrir porqué esta oscura fijación, este conundrum de psico lugares tan festejados, puede ser malo. Y si a pesar de todo, es ésta la única manera de sobrevivir, de preservar nuestra diferencia de cara a los super-organismos colectivos que se nos avecinan. Y si habremos de morir, figurativamente hablando, luchando.

No, no somos nada sutiles. Nuestra geografía está a rebosar de rincones en donde pisar a fondo el acelerador de lo español. Se trata de reductos a veces pequeños y a veces no, materiales o espirituales, dotados de rasgos propios y diferenciados según su distribución en el mapa. Geo-vulnerables, la distribución en el territorio cultural nos impone modelos diferenciados y un tejido completo de signos costumbristas. Los lugares se repiten, los mecanismos a veces también, hay un montón de máscaras diferentes que dan cuenta de un multiculturalismo provincial de circulación interna, españoles todos y ninguno. Se puede decir que llevamos impresa en la piel la marca de una protodiversidad voluntarista y pendenciera, natural y políticamente manipulada, y de un nacionalismo histórico de rebufo y residual, al que nadie parece querer adherirse incondicionalmente.

Nos guste o no, estos dispositivos, erguidos como totems tribales en tierras ancestrales, funcionan como compostadores reciclando los desperdicios biológicos y creando una especie de manure rica en nutrientes en donde criar nuestros propios Beowfuls nacionales, nuestros hombretones castizos y pequeños héroes locales. Pero veámos sólo unos pocos, aunque sólo sea para el anecdotario.

Los puestos de la Once. Si en Irlanda o en Australia dijésemos que en las calles de las ciudades españolas existen unos extraños cubiles de un metro cuadrado, cerrados y conspicuos, habitados a tiempo parcial por ciegos, dedicados a la venta de números de lotería, pensarían que estamos hablando de una película de Robert Rodriguez o Tim Burton. Y si les dijésemos que esa lotería es de su propiedad, y que esos ciegos en más de un sentido, ven mucho más que uno, y son ciudadanos de pleno derecho de un pais inescrupuloso en cuestiones de conciencia social, pensarían que se trata más bien de una pelicula de Terry Gilliam, y que somos adictos a la sátira de ficción. Los ciegos (o el mercantilismo invidente) son parte del paisaje nacional, y mantienen una relación codificada con la población vidente. Nosotros y ellos, hemos relativizado así su minusvalía al punto de convertirla en parte del mobiliario urbano. Ésto que nos hace humanistas, nos hace también economicistas y extravagantes. Queremos que los ciegos trabajen, pero no mucho, y al mismo tiempo mantenerlos marginados, y les damos (como los americanos a los navajos) parte del monopolio del juego. Como los indígenas canadieneses (y el contrabando del tabaco) o los mendigos en la India, nuestros ciegos son intrascendentes y podrían estar criminalmente organizados. Las minusvalías mucho antes de entrar en ningún régimen especial, han formado parte de nuestra picaresca. Y para ilustrar a aussies y a tipejos del Ulster, digamos que somos una sociedad igualitaria, brutalista y contradictoria, que promociona a sus invidentes y timadores, y nos enseña a orinar en la vía pública por no coartar, digámoslo así, las libertades individuales. Somos unos gandules, le birlamos el queso al ciego cruel, unos jodidos lazarillos, y nuestros ciegos son peores, o al menos eso dice el anónimo.

Los toros. ¡Ay Dios, algunos sentimos eso en los huesos, como los ingleses la cerveza tibia¡ Es el síndrome de nuestro desconcertante amor por los animales. Hay toros en el sur de Francia (*on let* del patrimonio español), toros en el pais vasco y en plazas cubiertas en Galicia, y hay toros con solera, la esencia misma del tremendismo estetizante y populista del más puro españolismo. Los incondicionales de la fiesta toleran a los que hablan toros con acentos, pero no los quieren bajo el mismo techo. Regulados por una deontología hermética, valedores de una casta de ganaderos terratenientes, los toros son la única lengua que comparten para el doble beneficio de siervos y patricios. Y se trata, en el mejor de los casos, de un lenguaje codificado para uso de patronos y novicios, inaccesible para cualquier otro, antiguo, esperpéntico y patronizante, y que sólo se entiende durante el trance, y en donde la sangre que corre es siempre del vasallaje. Los toros, como el circo romano, son un acto público de desagravio de las clases dirigentes, y su sentido interno es prediliuviano. Cierto, tiene un bonito mecanismo de luces y un fondo de armario a lo Gaultier, y un *pas de deux* de antes de los rusos, y es en apariencia tolerable, como las torturas públicas en el siglo XVI o la Inquisición. Es descabellado, y sin embargo gusta a los curas y a las mujeres. Es parte de nuestro patrimonio cultural, estamos orgullosos de él y lo promocionamos (los japoneses lo adoran, como el masoquismo o la caza de la ballena) y hacemos alarde de su fuerza dramática, igual que los iban de Borneo lo hacen con sus cabezas trofeo. Yo los he visto en un par de ocasiones y me gustan, soy como casi todos ellos, un perverso polimorfo. Como a unos les van las encefalopatías o la cirugía forense o los desastres naturales, a otros les gustan las fantasías crueles con animales. Razón de más para prohibirlas y decir No a las minorías escatológicas. La comunidad, pudorosa e hipócrita, los tolera, toda la chusma intelectual europea pretende comprenderlos por un raro complejo de inferioridad en cuestiones de estética bizarra, pero en realidad sueña con tener unos cuantos sujetos incontrolados no behavioristas en la manada, unos comforters de mandíbulas ensangrentadas en su regazo, eso es lo que quieren, unos pocos salvajes pintorescos para sus circos de verano. Cuando los toros vuelvan a las dehesas, y los toreros se dediquen al kit

155

surfing o a la cria en cautividad de especies amenazadas, habremos perdido parte de nuestros atributos. No, amigos de la cuerda del toro, no presuman. Los toros y la televisión basura son del mismo género, sólo que la última todavía no mata a sus animales. Es probable que los toros hayan llegado a las península hace miles de años, con los extraterrestres, una misteriosa cultura marginal venida a menos en su planeta de orígen; o peor aún, que una perversa fantasía inconsciente haya vestido a unos tipos duros con pantalones ajustados y zapatillas de ballet por motivos que todavía hoy siguen reprimidos. Hay quien dice que son parte de nuestro inconsciente colectivo, que todos los españoles tenemos en nuestro pasado un primo cruzado bastante raro que mezcla pintas con merinas, a Tchaikovsky con el maltrato a bovinos de gran tamaño. Queda por ver entonces cuales serían esos rasgos herditarios.

El bar. ¡Coño el bar¡ ¿Quieren algo más rabiosamente idiosincrático? Los ingleses tienen el pub, pero éste es más que nada un ejercicio codificado y un factor de cohesión social delimitado y ajustado a horarios. Los suecos beben en la calle o en barcos o en sillones de Ikea. Los franceses no beben por no cerrar la boca, y en toda centro Europa hay un alcholismo gris y neurodepresivo, un suicidio lento por episodios que sería un marrón entre bebedores conspicuos españoles. El bar español, anárquico y caótico, versátil y sucio, es el núcleo del reactor. Es tolerante y acumulativo, es ecléctico y acoge a rojos, pepistas, pequeños empresarios, funcionarios y obreros nativos, a mujeres, a abuelos y a niños, es indiscriminado y acumulativo. Es más denso que una alfombra persa de Tabriz o Bijar, cincuenta nudos por centímetro cuadrado, y concentra toda la energía del barrio. Inmigrantes y advenedizos apenas puede atravesar ese espeso manto del tao local sin ver obliterados sus atributos. A nadie le interesa un jodido guiri que no haya sido pasado por el tamiz de nuestra fonda medieval. El bar español no admite adherencias, es el formaldeido en el que se conserva la esencia del ser colectivo. No tengan ustedes miedo, exceptuando a los inmigrantes (que por retraímiento no suelen acercarse), a los extranjeros les flipan nuestros bares. No se lo piensan dos veces antes de lanzarse de cabeza y perderse como un harrijasotzail, un Perurena en un partido de cricket. Americanos, italianos, franceses, todo el lote, se plantan allí desorientados y piensan que están haciendo *cross cultural* relations con los locales, cuando en realidad estan fibrilando, paralizados, y su trabajito de campo de fin de curso se está yendo por minutos al carajo. No, esto no es el Lotus o el Marquee o PM, se necesitan más que unos buenos zapatos para entrar aquí, se necesita ser a la vez sutíl, brutal y taimado, tener un buen oido y dominar el antiguo arte de la sobreconversación múltiple, tener un auténtico espíritu de liderazo, y además ser discreto y ajustado y conocer códigos tan viejos como dagas italianas o rusas, ser culto e iletrado, los errores se pagan aquí, como en el ruedo, con sangre. Los bares españoles, igual que las pirámides egipcias, los oásis en el desierto o los monasterios budistas en el Himalaya, son puertas interdimensionales y pequeñas naves idiosincráticas para viajar a la velocidad de la luz por todo el espectro de nuestras peculiaridades. Hay muchas clase de bares, claro está, étnicos, gremiales, generacionales, hay bares de moda y bares de pueblo que son como las cuevas de Altamira, los hay espectrales y otros que se desbordan a la calle... pero yo me refiero al bar arquetípico, a la madre de todos los bares, el núcleo del reactor, lo que mantiene a este cacharro volando. Conozco bares diferentes por toda la geografía española, algunos son penosos, otros escatológicos, hay bares tristes y otros alegres, hay algunos con cocinas como cabinas de teléfono en donde encierran a cocineras de aldea por períodos no inferiores a veinte años y en donde arden sin parar pucheros mágicos, los hay multitudinarios, como la Meca a finales de diciembre, y pretenciosos, como aquél banquete de Borbón-Condé y Vatel en Chantilly, y hay toda una camada de híbridos que no son del género, que son ficción gastronómica y sociológica, y en donde cualquier parecido con la realidad es pura coincidencia. Y hay, claro está, bares muy diferentes, pero todos comparten el mismo eclecticismo, populista y culturalmente frustrado, no son ni expansivos ni educativos, no son necesariamente buenos, son apenas incómodos refugios tópicos y refractarios en donde las tensiones sólo se amplifican y entran en una circulación lamentable. No, ningún parecido con el Flore o le Dauphin, el Marly o Les Deux Magots, ni con los cafés centro-europeos, en casa se juega al descarte, hay poca creatividad y poca o ninguna benevolencia, son lugares duros en donde colectivizarse espontáneamente. No visitarlos, significa automarginarse de parte de la fenomenología del barrio y de toda la teoría española del *hommo erectus*.

La calle. La calle es un género en sí mismo, una manera de ser, la esencia del españolismo working class o not working at all. La calle es un fósil arqueológico de las primeras ciudades, un lugar multidisciplinario compartido por marujas, adolescentes, pensionistas, inmigrantes ilegales, ociosos, pandilleros, pequeños criminales, curiosos, turistas y la pera en dulce, pero nada de finolis, nada de nice people. Estos últimos han sido advertidos por sus abogados y no ponen ni un pie en el firme, odian implicarse, y no digamos ponerse a tiro de la peña. La calle es el único espacio democrático popularmente gestionado, con un poco de basura en el suelo, y es una metáfora del antiguo urbanismo humanista, intensa, bravía o sofisticada, pero siempre llena de auténtica energía social no refinada. A diferencia de las calles post-modernas y de autor, las golden miles o las nuevas calles chinas, las calles habitacionales en India o el leisure outdoors de KL, Singapur o Dubai, las nuestras son permanentes y transicionales, no se vive en ellas pero tampoco son ocasionales, no están diseñadas y el leisure es sólo accidental. A mí me gustan, paso horas en ellas, como un voyeur o un detective privado, como si estuviese visitando el centro de una aldea en proceso de formación, con toda clase de diferentes mecanismos de integración/desintegración interrumpiéndose y reiniciándose todo el tiempo, tan viva y cruenta como una sabana africana. Me gusta su perfil anecdótico, la volubilidad, el trasiego, la simultaneidad, la mezcla de urbanismos históricos y sociales, los barrios del diecisiete, los nuevos barrios sino-magrebís, las tiendas de teléfonos... La calle española es una gran long house comunitaria, pura psicología doméstica al fresco, y en poco tiempo desaparecerá para dar lugar a las nuevas calles homologadas y esterilizadas en donde la homogeneidad será parte de un programa a corto plazo, y los pobres y otras subespecies, habrán sido barridos por un dispositivo de autoexclusión y segregación, junto con el ocio sospechoso y la etnicidad desorganizada. Mientras tanto, yo paseo por ellas, al loro, sin perder prenda y fijándome mucho.

Hay otros lugares de lo español que podríamos revisitar brevemente. Por ejemplo: la lotería, diciembre 22, entre las 9 y las 12, péguese usted al loro y verá lo que es bueno. Cifras y letras en versión los niños cantores de Viena y Carmina Burana en un mix muy español, y todo debidamente amplificado en el marco de un inquietante festejo macrocolectivo de los números naturales. Todo bien ordenado y reglamentado, muy pitagórico, para festejar los vaivenes del azar en una fiesta pagana que celebra la prosperidad inmediata de unos pocos elegidos, un raro trance colectivo que despierta pasiones. Una fantasía estadística como ésta sólo podría ocurrir en un medio superticioso y de creencias sociales primitivas. La opinión pública dice: cualquier motivo es bueno para alegrarse, para festejar, pero no hace ningún pronóstico sobre el gasto inútil y la decepción. La lotería nacional es como la búsqueda de la piedra filosofal en adaptación libre de Lotería y Apuestas del Estado, y cualquiera sabe que para las sociedades emergentes es mejor la quiniela de animales o apostar a los galgos. Es mejor ganar menos que engordar al becerro de oro.

Las freidurías, las tiendas de bacalao, las churrerías, las ferias, los mercados de barrio, las pescaderas, el trading gitano, el Corte Inglés, los chinos recién asimilados, la televisión local... hay docenas de lugares que me seducen, que son para mí lejanos e inescrutables, y que de una manera insólita se entrecruzan para tejer zonas profundas de nuestra identidad. Diferentes entre sí, a veces tengo la impresión de que un hilo conductor las recorre. Podrían estar en otra parte, pero están aquí, son igual que especies endémicas que de alguna forma regulan los procesos evolutivos de otras especies asociadas. Entre sus atributos más obvios podemos decir que estos lugares son siempre rudimentarios, de trazos gruesos y fáciles de descifrar, no se requiere ningún proceso de aprendizaje antes de iniciarse en ellos. Han sabido eludir las marcas de clase y el esnobismo que se han hecho extensivos a lugares más conceptuales, y que hoy han tomado el relevo en sociedades más desarrolladas. Los nuestros son lugares precarios y anteriores a la redefinición de la relación con los objetos, espacios sensoriales fácilmente legibles y con toda la carga de los valores colectivos que nos son familiares. Los otros son apenas sugerentes, elaborados, densos con mensajes de clase, y en la mayoría de los casos sólo pueden ser aprendidos, y resultan ilegibles para las mayorías. La diferencia radica en que mientras en casa las mayorías marcan tendencia, en otras partes las mayorías se han hecho anodinas e imitan conductas de clase, incluso aquellas que no entienden.

Nuestros lugares son también peligrosos, en ellos se arriesga la integridad física, las posesiones, la autoestima, y el equilibrio interior, entre otras cosas. Mientras en el resto del mundo civilizado se han desatado toda clase de pasiones higienistas y un culto a la seguridad generalizada y crónica, incluída también la jurisprudencia obsesiva y la defensa de los derechos más triviales del ciudadano, nosotros seguimos tirando al bulto, felices e irresponsables, y promoviendo el laissez faire, las conductas desordenadas y las relaciones apasionadas con pequeños asalariados y dependientes. Faltan las formas y todos los nuevos protocolos generados para proteger al servicio, nos falta esa zona neutra en donde los currantes pueden mantener a raya a los nuevos ricos y dedicarse a sí mismos. Nosotros, conspicuos y promiscuos, metafóricamente hablando, ellos puritanos y atacados de los nervios, enfermos crónicos con su esnobismo de segunda mano. Y eso, dicen algunos, es peligroso.

Nuestros lugares son familiares. Hasta los chinos han entrado, no sin esfuerzo, en ese discreto manoseo espiritual al que nos hemos aficionado. Da igual, nos cobran de más, nos roban o ningunean o patronizan, nos comen el tarro, pero todo con esa esponjosa familiaridad que llevamos en los colores de la bandera. Distantes, no; sutiles, no; sensibles, no; familiares, sí, somos los tipos más cercanos que se puede echar usted al coleto. Mientras en el resto del continente la peña se muere por hablar con su jardinero, con el taxista o con el menda que le sirve el arenque, no digo el servicio doméstico porque nosostros no hablamos con el servicio doméstico, creemos que es improcedente (una mala lectura como cualquier otra), mientras ellos se vuelven locos por tener una *court seánce* con auténticos representantes de la clase obrera, nosotros estamos hasta los carrillos de darle palique a propios y ajenos. Es nuestra segunda naturaleza.

Hay lugares políticamente incorrectos, como las sociedades gastronómicas, en donde los hombres se dedican a la cocina en ausencia de las hembras que están dedicándose inopinadamente a cosas de hombres. Ésto que es inaceptable como premisa, crea a pesar de todo un equilibrio inestable y una microsociedad de rasgos fuertes y resistentes, pero recesiva y poco aperturista. Que los hombres cocinen es una historia, pero que se dediquen al marujeo y al transformismo y se conviertan en cocinillas, es otra. Y hay centros comerciales retro en donde a los clientes se les hace sentir como maharajás, se les consiente o se les cria a pecho, mientras se mangonea y bullifica a los pobres currantes como si estuviesen en una plantación de azúcar en Jamaica. Lugares paternalistas y abusivos a la vez, psicológicamente deteriorados y con estructuras de mando obsoletas. Y otros que son estéticamente obscenos, las casquerías, por ejemplo, tugurios gastronómicos que proceden de sociedades hieráticas e insensibilizadas, y que estaría mucho más *mis en place* en los mercados africanos. Cierto, les falta algo de escaparatismo e imagen publicitaria pero a los amantes de las vísceras nos encantan, vemos aquello y lo imaginamos en vasijas de alabastro decoradas al estilo del antiguo Egipto. De regreso en España, después de ausencias prolongadas, nunca pierdo la oportunidad de revisitar y vivir en directo un poco del maltrato subliminal y no tan subliminal de los grandes almacenes, y de asistir a la visión de una buena casquería de barrio. Después de las sociedades protestantes, esterilizadas y ajustadas al derecho, ésto resulta de alguna manera ociosa, recomfortante.

Y las churrerías¡ Adoro las churrerías, su luminosidad, los uniformes blancos, el aceite hirviendo como en un auto de fé en la Plaza Mayor, y los pequeños objetos uniformes y azucarados resultantes del proceso, capaces ellos solos de unir a la especie de un plumazo, como los langostinos o el jamón de huelva. Los churros tendrían que haber sido la dieta de aquellos extraterrestres que invadieron el planeta hace miles de años, y no aquél escabeche de huesos y sangre de H.G.Wells. He visto churrerías iluminadas como paritorios en oscuras aldeas, y otras en descampados y obras de carretera que eran auténticas naves nodriza, puntos incandescentes que podían ser vistos desde el espacio exterior, y que parecían balizas para navegantes estelares.

Y los chinos ¡qué diantres¡ Es el paraíso Friedman de los pobres y los avaros locales. Es la galería de los horrores en materia de subproductos de alto riesgo para el consumo. Tecnología punta cochambrosa, herramientas oportunistas y toda clase de artículos de decoración para hospitales mentales. Mass production para los diferentes segmentos de población marginada, ¡Que no tienen ustedes una libra¡ No importa, los chinos lo han resuelto, es el consumo a gran escala para indigentes y pelados con bajos recursos. En el mundo feliz de la tienda china todos encuentran lo suyo. Esos agujeros negros del economicismo al revés para consumistas pobres o degradados, son como un Harrods de signo negativo. Suelo detenerme frente a sus escaparates idénticos y ordenados con una bizarra mentalidad catequizante y seudo occidental, y contemplar aquella quincalla expuesta como cuentas de colores para indígenas, y luego pensar que esos cabrones amarillos a los que admiro, nos están colonizando al viejo estilo, e infiltrándose en el corazón de nuestros barrios recién desintegrados. Y me deleito con su impunidad, pasando de los panolis y marchando como un ejército de termitas hacia el futuro. Pero lo que me divierte aún más, es la peculiar simbiósis con los vecinos, y descubrir que la guerra de los mundos no será otra cosa a la larga que una cohabitación pacífica e incongruente. Ignoro si nosotros sobreviviremos a ésto, lo que no cabe duda es que ellos sí lo harán. Aprender de los chinos es lo que nos falta, aprender a ser expeditivos quizás, a perfeccionar nuestra imprecisa comunicación oral y a no meternos en los asuntos de nadie. Cuando me vaya de aquí, los echaré en falta, por sus tiendas, por sus Hermitages a pie de calle, su coherencia interna y la maquinaria de su identidad nacional.

La misma simbiosis he detectado en los mercados. Hemos pasado en pocos años del mercado castizo a una escenografía híbrida, mezcla de Cine de Barrio y Blade Runner, yuca, casaba, plátanos macho, fideos de arroz, pescado seco, habichuelas, okra, arepas, tortas colombianas de cumpleaños, cilantro, ceviches, curries, leche de coco... y a pesar de todo ningún mestizaje, una mezcla extravagante pero cero en convivencialidad, apenas un amontonamiento ocasional sin consecuencias. Confieso que me gustaría ver a esos mercados etnocentristas gobernados en el pasado por un marujeo grotesco y autoritario, convertidos ahora en una experiencia multicultural y con una buena cantidad de líneas cruzadas de relación social y parentesco, libres de aquél pesado lastre del ama de casa rabiosa, pero no ha habido suerte. La cosa se ha quedado en un recochineo entre chinas y chinos soliviantados, ecuatorianos, dominicanas y colombianas de grandes pechos, sólidas africanas y pensionistas autóctonos, peña de barrio y jóvenes chefs españoles, pero todo estratificado, como un bar de carretera en la galaxia de Andrómeda. Una mierda para los defensores de la ciudad multiétnica, en casa todavía estamos en fase de extrañamiento y en un mestizaje ocasional anecdótico. Vamos a ciegas en cuestión de técnicas de campo y deberíamos poner a punto algunos dispositivos antropológicos y de buen gusto. Deberíamos empezar por no llamar a los chinos chinos, y mucho menos a los japoneses o taiwaneses, o moros a los magrebís, o sudacas a tipos que vienen de lugares muy diversos, si no llamarlos, como es preceptivo en la mayor parte del mundo civilizado, por su nombre. Luego tendríamos que introducir un curso en geodinámica y desplazamiento de poblaciones, y olvidarse de los ríos de España y los reyes godos. Y luego seguir por cursos de diplomacia y buenos modales, empezando por la monarquía y terminando por los puestos y el personal de carga y descarga. Y luego seguir con los huéspedes extranjeros tan antipáticos y resistentes a ser penetrados por el poderoso influjo de nuestra idiosincracia. No obstante, me chiflan esos mercados, puedes empezar con unos entresijos o unos zarajos, unas arepas de huevo y con una sopa de nidos de tiburón, para pasar luego a un curry de masala y terminar con una variedad de postres del Polisario, regados por una infusión de yerba mate Tacuarí. Y me siento en ellos mejor que antes con las marujas, con las que me setía violentado, como un buen judío entre gentiles.

Y hay otros lugares, casi íntimos, y cuyos nutrientes entran directamente en el riego sanguíneo, y en donde se pone a punto, de manera atópica, toda la psicopatología familiar. Estas reuniones flio-tribales no son como los espaguetis con carne de las mafias italianas, sino mucho más complicadas. Todas las figuras de la tópica familiar española se dan cita aquí, en un espacio temporal y espacial reducido. Hay toda clase de afectos y desafectos compartidos de una manera excepcional y desregulada, hay discusiones familiares escritas desde siempre en la memoria del grupo que son recuperadas en estas ocasiones, hay afinidades que nos complacen y choques personales violentos, y ramas enteras del árbol genealógico que se desprenden entre langostinos, canelones y capones de Villalba. Todo ésto que es por defecto divulgado y publicado, se produce en un medio ácido singular. Las condiciones en las que se nutre esta psicopatología son únicas. Primero, se necesita una familia al completo o casi, o dos familias, si queremos ser testigos de una deconstrucción acelerada. Dos, la violencia deber ser contenida por aquello de que las fiestas, después de todo, son religiosas, y lo que se celebra son episodios de gran fuerza espiritual, la guinda del pastel de nuestra falsa historia moral. Por eso, nada de echar el resto, debe apostarse por un primer acto discreto, un segundo sin texto, y un tercero en toda la cara pero de estética pascual o navideña. Tres, los temas deberán ser reincidentes por respeto a la vieja tradición familiar, no se aceptará la improvisación ni temas traídos por nuevos miembros, lo que aquí se festeja es el gusto por la repetición y los males que todos entienden. Cuatro, los asuntos vitales que aquí se elucidan serán determinantes sólo en el backstage, allí donde los individuos dibujan en secreto sus alianzas. Quinto, hay muchos roles y el mundo familiar se divide entre aquellos a los que les gusta la familia y aquellos a los que no, apocalípticos e integrados, decían en los sesenta. Hoy no decimos nada, estamos aún en evolución y hemos hecho irrelevantes ciertas funciones cerebrales. Personalmente, me quedo con la pasca judía, si vamos a decaer que sea con elegancia.

Hay otros lugares de lo español que tocan la fibra sensible y que son la leche. Aquí todos hemos perdido los papeles, tenemos ínsulas y territorios, tenemos nuestras motus y microestados, y una casa real de andar por casa, y nuestros propios Liechtenstein y Mónacos y San Marinos y Tuvalus. Y las cosas están que arden.

Por ejemplo, la geografía. La geografía nos tiene locos. Hay grandes reinos, feudos, autonomías, cutre-colonias, territorios de ultramar parecidos a estados anexionados, etnias misteriosas, nacionalidades históricas y pueblos-parroquia con pocos habitantes que se declaran independientes, como en las Orcadas. Somos tan diferentes unos de otros que nada nos gusta, somos como dos gemelos univitelinos que votan a socialistas y populares, y no paramos de comernos el tarro con nuestras genealogías. Insatisfechos, sectorialmente y por segmentos, con las ralas identidades nacionales que produce la política, no nos cansamos de promocionar peculiaridades lingüísticas o genéticas, o de mirar con lupa las historias locales en busca de rasgos y episodios que nos permitan diferenciarnos. Aquí todos quieren montar sus propios rollos, como los Montesco o los Capuleto pero sin linajes, sólo a golpe de prepotencia y asesorados por tristes bibliotecas parroquiales. Otros quieren una España centralizada y comarcal pero con un par de provincias hegemónicas, una especie de club de derechas regentado por una pandilla de ex-imperialistas religiosos de bigote fino y una guardia pretoriana de curas y cazadores de fin de semana. Unos quieren ser una cosa, otros otra, y algunos lo quieren todo y darle bien por el culo a los primeros. Esa es más o menos toda la teoría política. Tenemos una retaíla de bonitos nacionalismos endémicos mal encarados y una mala leche histórica que jamás permitirá que nos entendamos. La geografía nos mata, nos debilita, nos deteriora, somos víctimas del deseo de muerte y nos encanta este nihilismo de via estrecha y caminos regionales. Hay tantas puñeteras especies nacionales en el mapa, como en el Mar de los Sargazos, y nos pegamos el moco con salmorejos y migas con chocolate, escudellas y marmitacos, con la cocina del cerdo o la caza del galgo, o nos ponemos lingüisticos y nos subimos a la parra con nuestros jerkishs provinciales, y tiramos de todo ésto como si fuese la batalla de Hastings o la Guerra de los cien años, cuando siempre hemos sido sólo dos, las dos Españas, intolerantes, confundidas y políticamente desorientadas. Hay españoles españoles y españoles que no son y no quieren serlo, y españoles a los que les gustaría no serlo, y protoespañoles y neoespañoles, y hay otrros que dicen no serlo pero lo son y ni siquiera se enteran, y otros que lo son pero que no saben serlo y sufren en silencio, y después están los otros. La geografía nos mata, si viviésemos en un pais sin geografía otro gallo nos cantaría.

O por ejemplo, la monarquía. Puede que no tengamos una tradición inmediata o un auténtico sistema de clases, pero tenemos un par de reyes bien emparentados, con descendencia y un patrimonio y un royal salary bastante digno. De acuerdo, quizás nos falte una pareja de scotch terriers y algunos súbditos de pelo rizado en Pitcairn o en las Aleutianas, y una propiedad en el campo con machos de catorce puntas, pero ahí están, dándole al callo soberanamente, como es lo propio. Hay detractores en su mayoría de lengua románica neolatina o luso africana o preindoeuropea, que dicen que nuestro monarca es fruto de la sagrada concepción, ya saben, fruto del último braguetazo dinástico de un caudillo autista del Ferrol y que le falta linaje, entre varias otras faltas. Y por supuesto ardientes defensores, monárquicos de tres minutos pasados por agua, incondicionales del mangoneo con solera, necesitados de un amo con galones, amantes del tostón borbónico, a los que les gustaría seguir autolesionándose. Y junto a ellos, un lumpen semi-analfabeto adicto a la crónica rosa y a las flias reales del papel couché, convencidos que una buena (o incluso mala) monarquía constitucional aumenta sus expectativas de vida social *in vitro*. Paletos monárquicos románticos todos, deseosos de ser sodomizados por una vieja y verdadera aristocracia, como en Cerralbo. Y así estamos, pegados a la caja, viéndolos pasear tiesos y encorsetados o dándose el lote con los súbditos, o viéndolos sermonear con registros bajos, o regatear en las bahías del reino sin importarles un pimiento las penurias del personal, y poniendo cara de Luis XIV y "l´État ce Moi". Y luego otros que pasamos de todo y pensamos que los reyes no están del todo mal, pero que son todavía inconspicuos and not decadent enough.

Y hay otro lugar, en esta singular entrega, que me resulta cercano y al que soy por necesidad sensible, y es el que ocupan los retornados, los españoles del exilio, ese particular habitat que se les tiene preparado. Como con los pandas chinos, un rincón acogedor y decepcionante. Soy español, podría haber sido cualquier otra cosa, súbdito de la Commonwealth, neozelandés, por mi afinidad con sus bosques de helechos gigantes y su triste fauna, un camionero en Lahore, un bronceado terrorista internacional en el Líbano o un pescador de perlas negras en las Tuamotou. Confieso que nunca me he detenido a pensar en mis orígenes, siempre me ha parecido irrelevante, la vida me ofrecía a diario emociones más intensas, y las nacionalidades eran para mí, poco más que un rasgo pintoresco. Dudo de que en el mapa genético haya nada sobre juzgados y certificados de nacimiento literales. Yo no era, después de todo, más que un español de la diáspora (un poco filosemita) criado en el sur según los cánones, y ahora me he convertido en un paria sociológico, en un nómade de clase turista con carta de naturaleza en muchos paises, y no dejo de pensar en ese rincón anecdótico e irregular que nos está esperando. Ustedes dirán que ninguna nación dispone de un protocolo de acogida para sus retornados, y que cada uno se las arregla como puede. Todo es mancha venenosa y offshore money accounts. Sin embargo, aquí le añadimos, como es habitual, el quinto elemento. No es hombre, ni mujer, no está casado, no es animal ni mineral, no es un personaje histórico... es lo que en mi argot personal se conoce como un desfase, un mecanisno trivial de agravio y desconfianza, un extrañamiento que empuja a los retornados a un ostracismo ligero y circustancial. Nada serio, no es un destierro de libro, como el de los lituanos o los armenios, algo que tiene que ver con la historia genética de la raza o alguna otra estupidez por el estilo, sino algo emparentado con la mala disposición y una actitud caprichosa de segregación con vis cómica. Como un grupo de chimpancés en estado salvaje que "huelen mal" a su compañero recién liberado de un período de cautiverio y convivencia con seres humanos. De regreso en casa, después de una larga estancia en el extranjero, me he encontrado tratando de descifrar esta intensa sensación de excentricidad en relación a los colegas que nunca habían dejado el terruño. Mi acento, giros y formas coloquiales, mi actitud en el trabajo, la relación con las mujeres, el humor, mis hábitos de lectura, el empleo del tiempo en general... todo era mirado con una desconfianza que si no veía ofensiva o descalificadora, al menos sí me parecía poco educada. Los españoles exteriores, aunque sin llegar a asociarnos, formábamos un club secreto, una cultura clandestina, y nuestros hermanitos de sangre eran una *herrenrasse*, una raza aria anclada en el tiempo y cogida con uñas y dientes a su naturaleza. Entonces sólo teníamos dos opciones: afirmarnos en la diferencia y vender nuestros high levels y formación académica, siempre y cuando encontrásemos a un benefactor, o mimetizarnos con los anfitriones y convertirnos en sus comparsas. De más está decir que la última opción nunca fue considerada, y al dia de hoy, después de un montón de años, sigo en el limbo de las nacionalidades enajenadas y descatalogadas. Los tiempos han cambiado, los gaitas se han hecho más permisivos, vivimos en el principio de una etapa de mestizaje y nacionalismos irreversibles, y yo sigo preguntándome lo mismo, seguimos sin protocolos, sin un lugar para los que vuelven a casa después que los universos de la diáspora se hayan extinguido. Seguimos "oliendo raro" para los simios españolistas de esta parte del bosque.

El matrimonio homosexual es uno de esos nuevos lugares de lo español que nos traen por mal camino. Sorprendente. Como si Oscar Wilde hubiese sido gallego toda la vida. Una hipótesis poco probable. Cómo diablos en un escenario de tan poca respuesta a la creatividad social y a las políticas progresistas nos descolgamos con semejante maravilla, es álgo que nunca sabremos. Vivimos en un país expeditivo, como diría C.Mikes, copulador pero no erótico. A diferencia de los ingleses, cortejamos y perseguimos a las mujeres, pero de una manera a menudo indescifrable, y follamos rápido frente a los palos. Tenemos pederastas y algo de sado-maso y homosexuales sin sentido del humor, y a diferencia de los ingleses, también mantenemos con ellos una relación abierta, poco prejuiciosa y atípica. Por un lado, les concedemos el matrimonio civil, con las arras, los votos y las alianzas, todos los accesorios, y por otro, los asilvestramos un poco y los mantenemos reservados como si fuesen una tribu autóctona. Hemos pasado de la homofobia y la segregación o la asimilación indiscriminada, a darles la cruz de hierro de las instituciones civiles. El futuro pasará por legalizar (no la necroflia, como quería Mikes) sino los trios y las uniones civiles bisexuales y múltiples, pero por ahora nos conformamos con este alarde de la jurisprudencia clásica. Y al mismo tiempo, nos mantenemos alertas ante cualquier salida de tono de nuestras minorías librepensadoras. Casados sí, pero no revueltos, y lejos de las vicarías y la promiscuidad oficialista de la familia cristiana numerosa. A unos cuantos les gusta tener provisión de unos pocos sodomitas de paparrucha, ya saben, como un perfume de Gaultier o un bolso original de Cavalli, e introducir una dimensión estética ligera en esta reciedumbre social en la que vivimos. Y a ellos, les chifla tener a unos pocos straights como animales domésticos, les recuerda el mundo primitivo que han dejado, la edad de piedra de los héterodominantes. De acuerdo, no es que no tengamos nada bueno, es más bien que exponerlo no parece que sean buenos modales. Además, llevamos años haciéndolo, nos va el compadreo fácil y la autocomplacencia, y eso no está nada bien. Pero volviendo al tema, pienso que tenemos matrimonio homosexual como otros tienen leyes de protección del medio ambiente o arquitectura de materiales, somos una sociedad liberal de mentirijilla que no para de mirarse el ombligo. Y el lugar que les asignamos está siempre puesto en entredicho, y en él confluyen muchos de nuestros prejuicios más oscuros, los que tienen que ver con la obcecación y el miedo a lo desconocido. Los homos en casa siguen como reservados en territorios imaginarios con los que apenas interactuamos. Los observamos, los criticamos o los ignoramos, o los vigilamos no coercitivamente (los vigila la iglesia y sus adeptos), y al menos ya no intentamos reeducarlos. En muchos aspectos, son una tribu responsable de casi toda nuestra creatividad al márgen de la cultura hétero local, todavía prendada de una masculinidad ideológica a veces tolerante y a veces no, con la que nos impregnamos a diario. Nuestros indígenas emplumados saben que están cerca del final de una época, y que el viejo macho patán está a punto de petar con toda su prole. Otros sabemos que en el futuro todos seremos, desde un punto de vista formal, un poco maricones.

Hay más lugares de lo español, por supuesto, y están dentro y fuera de nuestro territorio, son públicos y muy fáciles de reconocer, y en otro momento nos gustará compartirlos.

Comunicate at your own risk

No tenemos una buena relación con el lenguaje. Llevamos años sin leer (quizás no lo hayamos hecho nunca), somos obvios y reincidentes (no paramos de repetirnos), pobres e imprecisos, y nos falta vocabulario. En el mejor de los casos, somos retóricos y obsoletos, y hablamos una jerigonza transnochada como si nunca hubiese existido el psicoanálisis o el estructuralismo, hablamos la lengua materna de un regeneracionismo españolista que no conoce la textualidad ni connota. Y en el peor de los casos, somos los tartajas de un nasdat hispano mezcla de castellano antiguo y un coloquialismo de circustancias, un jerkish de 225 palabras para hablar con simios alfabetizados. Podríamos hablar como en el siglo de oro, vestir al lenguaje con encajes y guantes altos de cabritilla, capas, jubones y medias y cuellos de lechuguilla, ingenio y adjetivos, protocolos estrictos y una acidez corrosiva. Pero nó, preferimos ir de corto y recitar ese hornazo, esa tostada de la postguerra, una germanía inerte heredera de la hambruna y la hostilidad reprimida que anticipaba la censura total de los cuarenta años. El resultado de esta mezcla es un complejo de castración que controla nuestra frustrada relación con el lenguaje. Tenemos miedo a hacer un uso desinhibido de la lengua, y nos sentimos frágiles cuando dejamos el terreno seguro de la redundancia y las frases hechas, nos sentimos perdidos en el bosque de los adverbios de modo, y mantenemos operativa una patética lista de adjetivos, somos parcos y elípticos, y preferimos la simpleza de una lengua parcialmente mutilada antes que cualquier esfuerzo intelectual, y en una lengua llena de nombres nos aterroriza nombrar. En fin, que lo llevamos mal, no parece que vayamos a romper aguas nunca y dar a luz a ese nuevo vástago del habla liberada, un idioma que haga honor a le travail du mot, un prototipo con ocho cilindros en V que nos represente como Dios manda.

Vista de cerca, la zorra tiene sus cosas, pero por mucho que lo intento no logro entenderme con ella, es como una vieja pistola de un solo tiro, una bocarda, y los tiempos no están para esas anticuallas, necesitamos más precisión, un calibre mayor y un cargador de veinticuatro, por lo menos. Pero vayamos por partes.

No es que le falten adjetivos, mejor adjetivar poco que entrar en el hábito perverso de hacerlo todo el tiempo, los adjetivos no son buenos para su salud mental, tienen efectos residuales, pueden ser polisémicos e inducen comportamientos lastimosos. He visto a muchos novatos que por simple contagio y después de una lectura rápida del último Planeta, han terminado haciéndose francamente insoportables y confundiendo la novela española con la vida real, y sufriendo las terribles consecuencias que cualquiera puede imaginar. Debería existir una licencia para el manejo de adjetivos y un decreto ley contra su uso inadecuado, por no mencionar una terapia de choque contra las sobredosis y el malestar general provocado por éstos. No deje usted nunca a un español con una lista de adjetivos desconocidos si no quiere terminar mal, y con el bárbaro liándose a mamporrazos con el personal y su Lázaro Carreter, y con toda la Academia. La cuestión no es que nos faltan adjetivos, sino el uso generalista y poco riguroso de los que tenemos disponibles, y con los que nos identificamos. Si nuestro repertorio es decepcionante, mucho peor es esa laxitud gramática en la que normalmente evolucionamos. Le damos poca o ninguna importancia al habla (y a la palabra escrita), y por lo general apostamos por acompañarla con rasgos de carácter, dramatizarla por medio de otros recursos no lingüisticos, y los adjetivos nos traen sin cuidado. ¿Para qué adjetivar con elegancia si podemos darle a nuestro interlocutor unos cuantos golpes bajos o gritarle directamente en el oído cuando nos increpa con unos buenos insultos de uso cotidiano? Mejor que adjetivar, entonces, es subirse a la parra de las emociones verbales indiscriminadas, acercarse con intimidación y alevosía al contrario y no mover las manos, pero darle a la tecla del volúmen y practicar los otros registros que ya todos conocemos.

Y qué pasa con el bueno del eufemismo, los adverbios de modo, el understament... qué sé yo. Pues no pasa nada, está claro que preferimos darles en la cabeza a nuestros interlocutores, antes que hacer bailes de salón con las palabras. Mucho mejor un buen parloteo simplón antes que una chinada. En las distancias cortas todo pasa por un enunciado más o menos rotundo con aire ramplón y basta, algo con que sacudirle la estopa al pupas y ¡por favor! nada de estructuralismo. A la hora de comunicar con nuestros semejantes, nos gusta la polca, la camorra, pegar la hebra a la vieja usanza, sin remilgos ni contrafiguras gramaticales, y cuando nos toca hacer el discurso, nunca estamos por la labor. Pensamos que los eufemismos son mezquinos, son para los alemanes, son la parte por el todo, y eso no es español; y los adverbios de modo ¡por Dios! qué extravagancia, en los tiempos de Nicolas Eymeric (Manual del Inquisidor) a esos pringados los quemaban en la hoguera, son como los tirabuzones o los tea pot warmers, en España no calificamos los modos, somos verbales y expeditivos, y no andamos con mariconadas.

No nos gustan las palabras, sólo nos gusta hablar. En realidad, la mayoría pensamos que éstas son un obstáculo a superar. Y eso no sólo incluye a afásicos y otras especies afines con incapacidad para realizarse oralmente, sino a escritores, oradores, políticos profesionales, catedráticos, abogados del estado y otras criaturas a las que se les supone convenientemente adiestradas para la comunicación verbal. Más aún, nuestra relación con el lenguaje podría ser un problema de salud pública, además, según se mire, de un cuestión de estado, un tema de descrédito nacional al que no atribuimos ninguna dimensión.

En el mejor de los casos, no vamos más allá del choteo y la pesadez, y desde tiempos inmemoriales lo nuestro parece ser la rima, los tópicos y el churriguerismo analfabeto, un decorativismo espartano de iglesia de pueblo, y los acentos. Llevo más de veinte años revolcándome en el fango de una oralidad plana y sin esfuerzos, aguardando inútilmente por algo así como un resurgir sintáctico o el milagro de los peces y los panes en esta jerga para minusválidos culturales que es el castellano escrito o el discurso social en nuestro pequeño pais de zonzos y zoquetes literarios. Nuestra mejor lengua escrita es por lo general importada, o viene de una pasión personal, y del mundo desconocido de nuestros *rara avis* del discurso histérico pero bien dotado (pienso en Cid Cañaveral o Cardín). Y la mejor oralidad, ya saben, escueta, firme y premeditada, aunque extra-académica, siempre la he encontrado en el campo, entre paisanos de Extremadura o Almería, o entre peones andaluces o payases catalanes...Una lengua dura como piedras de moler, provocadora o indecente, dependiendo de la geografía. En los centros urbanos seguimos pensando que el futuro es la rima, como la alta velocidad o los carburantes etílicos. Las rimas consonantes o asonantes, da igual, incluso las rimas mentales, un discurso consensuado y predecible creado por generación espontánea y que existe sólo por afinidad. Estamos a perpetuidad reñidos con la abstracción y la elegancia, somos los últimos españolitos achaparrados desafiando con nuestro cánticos a una escritura periodística más o menos universal cada vez más tudor y refinada, sólo susceptible de ser descubierta cuando *Dei gratia* podamos leer en otras lenguas.

Por aquí, mientars tanto, seguimos adocenados y galaicos, parlando una lingua muerta y supina, toda ella tocinera y de cuartos traseros. Con sólo un filosofo uno, y una superpoblación de sebosos parlantes y decenas de miles de pequeños empresarios autónomos, estamos condenados para siempre al peor ostracismo y a nuestro ya bien conocido y rocambolesco escenario de lenguas, acentos y chirigotas.

Porque eso sí, si hablar o escribir como lo hacen en Francia o en el Reino Unido no se nos da bien, dense una vuelta por Cádiz en febrero, o hagan una visita rápida a cualquier barriada, o a una aldea gallega, o a una ikastola, o más fácil aún, hágase el gran tour de los acentos ¡Sí señor, eso sí que se nos da bien! De hecho, todos los tienen, no hablan igual en Sitguna que en Jutlandia, en Manchestar que en Torbay, en Boedo que en Palermo. ¡Cristo no! Si en el resto del mundo los acentos son como etiquetas de fabricante y detallan nuestra ascendencia psicogeográfica, en casa las cosas van todavía mucho más lejos, se refieren a nuestro universo particular pero son también como la blue print de buena parte de la cultura idiosincrática local. En España (en Cataluña o Euskadi da la impresión de que los acentos están descatalogados y no suponen ningún compromiso cultural) es a través de los acentos que uno construye inconscientemente su propia episteme y la de sus vecinos. Hablar con acento de Cadiz o de Badajoz, de León o Valladolid, determina de antemano buena parte de todo el discurso cognitivo y marca con una precisión viciosa los límites de la perfomance lingüística.

Más que las lecturas, más que el expediente académico, más que los rasgos personales adquiridos (el origen íntimo de nuestro discurso), más que los idiolectos de clase o de gremio o profesionales, el acento es uno de los responsables, de alguna manera, de moldear el pensamiento junto con el habla.

Quizás usted diga que es estúpido y reduccionista y que no tiene ni pies ni cabeza, que uno puede recitar los números pi y ser más listo que Bill Gates o Bobby Fischer, y tener acento de La Gomera o el Portiño. En Inglaterra hay más de doscientos acentos identificables, y fuera aún más, podría decirse. Y en latinoamérica, el castellano conoce tantas acepciones como pelos tienen en el culo, es tan versátil y frenético y delirante y estrafalario que pone la piel de gallina. No, las cosas nunca son lo que parecen. Recapitulemos. En Latinoamérica, más que de acentos se trata de verdaderas lenguas, es el mismo idioma hablado en docenas de formas diferentes, diferenciadas y normalizadas en diccionarios nacionales, pero en ningún caso intercambiables. Nacen de un tronco común pero cada una sigue su propio camino. No hay solución de continuidad entre Cortázar o Sainz o Gudiño Kieffer y Rulfo o Asturias o Cabrera Infante. Las hablas hacen fronteras, y cualquier sensación de unidad o de identidad compartida es ilusoria.

Los ingleses, en cambio, tienen acentos, y por debajo de todo, una received pronuntiation que los habilita socialmente, los prepara para ser recibidos en sociedad. Pienso que para ellos el acento es el último reducto del prejuicio, y que no hay nada que nos protega contra la discriminación por un acento gracioso, y que la pronunciación es una fuente inagotable de esnobismo y desprecio. Y que mientras los americanos tienen, de norte a sur y de este a oeste, sus propios acentos regionales, los ingleses se han pasado años enforzando un inglés standard que no es histórico, y más que un acento es una manera correcta de pronunciar vinculada a los deseos de distinción siempre tan suyos. Y que probablemente tengan sus orígenes en los desplazamientos de población del S XVIII, y la necesidad de una *lingua franca* que funcionase más como un código de estatus laboral, y protegiese del lastre y los inconvenientes de los espesos acentos locales. Hoy, los ingleses se debaten entre la RP y el nuevo Estuary y el revival de los acentos, a causa de la irrupción de un nuevo behaviorismo cultural relacionado con los orígenes históricos, mientras que el old aristo se ha practicamente extinguido.

En España, las cosas son diferentes. Primero, deberíamos decir que carecemos de segundos acentos, y que nunca ha habido una RP que nos garantizase alguna credibilidad, excepto por un castellano clase media urbano de libre circulación y apenas normalizado. No parece que hayamos pasado por ningún darwinismo social en el camino a un acento común que gozase del suficiente prestigio y atributos, susceptible de ser exportado como modelo. Por el contrario, me atrevería a decir que siempre hemos sido objeto de burla en cuestiones de perfomance lingüística, y que muchos han encontrado nuestro caló un tanto infantil y obtuso, cateto y poco diferenciado, algo digamos emponzoñado y como faux cervantin, y que cualquier pelacañas senderista del departamento de Ayacucho habla mejor castellano que nuestros correosos académicos. Y que en materia de comunicación seguimos siendo incompatibles por diversidad lingüística y por la presencia de intensos acentos y léxicos divergentes y fuertemente implantados. Segundo, que la diversidad y el apartheid verbal están garantizados en este exasperado pais tan lleno de *causas insignis*, de sectarismos y patriotas locales, y que el mundo de los acentos se ha convertido por encima de la política, en nuestro credo personal. Y que en estas guerras carlistas de hablas tan enjundiosas, la suerte está echada según uno hable un gaditano sinuoso y aspirado, o un extremeño de gleba con aires indianos, o un soberbio andaluz señorial de capa y espada, agudo e ingenioso, un tesoro para los antropólogos fonéticos, o un castellano puritano, pedante e isabelino, un habla austera con sobrepeso, o los acentos de segundas lenguas con los que nos castigan gallegos, vascos y catalanes, dificilmente ajustados y pobres de vocabulario, un esperanto de BUP, un modesto pidgin para paletos bilingües heredero directo de la escolarización españolista.

Las hablas nos traicionan, improvisan discursos secretos a nuestras espaldas, nos divierten, nos desconciertan, nos segregan, nos dividen... y a veces nos sentimos perdidos en una maraña de léxicos provinciales o comarcales, de aldeas o barrios, en una anarquía de voces anterior a la revolución industrial. Se dice que si hablas como un gaditano pronto pensarás como él, y eventualmente te convertirás en uno de ellos. Y es sabido que las hablas proscriben ciertas palabras y formas y moldean el carácter. Todavía nadie se ha planteado si eso es bueno o malo, seguimos, como en tantas otras cosas, abonados a un *laissez faire* espontáneo y desvinculante, somos una panda de sedentarios sectarios, caprichosos y encapsulados.

Los ingleses, recordemos, han abandonado hace tiempo el old aristo, y abandonan ahora el RP por un revival de las voces autóctonas y un nuevo acento (Estuary) adaptado a las nuevas profesiones (PRs, programadores, gente de televisión, agentes inmobiliarios, modelos, actores, agentes pop, DJs, casting crowds, etc) que tiene todo lo que hace falta, es repetitivo, cobarde, vicioso, oportunista, cunning, demanding, tarty... perfecto para los medio-educados y las muchedumbres, es gregario y colectivista, y mestizo, adecuado para acomodar acentos y sintaxis de inmigrantes. En España, sin ningún pasado RP u Old Aristo, seguimos prendados de los ruidos vernáculos que produce cierta psicogeografía de marras, y pegados como moscas a nuestro léxico de vecindario, mientras quizás estemos inventando al mismo tiempo (en tv) una nueva habla expeditiva e incruenta, light y esterilizada, para pequeños semianalfabetos castizos infantilizados y tv-descorticados.

Espadachines y paletos...y nuevos españoles

No disponemos de muchas entradas en nuestro Diccionario Enciclopédico que hablen de idiosincracia y perfiles conductistas, la personalidad del español es todavía materia reservada. Abundan los tópicos de uso corriente entre extranjeros, pero de puertas para adentro el juicio se suspende, salvo cuando se trata de sectarismos o animadversiones políticas. Si hablar mal de nosotros mismos es moneda corriente, y hablar bien, una autoindulgencia consentida igual de frecuente, lo que nos falta es el sujeto, un laboratorio y una cobaya en donde poner a prueba, si ustedes quieren, los riesgos clínicos de una personalidad se diría que desgraciada o al menos convenientemente inestable. Para eso, miraremos sin mucho interés lo que fuimos, un pastiche histórico hecho con los trozos de los lugares comunes del pasado, y luego la etno-ficción de una identidad en ciernes, un perfil todavía por descubrir mucho más agraciado para neo-españoles holísticos de nuevas tendencias.

Nos falta literatura, es cierto, pero tenemos documentos gráficos y algo de narrativa oral. Antes había espadachines y paletos, panegiristas sutiles con gafas de concha y un montón de vasca sin un escudo o un maravedi, un fondo doméstico para los cuadros de gloria y los retratos piadosos; y luego estaba la aristocracia, cortesanos, clases dirigentes y los capitales off shore. Antes aún había beatos y capitanes de navío, armadores en Sevilla y Cádiz, y una ralea de conquistadores a caballo con armaduras de planchas de acero, petos y culeras y sobaqueras, curas liberales, soldados de fortuna y colonos cerriles que hacía chirriar los dientes, por no mencionar a aventureros incestuosos y místicos adictos al oro, virreyes y procuradores generales...

Y después de todo eso, hasta no hace mucho, durante el franquismo y la edad de la platitud y la mediocridad institucionalizada, cuando había más beatos y mucho integrismo de salón, y cuando la traición se solapaba con la doble moral, teníamos intelectuales marchadores de bajos recursos que daban verdadera pena, y una multitud de siervos de gleba a lo Camus, y centenares de miles que se daban el raje en busca de nuevos horizontes y terapia colectiva. Y luego, cuando el franquismo se hace inconsciente, el ímpetu y la furia de un nuevo animal democrático impaciente y atropellado, que después de saltarse todos los protocolos se ha puesto a medrar entre los grandes, sin psiconálisis, sin pasado clínico, sin autocríticas, y nos impone un neoespañolismo fallido y auténticamente falso (como decía Asada del yen japonés), financiado por una ralea de nuevos ricos obtusos y desmoralizantes, con toda su caterva de secretarios y plumillas del canon, y al final el aliento fresco de una nueva clase de españolitos de hoy, todavía en el séptimo mes.

Ahora bien, si mezclamos todo ésto en una batidora, ¿qué nos queda? Una mezcla rancia, oscura y algo tóxica. Veámos, una parte de atropología histórica de tiempos de la conquista (pienso que el español feudal era comarcal, y estaba abducido por su señor, el panarabismo, el mozarabismo y el oscurantismo, y no había alcanzado todavía ningún estatus susceptible de ser divulgado); y otra de colonialismo abrupto, autárquico y un punto fanático, a veces ilustrado, a veces incoherente, y con cierta frecuencia genocida; y un poco de siglo diecisiete, fulgurante, inolvidable, sutíl y refinado, y un poco de la pasarela de Ala Triste, de pitanza, de cordero, cochinillo y judiones, y de nobleza castellana; y dos partes de guerra fraticida, de buen maniqueismo hecho en casa, de buenos y malos, de castizo-fascistas y republicanos, y unas gotas de nuevas tendencias, impracticables la mayoría de las veces para criollos y peninsulares, un papanatismo *in vino veritas* que se ha bajado de la red, con la misma ligereza que hoy se implantan células madre, una actitud relajada, descontraída y hedonista, que nos trae de cabeza; y algo de especies locales, como no, la curcuma y el gengibre de los nacionalismos crónicos y de los subliminales...Una mezcla que es como el lado oscuro de nosotros mismos y nuestros primos de sangre.

El problema de la identidad (y de cómo se expresa) es para nosotros y por motivos que ignoro, recalcitrante. Otros se la pasan bien, por así decirlo, con su identidad nacional, nosotros estamos jodidos, obsesionados con la falta y el exceso de corporativismo patrio, y no hemos encontrado tiempo todavía, desde los tercios de Flandes, para darle a les espagnols, como dirían los gavachos, un barniz mondain.

A veces me pregunto cómo eran las cosas antes, ya saben, en los tiempos de Cortés, Pizarro, el marqués de Pescara... o luego, en pleno y último acto de cómo perder un imperio en quince minutos y no darse cuenta. Me pregunto si seríamos entonces valientes y formales, si tendríamos buenos modales a pesar de ese desafortunado detalle de la expansión colonialista, si seríamos más austeros y contenidos, más parecidos a ingleses y franceses, y si estaríamos de verdad homologados en el concierto de los grandes poderes, si tendríamos en usufructo un modelo de época más o menos compartido que nos libraba de nuestros pecados originales. Pienso en espadachines, pequeños nobles sin credenciales, elegantes e ingeniosos, vestidos como leyendas. Y en grandes navegantes como Alonso de Ojeda y Mendaña, y en aventureros bajitos con armaduras italianas y ese aire estoico y ensimismado de pueblerinos pendencieros, escoltados por frailes integristas con cortes de pelo y franela marrón, y una troupe vetusta de notarios y burocracia de palacio.

Y pienso en la España de mis padres, terrible, estéril e insoportablemente autóctona, y en españoles con boina y zapatillas de esparto, embarcándose con latas de sardinas y chorizos curados asturianos, y otros con pantalones de tiro alto y bigotillo fino, y un bizarro carácter hormonal que nos haría por mucho tiempo exóticos y enigmáticos en el amplio panorama de las culturas anfitrionas. Y pienso en mis frágiles padres, seudo-exilados y políticamente correctos, enormemente tímidos en el descarado *outback* sudamericano, representando el papel del buen español interruptus, y desposeídos para su propio bien, y durante casi cuarenta años de exilio voluntario, de sus verdaderos atributos.

Y pienso en mí, con cuatro años, todavía en estado larvario, tocado con un sombrero marinero blanco y un peto con grandes botones de nácar, enjuto e instintivamente satisfecho con mi cuasi completa deserción del viejo pais, intrigado y obsesionado de una manera infantil por los nuevos horizontes, un frágil marinerito a lo Visconti embarcado en el Lavoisier con destino a una península muy Nueva Inglaterra, casi deshabitada y mágica, perfectamente adaptada a su aún pequeño pero libre espíritu. Y pienso en las nuevas generaciones, en las nuevas camadas de microservs, en los ejemplares autóctonos de una especie universal conductivamente manipulada, y en colegas que no han desconectado ni un solo dia de sus puertos, y que no titubean en gastarse ciento ochenta pavos en unas zapatillas Munich, y en otros neo-españoles, por fin, agraciados y prospectivos.

Confieso que no sé por dónde pillar todo ésto. ¿Cómo eramos antes, cómo somos ahora, cómos seremos en el futuro? ¡Qué potaje! Bonita castaña nos vamos a dar con toda esta puesta a punto del carácter nacional. Con excepción de algunos anticuarios como Gutierrez Solana, Diaz Viana, Sánchez Albornoz...y del único enciclopedista antropológico español de marras, también conocido como Sánchez Dragó, nunca nadie se ha sentado a hacer la síntesis de nuestra identidad colectiva. Supongo que el instinto de supervivencia nos ha mantenido a distancia de cualquier eventual crisis de valores, y de la visión directa de lo que realmente somos.

El panfleto que nos ocupa es un claro y desconcertante esfuerzo en esta dirección, pero si quisiésemos hacer un esbozo rápido, impresionista y falsamente historicista, irresponsable y sacando partido de nuestros mejores prejuicios, el reultado sería no un Cosmopolitan o un Negroni, ya saben, dos cl de gin, martini rosso y campari, y todo bien agitado, sino un copazo, un licor rebolludo y tumbacuartillos, destilado en casa. Somos un trago fuerte para el resto de los mortales. No participamos de esa reticencia, descontracción y suavidad consensuada que circula por el extranjero. No, no nos hemos abonado a ningún club metodista de buenas costumbres, ni a un programa de valores morales estandard. Pertenecemos al primer mundo, sí, pero somos una especie emergente, apenas anotada y a punto de ser, de una vez por todas, normalizada. Hemos dejado de ser los neanderthales de Europa, para convertirnos en una especie protegida de portadores de genes.

Pero apuremos el trago y entremos en materia. Para empezar, sepan que lo que aquí se diga no nos compromete a vaticinar ninguna figura colectiva, o dicho de otro modo, nada nos convence de que se pueda hacer algún vaticinio. Somos una cultura precaria en plena transición hacia formas menos rotundas y más consensuadas, hacia adentro y hacia fuera, con una especie de laicismo no nacionalista que no debería tardar mucho más en imponerse, aún al precio de nuestros mejores atributos específicos. Quizás en el pasado fuéramos como aquellos conquistadores recios y empecinados, embrutecidos por una beatería de supervivencia y obsesionados por la pasión del oro, del enriquecimiento fatuo y espontáneo que no exigía pruebas de inteligencia, quizás fuésemos así de palurdos y desnaturalizados a la hora de las dietas y los códigos morales, tan vastos y deslucidos como nos representan las crónicas y el cine latinoamericanos. O tan ridículos y despistados y brutales como los actores de los documentales dramatizados del History Channel, españolitos recortables con nombres como Cabeza de Vaca, sacados de las aciagas páginas de la conquista de la Florida o Nuevo México. En cualquier caso, siempre la comedia romántica o el genocidio, o el indigenismo bobalicón, ninguna visión etnológicamente austera de aquello, ninguna sociología de la conquista que arroje alguna luz sobre nuestra identidad histórica. Mientras ingleses y franceses siempre han disfrutado con las puestas en escena de su esnobismo cortesano, sus hazañas militares, su finesse y expansionismo ilustrado, y de la anglofilia generalizada, nosotros hemos sido los parientes pobres, los vocingleros y tocineros, los espontáneos de los cojones y los atropellados imperialistas de quince minutos. Y luego hemos sido, aunque más bajos y vellosos que Vigo, espadachines de oficio a sueldo de la administración, pequeños y exquisitos mercenarios introspectivos con una historia laboral de treinta o cuarenta años, silenciosos y tenaces como emigrantes gallegos. Y hemos tenido que esperar a Perez Reverte para para disfrutar de alguna dignidad *ex dono* en nuestro ya pesado anonimato del diecisiete. ¡Por fín un héroe arquetípico, ya saben, rubio y con sombrero de ala ancha con pluma y encaje, entre tanta austeridad oficial, por un lado, y tanta cultura de masas y chirigota, por otro!

Y luego hemos sido emigrantes, como hoy los magrebís o los ecuatorianos, bajitos y cerriles, despechados y enigmáticos, como siempre que se emigra. En Francia, en América, en el Reino Unido, en Rusia... o hemos cruzado nuestras provincias, como Aníbal los Alpes, para hacernos huéspedes en extrañas culturas rurales de subsistencia, inventando un mestizaje del que pocas veces se habla seriamente. Así como los ingleses tienen jardines urbanos para enterrar la furia, nosotros emigramos. Lo han hecho los italianos por motivos similares, pero con tal voluntarismo y fuerza ideológica que han terminado metabolizando a sus anfitriones, creando allí por donde iban un mestizaje fresco y excitante. Nosotros hemos emigrado por desplazamiento o por represión, nos hemos puesto la boina, pillado el atillo, hemos puesto a nuestras mujeres los burkas del integrismo paleto y nos hemos largado, oscuramente, acarreando pesado bultos de frustración, inseguridad y conductas inhibidas. Y una vez allí, en el extranjero, en el jardín del Edén de los olvidados o represaliados, hemos seguido siendo exactamente los mismos, un poco más relajados, pero los mismos, un grupo nostálgico inconexo y desafectivo, dispuesto a desaparecer en aras de un mestizaje de sacrificio. Y aquí no acaba la historia, si emigrar es un acto de desaparición, la vuelta a casa del hijo pródigo de la parábola, es el remake de una vieja fábula retrospectiva, y un ajuste de cuentas con los malos. La maldición, mucho me temo, sigue en la familia.

Y luego hemos sido lo que ahora somos, a saber, una colonia espacial cortesmente ninguneada o subestimada por la confederación, asomada al balcón de Europa como un ramillete de folklóricas o una subespecie con toda clase de ejemplares singulares, o una democracia bananera con dos cojones, o una cultura moderna inédita, una nueva cepa bioespeleológica, una nueva manera de ser genéticamente correcta, una población de bioespecímenes puros contra la normalización y la psicología de masas. ¿Qué somos entonces, paletos o espadachines, o quizás una mezcla de ambos, o una super-especie protegida con los cromosomas adecuados para salvar a la humanidad de la necedad y el tedio de la despersonalización? Quizás al final seámos los guardianes del instinto, los guardianes de la llave, los terroristas suicidas de Al-Aqsa genéticamente manipulados... Y nosotros sin saberlo.

No sabemos quiénes somos. Nos falta un Eric Jacobs o un Geoffrey Gorer o una Kate Fox, o un Betjeman, pero no podemos dejar nuestra identidad nacional en manos sólo de algunos novecentistas y de Sánchez Dragó, o de ingleses con segundas residencias en Málaga o las Alpujarras. Necesitamos una buena dosis de autocrítica y mucho trabajo de laboratorio. Lo cierto es que nuestros niveles de producción cultural son bajos, hemos creado una sociedad intelectualmente ociosa y muy comunicativa, aunque mal orientada. No hemos escrito casi nada serio en los últimos años, y nuestra etnología de andar por casa está por los suelos, junto con nuestros índices culturales. Somos unos adolescentes desorientados con problemas de conducta y malos hábitos, y sin modelos de rol. Somos cargocultistas de media docena de valores importados, nos gustan los enfrentamientos vanales, el cotilleo, la descalificación y la mala disposición como única estrategia, y detestamos la afabilidad y los buenos modos. Sin autocrítica somos todavía una sub-cultura obtusa y en ocasiones, sin ánimo de ofender, hasta un poco prescindible.

Empezar a pensar la gramática de nuestra conducta es, tal y como pintan las cosas, una intervención de primeros auxilios, un acto de supervivencia cultural. Dejemos atrás el orgullo de aquella pesada impronta y toda la animosidad, y seámos, una vez más, menos autoindulgentes y un poco más negativos.

3552 Don Quixote

Como con Level 42, tengo que decir : "looking back is so bizarre...and it runs in the family". Sí, cuando miro atrás es todo tan extraño y onírico, los valores familiares, nuestra endeble y poco arraigada herencia provinciana, las otras costumbres a veces brutalmente adoptadas, la impaciencia por construir con los restos de una idiosincracia precaria una nueva identidad fácilmente reconocible que agradase a nuestros nuevos y voluptuosos anfitriones... todo.

Como ya habrán notado, esta pieza (igual que las demás) será escrupulosamente autobiográfica. Hablará primero de la rareza de irse, y luego de la de reconstruirse, ambas igual de necesarias e improrrogables. Al final hablaré de esos españolitos playfull, jocosos y sobrexcitados, en el cinturón de un minúsculo asteroide en una galaxia desconocida..."sons and daugthers in hot water".

No tengo muchos recuerdos de cuando nos fuimos. Salvo por un renuente álbum de fotografías, escaso y lleno de tópicos, como casi siempre los álbumes familiares, no dispongo de demasiadas historias verbales sostenibles, ni de otros apoyos iconicos. El relato familiar suele ser anecdótico y repetitivo, y me deja, una y otra vez, en un estado de pérdida. Entre las fotos, sin embargo, aunque muchas parezcan restos del No-Do o Juan de Orduña, hay verdaderas joyas capaces de congelar espacio y tiempo de una manera especial. Fotos tan elocuentes que me imagino serían capaces ellas solas de sostener una narrativa autobiográfica completa.

Veámos un poco el story board: un barco francés de dos chimeneas, tripulación italiana, emigrantes de centro Europa, húngaros, alemanes, suizos, españoles... Las aguas de la ría de Vigo y un día inesperadamente soleado, una madre jóven y esbelta, de rizos castaños vestida como Ava Gardner en Las Nieves del Kilimanjaro o Mogambo, y pegado a ella, adherido como un percebe, como un mono joven, una larva de cuatro años de ojos marrones e incisivos de roedor, hipersensible e inquisitivo, vestido de marinerito como en Muerte en Venecia. A partir de ahí, veintitantos dias de navegación atlántica, anodina y al mismo tiempo desbordante, para un jovencito sensible lleno de expectativas. Un océano inmenso habitado por monstruos marinos y naufragos inquietantes, mezclado con una vida a bordo que imagino afectuosa pero inhóspita y desconcertante. Tercera o cuarta cubierta, segunda clase, baños colectivos, y camarote compartido con la prima hermana del Dr Menguele, o alguna otra de la misma cuerda. La alemana era buena gente, y ayudaba a mi madre a escapar del apetito voraz de los tripulantes italianos. Con el tiempo, el macho italiano se convertiría para mí en un depredador en celo, exótico y poco interesante. Yo pasaba buena parte del dia en los lavabos, disfrutando de la escasa soledad y el aislamiento furtivo que éstos me proporcionaban. Luego me quedaba en cubierta, fascinado por la algarabía de adultos desquiciados en tren de abandonar los últimos trazos de sentido común, comiendo pan con chocolate que me obsequiaban los oficiales más lascivos, y mirando aburrido los peces voladores. Comer fue ingrato hasta la adolescencia, creo recordar que prácticamente no ingería alimentos o terminaba vomitándolos. Me sentía víctima de una dieta nefasta que en silencio consideraba, por no decir otra cosa, inadecuada. Desde la más tierna infancia ya era un poco, cómo decirlo, kosher, un filosemita espontáneo, y tenía mis propias reglas dietéticas. Recuerdo a mi madre decir que guardaba un par de chorizos en la cabina, que para los españoles eran algo así como el pan de lembas de los hobbits, el pan del camino. Imagino también el cruce del ecuador, alcohol y cacahuetes, todos bailando junto a la piscina con música de Natking Cole o Hank Thompson, y a la alemana dando consejos a mi madre en su lengua de la tierra media, y que me convertitía a tan tierna edad en una especie de lingüista precoz del Círculo de Praga, y en un amante apasionado de los idiolectos personales. Al final, aquél cruzero curioso y predecible, como todos los que haría después, terminaría como una falsa aventura, nada de Verne o Salgari, nada de aquellos aventureros chovinistas con los que ya empezaba a aficionarme, sólo un poco de vida corriente y vulgar sobre las olas.

Llegar, en cambio, fue un asunto mucho más serio. Aquello era steak and kidney. Un tipejo delgado y crítico y ocasionalmente repugnante, soltaba anclas en las indias occidentales. ¡Atentos a la jugada!, todos las peques indígenas podían ir echando mano de sus faldas de fibra, por no mencionar a los fulleros y a los políticos locales, aquél inofensivo preescolar venía ya dispuesto a hacer sus despachos de guerra.

Primero fue el paisaje, como en la península de Coromandel o Martha Vinyards o Apollo Bay, tan amplio y luminoso, una luz griega o africana sobre un fondo Nueva Inglaterra, bosques de coníferas y eucaliptos e interminables playas de dunas, ladrillo cocido, piedra, madera y un montón de kilómetros cuadrados por elector. Nunca hubiera imaginado un espacio vírgen como aquél, un jardín salvaje subtropical hecho a la medida de un Rousseau infantil de las rías altas. Después de la hirsuta y grisácea y postbélica provinvia española, aquello era como llegar a Nueva Zelanda, a los anillos de Saturno. De aquél impacto sublime, de aquella sensación primigenia de descubrir nuevos mundos, todavía hoy no me he recuperado. Era la magia de largarse a las antípodas, el viaje al centro de la tierra, tomar por viento, un universo desplegable que se abría sólo para mí. Después del agriado vino de bota que degustaba en secreto con el abuelo, mi nueva península de arenas blancas, mimosas, rododendros, buganbillas y animales desconocidos, era como un mundo de caramelo.

Después fue mi padre, el adelantado Pedro de Mendoza, feliz, con cara de Speke en las fuentes del Nilo, comfortable y asequible como siempre, con su distancia y etiqueta inglesa, tan honesto e inteligentemente indolente. Y una bicicleta inglesa Hércules, negra y robusta como una máquina de guerra, que se convertiría de inmediato en un vehículo de supervivencia en aquellos parajes inexplorados. Ambos, la Hércules (podría haberse llamado Aquiles, Héctor o cualquier otro héroe griego o troyano) y mi padre, se convertirían de manera espontánea en mis cicerones, y en el primer contacto con un entorno tan diferente y estimulante, y con los extraños indígenas locales. Mi madre, mucho más versátil y polimorfa, se ocuparía desde entonces y en exclusiva, de la casa, y de lo que podría llamarse nuestra voluptuosa y sobreactuada adaptación psicológica al medio.

Si llegar había sido como un viaje en el espacio, y en mi escala infantil como un Krakauer, como un siete mil, como el viaje del Beagle, y al mismo tiempo el desembarco del sesgo gallego en las antiguas tierras de la corona, adapatarse sería un proceso lento e impreciso, a veces placentero, a veces irritante, como en la evolución de las especies. Americanizarse a tan tierna edad sería algo parecido a una enfermedad contagiosa haciéndose crónica, con sus vómitos y nauseas, la multiplicación celular dentro de los tejidos blandos de un huésped agradable y licencioso.

La escuela fue el primer suplicio, luego vendría el azufre, el plomo y la cera, y al final la descoyuntura de las extre-

192

midades por tracción animal, y que adoptaría la inofensiva apariencia de trabajo asalariado. El canon decía que mejor eso que no haber salido nunca de España. El pequeño emigrante iría haciéndose mayor al tiempo que todo su organismo iba sufriendo inumerables transformaciones. Mi fondo de armario se iría al traste, nada de terciopelo negro ni bordados blancos en el mejor estilo burgués coruñés, nada de trajes de paseo a lo Méndez Nuñez, ni de marinero, en el outback puntaesteño aquello habría sido mal interpretado. La ropa, desde entoces, la compraría mi madre en la tienda de Samuel o en La Favorita, y el nuevo look sería como proletario y suburbano e intensamente acriollado. Y atrás quedarían las zetas tan españolas, y las eyes griegas, y las dobles eles suavemente interpretadas, y aquella fonética ponderada y blasonera que era como una psicofonía del cine de Bardem. En el barrio andaríamos ahora con cuidado en materia de costumbres autóctonas, como el melodrama, las historias de guerra, las parrochas o el arroz con azafrán, y nos dedicaríamos con un renovado entusiasmo a la interpretación de nuevas conductas asimiladas como la libertad de hacer lo que uno quisiese, la lectura y la ingesta de enormes cantidades de carne vacuna con todos sus órganos internos. La pequeña familia entera abandonaría la cosa celta y ceniza por una laxitud griega de Aquiles en su calita de Tesalia, y pasaría largas horas tostándose al sol en una atmósfera todavía saludable y llena de ozono, mientras daba los primeros pasos de su nueva y casi darwiniana relación con la naturaleza subtropical que golpeaba obscenamente la puerta de nuestro apartamento de la calle siete. La madre se enamoraría de las hortensias, las buganvillas, los dientes de león; el padre, del quincho de las lagunas; y el hijo, de los lobos marinos y unos huevos transparentes y los pingüinos que traía a las playa las borrascas del este, entre una larga lista de curiosidades de los que ya entonces sentía como sus nuevos objetos de devoción.

Pero las transformacione más importantes vendrían luego, y serían tan impetuosas y reveladoras como el milagro de los peces y los panes. Para el padre llegaría en la forma de un enorme Plymouth de los cincuenta, y una cuadrilla de taciturnos obreros indígenas que el capital judío le dejaría en encomienda en el balneario, la historia se ocuparía más tarde de convertirlo en una leyenda viva, un director de obra implacable como el acero, un Harry el sucio del primer high rising y el estilo pradera en la Punta. Para el hijo, la mano vendría incluso mejor dada, traería faldas cortas y braguitas de nylon, a Paco Porrúa y los primeros libros de Ediciones Sudamericana. Los gaitas también habían hecho lo suyo en la vecina Troya, en Buenos Aires, que era ya entonces una ciudad mitológica e hipersofisticada.

Cierto es que el proceso de mestizaje no acabaría nunca, pero los clichés habituales de la españolidad apenas sobrevivirían unas temporadas. España se haría humo más rápido que un Mercedes de papél en un funeral chino. El exotismo, la fuerza bruta del paisaje, la fábula -decía la madre- de la abundancia de alimentos, nos mantuvieron a todos en un estado hipnótico de fascinación, por lo demás bastante corriente entre los inmigrantes de la zona. Salvo por los tópicos estrafalarios y seudoreligiosos del casticismo procedentes del archivo familiar, y que en casa se hacían sólo evidentes en Navidades, la España oscura que habíamos abandonado no duraría mucho más en nuestra imaginación. Aquella península arenosa y semi-habitada, colonizada por gallegos y sarracenos, extravagantes aristócratas alemanes y franceses, y judíos de la diáspora, con sus frágiles asentamientos de criollos locales y sus atardeceres de Tanhaüsser, se convertiría por arte de birle y birloque, en nuestro Shangrilá personal en los 35 grados de latitud sur.

Reconstruirse poco a poco después de un choque cultural, a los españoles nos vienen naturalmente, como a los ingleses las colas. Si éstas se forman a veces como las nubes, como un acto de la naturaleza, la aculturación es un proceso terapéutico, una manera de alcanzar los valores medios de una analítica nefasta responsable de nuestras dificultades para sobrevivir según los viejos patrones en el extranjero. En la mayoría de los casos, se pierde primero esa confianza abrupta y la urgencia con la que antes solíamos maltratarnos, en beneficio de una cordialidad rumbona y empalagosa de lo que en el club llamaríamos, en su momento, budismo latinoamericano, dejando la mala leche para casos puntuales (el antisemitismo casual, la tienda de Samuel). La mala leche se convertiría en *tabú* en los nuevos territorios, y llegado el caso, hasta los médicos y oficiales del cuarto batallón de ingenieros e incluso los torturadores, estrecharían filas contra ella. La buena disposición, me agradaría descubrir un tiempo después, era entre los indígenas una marca de naturaleza.

Las concesiones lingüísticas vendrían luego, junto con una tímida imitación de las jergas y la fonética locales. A diferencia de otros, los españoles en el exilio preferíamos hacernos con la cháchara del lugar e imitar a los nativos, y convertirnos en algo así como el tercer sexo del espectro ideológico sudamericano. En ocasiones, el español se cerraba en banda, y pasaba a ser un *rara avis*, un souvenir cultural de anticuario o un arquetipo humorístico, pero eran excepciones. La colonia entera por lo general se acriollaba y terminaba, en el mejor de los casos, en el club español haciendo campeonatos de truco y tortillas de patatas. Hablar como tu carnicero o como los programas de televisión era un objetivo claro, las armonías suaves y los mantras de las letanías locales se imponía a los gaitas malhumorados que habían llegado calados de boina y con ganas de dar la vara a los presentes. Mejor hostiles y mal avenidos que cafres, se había dicho en el dieciseis y en el diecisiete, hoy en cambio se jugaba a las cartas bajas y a los bajos perfiles, a una aculturación rápida con derechos de pernada (metafóricamente hablando), y a hacerse, en cuanto fuese posible, con la función pública, los derechos territoriales y el monopolio del transporte, como en Soweto. Los recién llegados harían buena letra, y cambiarían la cruz y las castañuelas por los pantalones de montar y las cosas del campo o el urbanismo corrupto a la italiana.

Luego cambiaríamos la dieta. En nuestro caso, una selección espontánea de tres o cuatro platos de cuchara (el cocido, las lentejas, el guiso de arroz) sobrevivirían junto con la tortilla de patatas y dos o tres platos endémicos (como el tuétano, los filetes de hígado y la tortilla de sesos) del altar familiar. Desaparecidas las viejas tradiciones seiscentistas de la cocina tardía medieval, los caldos de pote, las escudillas, los platos de cuaresma, las sopas suculentas, el arte de la cuchara y el submundo tocinero del pueblo, entraríamos en el spleen culinario sudamericano no sin cierta arrogancia. Aquellos guisos de pescado y sopas de puchero, el creole de los pescadores del estuario y los hábitos rústicos de la peonada criolla, le parecerían primitivos a mi madre. En cambio, nos haríamos adictos a la ingesta de carne vacuna en todas sus formas, y entraríamos sin demora en el club, una especie de Old St Andrews de las proteínas animales, en un canibalismo amable que era como la impronta de la nueva psicogeografía. Cambiada la dieta, cambiaba también el comportamiento social adherido, y con el tiempo, en lugar de reconcentrados y hostiles sentados reciamente a una mesa castellana, nos haríamos mucho más distendidos y amables alrededor de un fuego de leña chispeante a la intemperie, algo así como las brasas del paraíso para un inofensivo trio calavera recién llegado de las cenizas clericales de la vieja España.

En aquél lugar remoto, en aquél lejano cinturón de asteroides (3552 Don Quixote), en casas de piedra y ladrillo cocido y jardines con barbacoa, los españoles haríamos nuestra metamorfósis en silencio. De capullos y larvas a magníficas mariposas. Algunos incluso heroicamente, como genios en el exilio, harían una obra cultural espléndida, en lugar del tenebrismo que traían de casa. Los horizontes amplios, el cielo despejado, los grandes temporales del estuario, el clima en general, la fauna marítima, la cosa cosmopolita in fraganti a la vuelta de la esquina, nuestros amigos vascos, húngaros, suizos, alemanes o rusos... y una democracia liberal futurista y anticipada, el divorcio, el sufragio universal, la enseñanza libre y gratuita, el descubrimiento de la sutileza, el placer de la soledad y la edad de la inocencia, el oro de las colonias ...¡por fin!, en formas alternativas, serían para un pequeño heterodoxo como yo, una bendición del cielo. Huíamos del minifundismo y del malestar social y del cutre triunfalista y ñoño e incómadamente entusiasta del primer franquismo, y de una cultura de masas que se prometía nefasta, y encontramos allí una página en blanco sobre la que escribir nuestro futuro. Increíble. Eventualmente, la cosa se torcería y se iniciaría un largo e interminable período de decadencia, pero esa, ya es otra historia.

Lo cierto es que en aquél remoto cinturón, una cepa de la diáspora española de postguerra haría casi inadvertidamente todos los movimientos justos para convertirse en una discreta pero respetable cultura huésped, delicada, semisecreta y de corto recorrido, de la que yo sea posiblemente uno de sus últimos ejemplares vivos.

Nacionalismos (Nuevo Springfield o Kosovo)

Podríamos pensar que las reglas de identidad de la españolidad no son aplicables cuando se trata de asesorar nacionalismos. Con cierta frecuencia las nacionalidades de sustitución que viven y respiran a pleno pulmón en el espacio confinado de sus límites territoriales, se definen por oposición o divergencia a la gramática del modelo implantado. Aquí las perspectivas que se abren son más de una: que lo español es coyuntural, que es la fenomenología frustrada de una cultura de ocupación, que es ociosa y no moviliza ninguno de los deseos particulares estructurados en nuestros verdaderos mecanismos de identidad, que es históricamente inaceptable e ideológicamente intrascendente, y que es el fruto raro de una especie aún más rara y de escasa proyección, surgido de una campaña patética en el 49. Otros piensan que lo español es mucho más el subproducto de la reconquista y del imperio, que del maquiavelismo de Franco, y que hay un españolismo dominante directamente emparentado con la realeza europea y otras monarquias constitucionales, que nos rehabilita de los nacionalismos campagnards que concurren en nuestra geografía. Otros pensamos que hay una identidad nacional polimorfa, acumulativa y dispersa, que no es dominante y sí subyacente, y que comparte estereotipos con el resto de los nacionalismos de bajo perfíl que habitan irregularmente la península. Na cabe duda de que las identidades nacionales resultan obvias, nadie pone en duda la vigencia de los sentimientos nacionales, ni siquiera la proyección política de éstos con sus consecuencias naturales. Ni tampoco el voluntarismo ni la adherencia fácil a los signos identitarios que nos son familiares. Como en aquella novela de Roth, pienso que los nacionalismos son como la negritud, pertinaces y resistentes, y que intelectualmente siempre terminan haciéndose evidentes. Me gusta incluso pensar en una España cross cultural y múltiple, futurista, fraccionada y federalista, hecha de contranacionalismos yuxtapuestos, y no por eso ingobernable, sino inédita, multilingue y calidoscópica. Y más aún, me gusta indagar y pegar voces en el mundo desconocido del imperialismo cultural y de los nacionalismos homogeneizantes, íntimos o globalizantes, y de los apasionantes mecanismos de tribalización o los muchos estereotipos globales que nos parasitan.

Lo ya dicho, Nuevo Springfield o Kosovo. Está muy claro, nacionalismos todos o ninguno. Está documentado en el libro secreto del orígen de las especies. Falsos o auténticos estados dentro de los territorios de unos o de otros, y contra la unificación hegemónica, la teoría de las particularidades. Después de la A, la B, es el ciclo de nuestras ambiciones personales amplificadas. Hay nacionalistas, y los nacionalistas de los otros nacionalismos, y están los que no lo son, los mercenarios, los nómades, la peña de los cosmopolitas gonzos, los vagabundos del Dharma, como se decía antes.

Este libro va de eso, de modelos dispersos ligeramente atípicos, y de la naturaleza de la cultura que todos compartimos, de los modelos a los que espontáneamente nos adherimos, y de una españolidad recesiva a veces, y no deseada otras, y de sus reglas de uso.

Antes de que los ciudadanos del Hierro o los nacionalistas forales de Navarra, los neomallorquines, los valencianos, la población árabe flotante y los chicos de Ibiza, antes de
que los chimps de la Fundación Mona declaren unilateralmente su independencia, en España tenemos, por defecto,
varios nacionalismos reconocibles que resultan bastante interesantes. Todos algo atávicos y recesivos, afectos al genoma
y una pizca endogámicos. Y si sucumbimos a la tentación de
nombrarlos, es por aquello de conjurar sus fuerzas de dispersión. Veremos, para empezar, que son auténticos, son tan
reales como los Stuart Mill o Herbert Spencer, como Marx y
Engels, y los movimientos comunales y anarco-sindicalistas
de la Europa del diecinueve, y responden a un deseo colectivo
de reescribir la historia y librarse del viejo orden, del centra-
lismo y la pesadez constitucional de los grandes estados. Basta con echar una mirada rápida a nuestra geografía para
percibir la existencia de por lo menos tres o cuatro sentimientos nacionales de fuerte arraigo popular, lingüística e históricamente acreditados, y de otros tantos comensalismos
fuertemente idiosincráticos y, de alguna manera, competitivos
y diferenciados.

Los catalanes, por ejemplo, un prototipo del mediterráneo occidental, mercantilista y adherido a los valores de la
tierra, y puerto de acogida de la transhumancia comercial de
otras zonas de influencia del Mediterráneo. Sociedad notarial
y fuertemente rural, un poco feudal y señorial, con un histo-
rial de feudos socialmente organizados y benévolos, a medias
entre un renacimiento comarcal atípico, claramente diferenciado del resto del estado, y una sociedad ducal a la italiana.
El pais catalán ha sido siempre como La Comarca en una Tierra Media inestable y de fuertes contrastes. A mi llegada del
hemisferio sur, y después de una larga estancia en la Angry
Island, Cataluña me pareció algo entre una colonia interespa-
cial y una comunidad congregacionalista, un Sillicon Valley
del comercio detallista, pero con el carácter secundario de un

antiguo asentamiento, como una caravana de mormones en un paisaje provenzal o toscano, asimilado de una manera fatalista aunque desdramatizada, a las leyes de la familia y de la propiedad. Llegado de los grandes espacios abiertos y heterogéneos y del cosmopolitismo londinense, aquella era otra de las poco familiares culturas minoritarias europeas. En el complejo y accesorio, aunque nada trivial, mundo de las identidades europeas, la catalana me parecía una cultura austera, bien autogestionada, moralista y disciplinada, rodeada de una preedípica sociedad en gestación, un lugar frio aunque hospitalario y perfectamente negociable, una aldea sueca o danesa bien estabilizada y ocupada con los asuntos de casa, y un oásis de continencia y omisión, anodino y desconcertante, y en ocasiones exasperante, a causa de una personalidad económica obsesiva y ritualizada. Nadie con tres dedos de frente iba a discutir su derecho inalienable a ser diferente y autogobernarse. Habían sido víctimas mucho tiempo del cutrenacionalismo retrógrado y hegemónico, amancebados y reprimidos lingüisticamente, y ahora sólo querían largarse, crear un estatuto que pusiese tierra por medio. A mi me gustaban los catalanes, un poco campesinos y platónicos y anal retentivos, y con algunos problemas para relacionarse, pero sobrios, cosmopolitas y a la vez comarcales, enamorados de la moral del trabajo, del pecunio y de la administración de los beneficios, y dueños de una creatividad excéntrica e intimista. Y me gustaban los mimos, la plástica, la escudella, el pan con tomate, el gótico catalán, el modernismo, el paisaje ampurdanés, la burguesía, el patriciado rural, algunas calas, la escalibada, Francia, algunos antropólogos, los psicoanalistas argentinos, Pau casals, Monzó, Cardín que era asturiano, Jordi Savall, Agatha, Tirant lo Blanc, Barral, la escritura de Ferrán Adría, la cocina de Plá y Vázquez Montalbán, la escatología navideña, los chuchos de Girbal, el Novocentismo, el ahorro, lo excremencial…"millor cosa es el cagar, que el beurre i que el menjar, peraules d´un caganer en temps que cagava bé". Lo catalán es como una zona de transición entre el tenebrismo castellano y el iluminismo francés, y ha sido dotado para tan insigne tarea de una lengua romance de fácil adherencia y un poco correosa que no se enseña en Berkeley, y que junto con las terceras vias (el radicalismo home made, el okupacionismo y el ahorro, la fábula del cuáquero hacendoso) son un must en la teoría del catalán *bona fide*.

No lejos de allí, en la meseta árida y en las grandes planicies, una casta diferente y hegemónica campa a sus anchas. Los castellanos son los herederos directos del esprit español, y los tipos duros de la península. Viejos jumpers todos ellos del trinitarismo y de la conquista por la fé, son los abueletes de un imperialismo corto e idiosincrático, rústico y puritano y circustancialmente violento, que duró unos cuantos años. Los castellanos, además de una lengua que se vendió bien en las ferias indígenas del diecisiete, tienen en su haber a las starlets del genio español por antonomasia: la farsa, la cháchara prodigiosa, y el oscurantismo religioso. Cierto es que nuestro único modelo exportable no dejó allende los mares un buen sabor de boca. Rancios y envarados o demasiado prestos al mestizaje, nuestros antepasados tardaron poco en acriollarse. América debería conformarse con una herencia vetusta, gazmoña y sofista, y una gran lengua para uso doméstico. Recién llegado a España, con la lengua afilada del mestizaje erudito, laico y afrancesado del Rio de la Plata, el castellano me pareció retro y anticuado, y pude ver con mis propios ojos los tópicos preciosistas de los que hacíamos mofa en el subcontinente renacer de entre las cenizas. Eran austeros y barbeados, tal como decían las relaciones quiché (el libro de los mayas), y tenían un par de ideas fijas en su agenda intelectual. Habían conocido los aromas de una cultura sutíl y refinada, pero habían elegido el ceño fruncido, la obcecación y el manual del español tocinero. Para mí había sido como el tunel del tiempo, salir de allí vestido como los chicos de the hearts club band y despertarse en medio de unos entremeses de Quiñones o en una zarzuela de Fernández Caballero. Lo castellano era como la faja de la abuela colgada en todo el baño, un oscuro artefacto de represión que se ceñia a la cintura. Para un pequeño libertino de balneario, vanguardista, lacaniano e iconoclasta como yo, aquello había sido una sentencia del diecisiete, como un auto de fé "...se le arrancaría la lengua con tenazas, la mano diestra sería amputada frente a la puerta de la iglesia, y después sería quemado vivo en la plaza del mercado a fuego lento...". Me gustaría, en cambio, la sopa de ajo, la tortilla de patatas, el serrano en salamanca, la lengua maternelle, mi apartamento sobre el templo de Debor, los huevos estrellados, algunas bibliotecas, el Parque del Oeste, y poco más. Los españolistas meseteros y el provincianismo ceñudo y poco habitado, me resultarían desde el principio, excesivos y grotescos. Con el tiempo me daría cuenta de que aquello fue una respuesta emocional y a todas luces injustificada, y que procedía seguramente de mi educación jansenista e hispanofóbica, pero el españolismo centralista me seguiría pareciendo folklórico y aburguesado, y con un tufo reaccionario. Para un socialista utópico como yo, que leía a JL y hablaba de la sutura en psicoanálisis, los bigotillos finos, Cristo Rey y los jersey con escote en V, me hacían pensar en los Reyes Católicos, y añorar la revolución bolivariana. Nacionalismos sí, pero aquello era una memez, era tocarle los cojones al personal. Por favor, un poco más de pudor y un poco menos de malestar cultural.

Si viajabas al noroeste en cambio, a las tierras sombrías de los celtas, te encontrabas con otro nacionalismo de bajo perfil, pero igual de rancio y accesorio, y que a diferencia de otros se manifestaba por empatía. Toda aquella cultura local me resultaba escasa, por no decir pueril y circustancial, y no despertaba en mí, pese a mis esfuerzos por hacerme con una identidad histórica, nostalgia alguna. Algo así como los galeses o los celtas de la Isla de Man, como los cajuns franco-canadieneses o algunas comunidades pre-industriales de Nueva Inglaterra, el nacionalismo gallego, dicho sea, apenas perceptible, me impresionó desde el principio como una fábula gulliveriana, unos tipos pequeñitos atando con unas cuerdas diminutas a un gigantón recién llegado a sus costas. Demasiado astutos y taimados para tomarse aquello en serio. Daba la sensación de que antes que el propio, los gallegos preferíamos los nacionalismos de los otros, lo que siempre me pareció de incontestable buen gusto. No obstante, había muchas cosas que sí me gustaban: el pan de centeno, el chocolate con churros, los quesos, la sobrealimentación, las fiestas populares, las playas heladas, las aldeas, la transhumancia, el desapego, el atavismo, la diáspora, el bosque húmedo, el hermetismo, la pequeña burguesía paqueta y remilgada, el románico, el régimen de las mareas, la pesca de altura...su psicogeografía y esa alteridad imperturbable a la que nada socababa, las leyes del silencio. Los gallegos no le comían el tarro a nadie y seguían allí en el molde, en su balcón sobre el atlántico, bucólicos e imperturbables, y a su bola. ¡Ay¡ cómo me gustaban los nacionalismos de bajo impacto, esquivos y más o menos desatendidos.

Los vascos, en cambio, se habían puesto a a gibar y a hacer la barba con su nacionalismo de goma 2 y freakies rurales. Los feos del barrio se habían calzado sus polos negros y pantalones de chandal y se habían puesto a hacer política en las calles, pero con muy mala leche. En esos pueblos escondidos y aletargados, había un antiespañolismo visceral e implacable que llegaba hasta las entrañas de la tierra. Las abuelas, las madres, las juventudes militantes, los pelotaris, los surfistas y los cocineros, todos detestaban nuestra monarquía mesetaria, nuestra corta saga de lánguidos borbones, y a nuestros burgueses cortesanos y paletos de derechas. Y no es que no tuvieran razón, sus reivindicaciones no eran otra cosa que legítimas. Lo suyo sería dejarlos ir, como a los Acadianos o a las especies migratorias, dejarlos correr su propia suerte, y crear una República independiente a su medida, con sus klingos y toda la pesca, con su etnocentrismo y socialismo proteccionista, tal y como dice su genoma, dejarlos abrirse tranquilamente a su ruralidad, su sexismo y sociedades gastronómicas. Había que dejar de vestirlos como chulos y chulapas, o de corto o de monjas zaragozanas, y dejarlos cocer a voluntad en su propio jugo. Esos cabrones llevaban años con las carretas preparadas para darse el piro y seguir su propia linea evolutiva, como con la historia de las especies. No señor, esos chicos no van a entrar en el molde, no están en el rol de mozárabes y proto-castellanos, son harina de otro costal, y lo saben. Cerrar los ojos es inútil, no se puede hacer España contra la voluntad de los españoles, y esos cocinillas están en primera línea, en la línea del frente de nuestros etnopartisanos, y son sólo los primeros disidentes. Somos un pais fraccionado y desigual, y esa eco-hispanidad de marras de la que algunos hacen gala no es más que ficción política. Somos versátiles, divergentes e incompatibles, somos una colonia mediterránea un poco paranoica, malavenida, estresada y tímidamente valcanizada que anhela en secreto disolverse, pero que no puede ni quiere aceptarlo. Ellos, sin embargo, son coherentes y bien adaptados, y tienen allí su propia mesopotamia, son como los amotinados del Bounty, y no van a irse. Personalmente, no lo tengo muy claro. No sé si me gustan los vascos, tampoco sé si me gustan los lapones o los luxemburgueses, los kurdos o los alvano-kosovares, no ha habido suficiente intercambio. Cada uno en su celdilla, como siempre, avispones japoneses y avejas asesinas africanas, cada uno a la suya, pucheros y chuletones, pañuelos de cuello colorados o monteras piconas o panamás cordobeses. Vistos desde lejos, parecen hostiles y vehementes, como una casta de guerreros; y a la vez muy españoles, algo salvajes y físicos y gastronómicos, nobles y obstinados, como marsupiales australianos, como una especie en peligro de extinción. En el futuro quizás todo sea diferente, y estemos en condiciones de hacer nuevos y mejores intercambios, de movilizar nuestros mejores instintos y dejar por fin a esta psicodiversidad nuestra de cada dia campar a sus anchas.

Canarios, navarros, mallorquines, valencianos, asturianos, extremeños, murcianos...la leche, todos taxonómicamente iguales, cohabitamos y somos parte de una biodiversidad casual e indeterminada, somos los mismos pero diferentes, y ejercitamos a diario los privilegios inalienables sobre nuestra polisemia, y la política ha perdido hace tiempo el derecho de pernada y las prerrogativas para inventarse la ficción de una única línea de descendencia, una gran patria sobre todos los macro y micronacioanalismos metafóricos de la experiencia personal. No señor, ni españolistas, ni europeístas, ni partes contratantes de la parte contratada, somos diferentes y reivindicamos una ciencia política que nos acoja (como a las mariposas) diversamente y tal como somos... unos lepidópteros con imaginación y no unos patanes demagogos maximalistas. Más diversidad y menos estados para especies dominantes.

Quizás un dia, como en aquella fábula gouldiana (de Jay Gould), sean los delfines o una sub-especie de tímidas aves nocturnas o los levantadores de piedras de Zuberoa los que manden, y aprendamos de una vez por todas a ver la riqueza que nos rodea.

Abruptness!

Cómo definir esta lastimosa condición de la que muchos hacemos gala en las condiciones de laboratorio adecuadas, por ejemplo en momentos de estrés social, de confrontación o incomunicación, en debates e intercambios de cualquier clase, informales incluso, en política casi siempre, en grandes grupos, en la intimidad familiar a veces, y en cualquier situación que, por oposición, invite a un movimiento de descontracción y a una articulación más sutil de nuestras respuestas.

El viejo Sainz de Robles es, para el caso, elocuente, y nuestro bonito vocablo extranjero podría traducirse como áspero, escarpado, quebrado, salvaje, intricado, rudo, inaccesible... la lista podría seguir y llevarnos de Federico Carlos hasta los mismísimos Laplanche y Pontalis. Los duros *ibéricolopitecus* de este crash course en malos modales y bipolaridad chabacana, podrían pasearse a placer por todo el diccionario.

¿Qué pasa con el personal? Podrían hablar, pegar la hebra, dirigirse al prójimo con el debido respeto, empatizar como suele decirse, co-educar, sacar a pasear las buenas costumbres como hacen los demás, en Dorchester, en Pondbury, qué sé yo, en los Paises Bajos, en el Rhin, en lugar de ir por ahí repartiendo hostias. Basta frustrar sus expectativas más caprichosas, reprimir su conducta inadecuada, para sacarlo de jucicio y obligarlo a defender *sub judice* su caso. ¿Qué ocurre con la panda que se pasa por el forro de las pelotas las reglas de la convivencialidad y buena parte de las normas que protegen la integridad moral, la dignidad, el derecho al descanso o la seguridad vial de los demás? La agresión verbal, la hostilidad, el mal gusto, la discusión ridícula, esa manera hirsuta de volverse contra el sistema por conveniencia personal, aparte de estúpida resulta bochornosa. En un mundo atiborrado de una infinita variedad de recursos formales, esta bravuconada vulgar y amancebamiento forzado con desconocidos es por lo menos un despropósito.

Bromas aparte, no se trata de Pondbury, ni del libro de buenos modales del Príncipe Carlos, ni de su urbanismo utópico, no se trata de un mundo feliz seudovictoriano para rústicos, en realidad sólo reivindicamos el derecho a una convivencia pacífica, a un orden menos vehemente, y el tránsito a una sociedad más de gestos e insinuaciones que de exabruptos o pruebas de carácter para impresionar al otro. Ya saben, un poquito más abstractos y menos locuaces. Por favor, no le den el palo a los pobres con tantos humos y cazicadas, no se sienta usted con derecho a nada por que sí, por tener unos cuartos en Interbrokers, los auténticos ricos no van por ahí dando voces, esos tipos han ganado sus galones en el Actor`s Studio, les interesa la *mise en scéne*, y saben que lo español tópico les hacer perder enteros en el mercado de valores. No, ya no se lleva gritar o mover las manos, ni la fuerza bruta, lo que manda es el budismo laico, no queda nada del costumbrismo español, de ese tenebrismo antropológico que tanto nos gusta y que todos ven como una reliquia del pasado. En el continente africano incluso, en las guerras tribales, te pueden coser a balazos, o privarte de alguna de tus extremidades a machetazos, pero hay algo expeditivo y distante, una meticulosidad lenta, fatalista y despersonalizada, que de alguna extraña manera te permite salvaguardar tu dignidad íntima. Difícil de entender, es cierto, pero lo he visto tantas veces en sus ojos. En cambio, en los ojos de nuestros bullies y machacas no he visto nunca nada, ni un atisbo de coherencia o inteligencia natural. Incluso en Afganistán o Pakistán, en todo el medieval y paranoico entorno islámico, he visto algo de reticencia y contención, un tiempo breve para la reflexión antes de dictar condena. O en la India, en medio de su desposesión y anonimato profundos, y sus condiciones extremas, he visto la calidez y la tolerancia en aquellos increíbles ojos castaños. Hasta en el mundo animal existen protocolos de abstención, una economía de gestos y una cierta clase y saber estar antes de desvíscerar a los congéneres menos capacitados. El orsus hispanicus, en cambio, cuando asume esta condición se hace oscuro y desnaturalizado e incurre, como los babuinos del Cabo o de Gibraltar, en comportamientos imprevisibles y violentos. Hay por ahí, suelta, una pandilla de cabrones despachándose a gusto con el personal.

¿De dónde diablos procede este estereotipo del español medio, contumaz y autoconvencido de que su proceder es siempre oportuno, y que goza de un derecho inalienable a inscribirse en el acta oficial de las libertades públicas, y a codearse siempre que quiera con otros protocolos de rango, herederos, por ejemplo, de las sagas escandinavas o del esprit francés de la Casa de Windsor?

Ésto que hemos dado en llamar abruptness (en honor al multilingüismo *de facto* que algunos promocionamos) podría haber sido considerado antes como un término médico (al igual que nostalgia), un trastorno emocional vinculado a la inseguridad, al sentimiento de inferioridad y a la pérdida de tono moral, en respuesta a la intervención de estímulos externos fácilmente reconocibles. Al español sintomático sumido en esta condición crónica de irritabilidad le jode la formali-

211

dad, las prohibiciones, la histeria aplicada a la norma (algo tan kraut y anglosajon), los enunciados simples categóricos, ciertas sintáxis vinculadas a la abstración y a la perfomance lingúistica, y en general cualquier intento de suspensión de las rutinas (incluído este terrorismo emocional de alto impacto) que le resultan familiares. Se trata de una enfermedad mental simple cuyos síntomas más frecuentes son la hostilidad, la intemperancia, algún grado de desequilibrio físico, y el deseo intenso de recuperar la dignidad personal que el enfermo, en su estado alterado, imagina seriamente lesionada.

En su defensa, el afectado, cuando parece inclinado a analizar su conducta, habla siempre mal del otro (como el terrorista islámico), habla de la pérdida de valores, de abuso, de una fatwa relativizada y caprichosa, de la conjura de los intelectuales, y de un pragmatismo wasp que deja mal parados los valores tradicionales. El buen musulmán de nuestra genealogía saca a relucir su idiosincracia dinástica, feudal, bárbara y autodestructiva. Y en este amancebamiento, en esta ficción infantilizada y promiscua de hombres con túnica marcados por la misma convivencialidad de emociones públicas intensas, unidos entre sí por un must psicológico y una algarabía en lugar de pensamiento abstracto, el otro siempre debe ser inmolado. En el búnker de la españolidad que se manosea los genitales debajo de la chilaba, el español de antes decide que lo suyo es cultural, como los toros o los cohetes de Paterna o la fiesta de los tambores o los tomates de Buñol o la nit de la cremá, que responde a un atavismo sencillo y con un par de cojones que a la gente le priva, y que hay que mirar atrás para reencontrarse con el verdadero espíritu español, y que ese pronto que tanto nos preocupa, no es otra cosa que aquél valor heráldico de nuestros antepasados, el de Cortés o Narváez, esos bongos los llevaban bien puestos. Y dice también que hay que buscar amarres, un poco de nepotismo o amor por las tradiciones, y dar por saco a esos pálidos europeístas, a cartesianos, a conductistas, a los agonías, y volver a las raices del mejor imperalismo chabacano. Vale, podemos aceptar pulpo como animal de compañía, y que nuestra historiografía no esté exactamente a rebosar de neurósis, que hemos malinterpretado los síntomas, y que lo que pensábamos era una enfermedad mental es en realidad un atributro homologado y normalizado, y es parte de la auténtica e irrepetible herencia española, en detrimento de los detractores de fuera y de dentro de casa, de nuestra visceralidad de marras y códigos de conducta aberrantes.

O quizás exista una tercera posibilidad, una hipótesis médica inédita, y que durante los períodos inducidos de abruptness el español se vea afectado por una crisis transitoria, un estado de alteración temporal del que no se siente responsable. Perdido el equilibrio, nuestro individuo se sumerge en un proceso subconsciente e irregular de respuestas violentas, ofuscación y aparente impunidad. Nada importante, apenas un estado de excepción que surge de la necesidad de reivindicar los privilegios de siempre, y de poner punto final a lo que se considera un agravio comparativo, y la violación de un espacio de jerarquías establecidas por él mismo. Una paranoia como cualquier otra, en donde el sujeto motivado por una autoconfianza extrema, produce un tejido de normas y reglas arbitrarias con las que defenderse del principio de realidad. Ésto, que no sorprende a nadie, forma parte del complejo de culpa y de la vulnerabilidad de infinidad de sociedades poco sofisticadas y, como cualquiera sabe, en materia de despropósitos varios, conductas periclitadas, rudezas y melonadas, los españoles somos siempre sospechosos habituales.

La situación es, por lo menos, comprometida. Mientras fuera las culturas más elaboradas compiten por el descontraimiento, por marcar distancias con los demás y quedarse a solas consigo misma y con los suyos, nosotros vamos dando el cante, pegando la hebra sin descanso y marcando paquete, tomando la justicia en nuestras manos, escandalizando como un atajo de perros y gatos en una cristalería. No, no está bien, esa cosa abrupta y degradante no está bien, no somos el jodido Reinaldo de Chatillon. Tanta verborrea y pajas verbales no están bien, ya sólo los negros hablan tanto, y se llama hip-hop, y lo hacen para comprarse sus Dolce Gabanna, sus Zoom BB11 o Liberty Blazer y sus cadenas de oro... y, pensándolo bien, quizás usted también.

He pasado la mañana reflexionando. Primero fue un té indio de masala y unas Digestives, y un poco de Biltong a media mañana, sentía necesario encontrar algún defecto de forma, un indulto para estos pecados veniales de conveniencia que contaminan la atmósfera de nuestro pequeño planeta del toro, algo que cambiase el signo de este zipizape, de esta zupia en el libro de los buenos modales que haría palidecer al Marqués de Sade. Si otras veces parecía que encontrábamos un doble signo para las rarezas, ya saben, aquello de viscerales y noctámbulos y somatizados, pero vitales y alertas y enchufados a las fuerzas naturales, ahora no encontraba nada que nos rehabilitase de tanta mierda y casi completa ausencia de protocolos. ¿Cómo podríamos reconvertir esta bravuconada en un bonito edificio público De Renzo Piano o quizás en un hotelito de Ian Schrager? Podriamos seguir las instrucciones de los propios transgresores y pensar que no hacemos otra cosa que reivindicar una vieja tradición histórica, el primer curso del jurásico en formación del carácter, esa teoría anónima de la hostilidad mal encarada y la agresividad permanentes. O podriamos seguir la hipótesis del trastorno temporal sin consecuencias, un cromosoma en la composición química de una nueva sociabilidad que no tardará en transmitirse por la cadena genética a toda la especie, creando un hombre nuevo alpha obtuso, algo así como un homo malevolus, un tipo con un montón de testosterona para repartir. Quizás la abrupness, para consuelo de algunos, sea un pariente cercano de la mala leche, y todo pueda ser corregido con una low fare a Dharamshala y un doble DVD de Sharma Santoor o Saint

Colombe, y que un dia no muy lejano, todos nos convirtamos en individuos suaves, y lo español consuetudinario en una vitalidad más elaborada y en otra clase de nocturnidad, y en una corporalidad más carismática, por fin en armonía con la autodesaprobación, la moderación y el eufemismo de los ingleses, por ejemplo, o con el apetito de los franceses por el discurso, por la letra del inconsciente, o con la sofisticación de los italianos y su capacidad natural para convertir lo autóctono en bienes exportables. Debemos aprender de los demás, terminar con este período tokugawa, abrir nuestros puertos mentales a los extranjeros y acabar de una vez por todas con tanto shogunato de pega y nostalgia del pueblo. Nos gustaría pensar que vamos por el buen camino, tenemos algo de separación de bienes y primogenitura, bancos de datos, depilación masculina, bombones con especias y los primeros restaurantes japoneses.

Quizás llegará un dia en que esta liturgia grosera sea como una película de Neanderthales, un dia en el que hagamos leña de esa aspereza española tan reconocible, y nos dediquemos otra vez a las sátiras de Quevedo y a tirar de espada. Mientras ese dia no llega, no nos queda si no aguantar a los energúmenos insolentes, a zafios, matamoros, pendencieros y matones de recreo. Y los hay por todas partes, entre los pobres y los asalariados, en las clases medias, entre los nuevos ricos. Y en las ciudades son plaga, como la rata vulgar, y se les reconoce por adustos y mal encarados, por cierto rictus en las líneas de expresión, por su rápida disposición al enfrentamiento y su deseo de categorizar, abrumar al contrario, son unos jodidos duelistas que nunca llegan a las manos, unos cobardes con una confianza demente en sí mismos que no se ajusta a la realidad. Estos mamones quieren duros por pesetas, y su solomillo mariposa, quieren las cocochas de la merluza, el mejor asiento de turista, y acabar bajo par, hablar y que lo escuchen como a Benedicto XVI, quieren elegir primero, y toda clase de privilegios, y mear fuera de la taza, y entrar primero, quieren indultos y su bacalao sin espinas, y que los otros les den jabón… ¡No, usted no quiere ninguno de estos lacios cerca de su casa! Como decía Gill: "Dónde están los hombres-bomba palestinos cuando los necesitamos!"

El buen español

Imaginemos por un instante que los españoles nos dividimos en dos, en opósitos (maniqueísmo que sienta muy bien a nuestra tendencia innata a dividir): zapatistas y pepistas, nacionalistas vernáculos e independentistas, castizos e ilustrados, y que esta división es parte activa en la cosa ideológica española de racionalizar sí, pero sin esfuerzo. Imaginemos entonces que nos dividimos en buenos y malos, en función de lo bien que nos ajustemos a un patrón pocas veces enunciado, que suele ser moneda corriente y aceptado como un billete bancario. Y mal que nos pese, algunos de nosotros, los más desarraigados, los que se fueron y los que se van, los que se largaron en busca de culturas menos cargadas, menos trágicas, estamos en el trabajo de hacer bueno aquél sofisma de Asada ya mencionado que decía que "el auténtico billete de cien yens japonés era falso."

El patrón al que nos referíamos será la figura oculta resultante después de unir con una linea continua los puntos que componen este libro. Un paisaje secreto, a fin de cuentas, que cada uno deberá recomponer a voluntad. El resto me tiene sin cuidado, sólo me interesa esta voluntad de ejercitar nuestro derecho a saber quiénes somos y ver debajo de la máscara el rostro de nuestro proto-españolismo tantas veces sancionado por pandillas de ineptos, como diría Cardín, los Borbones, el cirujano de hierro, y por las pobres huestes del último fundamentalismo español a la virulé.

Lo dicho entonces, buenos y malos. Si uno se da un paseo por la plaza de Lavapiés o por la Casa de Campo en una de esas calientes tardes estivales podrá darse cuenta de que ese tipejo moreno de cabellos negros, o esa morenaza de ébano con las bragas por las rodillas y zapatos de Manolo Blanes, o esa diosa eslava de ojos azul pálido, o ese ecuatoriano chaparro haciendo tándem con pensionistas autóctonos y mirones mal sexualizados, si uno ve a cualquiera de éstos se da cuenta de inmediato que son malos españoles, o que ni siquiera son españoles, lo que es, según se mire, una manera paradójica de no ser un buen español. Un francés o un anglosajón serían también un mal español. Yo sería un mal español, y un catalán también, y Javier Marías, y los que viven en Miami, los expatriados. Fuera de los patrones, estos herejes new age han flirteado con el diablo y hecho pactos con culturas de malos hábitos, con racionalistas y calvinistas, lejos del hermetismo y de los ritos de una conocida y sobredramatizada indigencia intelectual, el caldito caliente de las hormonas de nuestra identidad histórica.

El buen español, en cambio, ¡qué gloria!, ¡quién puede pedir una satisfacción más plena de los instintos primarios! ¡Qué ajuste a los modelos idiosincráticos que aún permanecen inéditos en nuestra memoria colectiva! Para ser un pais que apenas se manifiesta, que dispone de un montón de oralidad difusa pero muy poco discurso intelectual, mantiene especialmente activos sus patrones de conducta, a los que la mayoría se adscriben libre y voluntariamente creando una atmósfera enrarecida de *dejà-vu*. Incluso en nuestras últimas tendencias más o menos globalizadas, perduran ciertos signos de identidad (ya caducos en sociedades más evolucionadas) que se dirían pertenecen a otro tiempo y a comportamientos hoy discontinuados. En este sentido somos como una nación antigua y determinista al que le cuesta perder sus fijaciones, que poca relación tienen con la historia y la nostalgia, y mucha con nuestra obstinación y neurósis. Así somos, poca historia, muy poca herencia y muchas conductas residuales que hacemos nuestras sin pensar. Y el buen español sería por definición aquél que se siente como pez en el agua en este caldito de cocido, en esta sopa añeja de ajo, el jefe de esta ínsula imaginaria a la que todos los españolitos de más de cien libras aspiramos.

Olvidando nuestro origen y sin hacer esfuerzo alguno por hacernos con una identidad, por pecado de omisión a la hora de integrar a los inmigrantes, por ese género dramático que consiste en representarse a uno mismo y olvidar su orígen, nos hemos convertido en una comunidad antigua que ha conservado sus costumbres y formas rudimentarias mejor que la mayoría de vecinos. En el resto de Europa existe todavía la voluntad de maximalizar resultados, de madurar e incorporar rasgos aprendidos, de movilizar hacia tendencias nuevas el lado oscuro de la personalidad histórica, el deseo de ser diferentes (léase mejores), a buena distancia de aquellos patrones que siempre es necesario redimir.

El buen español, como los ingleses montañeros de Kentucky, es un arquetipo involucionista, nuestro Hillbilly personal, que ha sido dejado a solas a madurar sus propios prejuicios. Se trata la mayoría de las veces de individuos retentivos, oscuros, atrabiliarios, prendados de los souvenirs de su pasado ideológico, retóricos, intolerantes, desconfiados, deterministas, maniqueos, maximalistas, conocedores profundos del refranero, moralistas turgentes, inmunes a las mezclas con los otros, y no importa de dónde vengan... suevos, argentinos, ugonotes, ecuatorianos, subsaharianos, magrebíes, punjabis, centroeuropeos... caminan despacio pero seguros hacia su propia extinción.

Antes había tribus, íberos dando tumbos a cuenta de una histriónica y oportunista cultura de subsistencia, o celtas con bellosidades viviendo en chabolas de piedra. Luego vinieron largos períodos de decadencia, unos quince minutos de gloria, y aún más largos períodos de decadencia, y eventualmente se escribieron libros de historia para la enseñananza pública obligatoria, hasta que llegaron media docena de expatriados ingleses a hacer turismo de masas en el Mediterráneo, y pusieron orden en las fichas, a la vez que inventaban, para satisfacción de nuestros cabales eruditos, al buen homo hispanicus normalizado. Ellos saben de qué hablo, son fieles y persistentes, y han comprado por cuatro perras magníficas propiedades en Mallorca o en las Alpujarras. Y si hoy por fin tenemos un homínido castizo y regularizado rumiando desconsolado por dehesas y valles semi-desérticos, bien tipificado y anotado por extranjeros, y con todo su ajuar idiosincrático, se lo debemos a ellos.

Y así estamos, a tientas entre esta visión catastrofista de cierta impronta que divierte a propios y ajenos, y que no deja ni por un instante de ser frívola y condescendiente, el proviso del buen salvaje en beneficio del último europeísmo sanguíneo que le viene de perlas al trhiller de lo politicamente correcto y décesè, y la perspectiva fácil de andar por casa, perogrullera y vanidosa, con la que damos coba a esos privilegios que ya nadie reconoce, a vueltas con el debe y el haber de este conocido arquetipo largamente promocionado con el que algunos ya no queremos tener nada que ver.

Miro a mi alrededor y los veo, parece casi imposible estar a menos de diez pasos de algunos de ellos, van de la vulgaridad a la hidalguía en un sólo movimiento, los hay de muchas clases: gore, naturalistas, vulgares, sofisticados, rancios y beatos, nuevos imperialistas, llámense S. Segura, Almodóvar, Ruiz de la Prada, Perez Reverte, Gala, Manolo Escobar, tertulianos y otros bichos, periodistas, borbones, interinos, deportistas de élite, catedráticos, directores de empresa, autoridades locales, comunidades de vecinos... los buenos españoles son legión, de hecho son muchos más de los que parecen, no están organizados pero dan que hablar, comparten ese determinismo que caracteriza a algunas especies primitivas. Fuera, son vistos con una mezcla de fascinación y perplejidad, y se les invita a fiestas en Hollywood, festivales de cine y conferencias internacionales. Para los anglosajones son como una microfauna autóctona, para los eslavos y centroeuropeos un destino laboral o vacacional, para el pueblo del profeta son como árabes de segunda, aculturados y separados de la fé, y no se les toma en serio. Existe un consenso internacional pactado que los degrada y patroniza de manera refleja, que los hace intrascendentes y triviales, y al final los reduce a una categoría imprevisible, a una especie de souvenir etnológico de climas cálidos.

Mientras tanto, los nuevos españoles, que son minoría o están en el extranjero, ocupadísimos en una larga y gratificante metamorfósis cultural, ya saben, convirtiéndose en diseñadores franceses o deportistas de élite americanos o arquitectos internacionales, o viven como ermitaños en sus propias casas o despachos, pagan por sus pecados veniales en el purgatorio de los españoles desnaturalizados.

Me pregunto si los nuevos españoles procederán al final de cuentas del mestizaje, como casi todo lo bueno, y si superarán los prejuicios de clase por la mezclas con una inmigración descontrolada y marginal, y si la nueva originalidad procederá más del genoma que de los nacionalismos y de los guetos autonómicos, como personajes de Ventura Pons en una película de Almodovar. Nuevos españoles transnacionales contra buenos españoles meta-castellanos (por decir algo), la sorpresa de que en la médula misma de nuestros nacionalismos centrípedos se esté gestando otra identidad, una que combina las esencias por olfato, como si un inesperado Grenouille se ocupase ahora de recrear en el desordenado paisaje de nuestra identidad un novísimo Channel, l'odeur de la Spagne. Un Frankestein agiornado, hecho con partes de otros y empezando a vivir con años de retraso su primera gran crisis de identidad. Imaginar el placer de la descontracción, la inmensa nostalgia retrospectiva, la emoción histórica contenida de ver al nuevo españolito enfrentado por primera vez a una crisis de desarrollo, lanzándose de cabeza al *de profundis* freudiano, a los mundos desconocidos de la autocrítica y el malestar cultural.

El buen español se convertirá entonces en una curiosa especie protegida, como los Ituri, por ejemplo, los pigmeos congoleses del bosque lluvioso. Neutralizado, sesudamente anotado y abandonado a su suerte con un paquete de subvenciones y leyes anti-mobbing, el buen españolito pasará a la historia más rápido que nuestros muertos civiles habituales. Y llegará un dia no muy lejano en el que en la Global Guide de una novísima España, no existan demandas para esta singular clase de prototipos sanguíneos poco formalizados.

Pienso en mis lejanos orígenes y en los de mi madre, tan idiosincráticos y partisanos: Salinas, Oviedo, la Guerra Civil, el exilio interior, la emigración, todo ortodoxo y adaptado a los moldes más costumbristas, y me pregunto como sobreviviría ella a esta nueva iconoclastia y pérdida de los sentidos habituales, y si llegado el fatal momento se encontraría en condiciones de entender el cinismo hedonista y esteticista, y la falta de sutura de su único retoño. Lo dicho, contra el españolismo de tasca y pandereta, contra el ocultismo castellano o celta, una peculiar wikipedia de respuestas rápidas y globalizadas para un especimen sin raíces, bien adaptado a un medio ácido (probablemente inhabitable a corto plazo) y compatible. Es la demanda del nuevo milenio, atroz y aborrecible, para la que mis dos progenitores, como tantos otros, no tienen respuestas. El viejo, fiel a su línea hará mutis por el foro, la madre coraje, tan disidente y telúrica hará un último acto de condena, un gran acto de liberación de energía negativa, algo tan español a fin de cuentas, y nos dejará como es habitual, conmovidos e irritados, y como siempre con los indígenas, un poco ajenos y desinteresados. Ellos habrán sido al menos la típica generación de emigrantes clase media, costumbristas melancólicos bien adaptados, un servidor, en cambio, un mestizo altamente inestable, un modelo de exportación para el futuro, un neo-español, inclasificable quizás, para un porvenir que se nos antoja por lo menos desorbitado.

Unaquired tastes (or why we never get to be snobs)

Hay que darle un buen bocado a ésto, material genético puro, células madre capaces de curar al hétero español de su frustrada búsqueda de sofisticación. Si observamos sin resentimiento la conducta de nuestros buenos socios europeos, veremos el deseo de mejorar estatus via nuevos hábitos socialmente proyectados, gustos compartidos y comportamientos reforzados. Todos ellos coinciden en que hay un nuevo cognitivismo (el pensamiento es igual al tratamiento de la información) en las diferentes maneras de interactuar socialmente, y que está hecho con la harina y el huevo de las poses y los gustos adquiridos. Pasta fresca para los paladares de trepas, asalariados de lujo y ricos emergentes. Ser uno mismo parece privilegio de pocos, y allí fuera, en el reparto de roles, sólo queda la pérdida, el adocenamiento, la vulgaridad de la idiosincracia no corregida, o el juego de las apariencias.

Franceses, alemanes, ingleses, holandeses, luxemburgueses, checos recién incorporados, minorías bálticas... la peña pierde el culo por jugar al juego de los manierismos y la completa ablación de los rasgos naturales, todos se vuelcan con un entusiasmo apenas disimulado hacia el fingimiento y el esnobismo de serie. Ser uno mismo implica un gran riesgo y un coste elevado, y tal como están las cosas, la mayoría prefiere elegir de un grupo reducido de perfiles autolimentados sometidos a priori a cirugía reparadora. Está claro que no es suficiente homologar nuestros cuerpos a los patrones estéticos, es necesario también corregir las mentes, hacernos low cost con una personalidad de intercambio adaptada a los modos vigentes. Nadie quiere arriesgarse con un modelito hecho en casa, con una vulgar identidad doméstica de zampabollos sin producción alguna.

Nuestras culturas vecinas son esnobs. Se han hecho implantes rápidos y se han puesto a la altura de su decoración interior, de sus coches, móviles y colecciones de temporada. Ya nadie duerme en camas, prefieren tatamis o diseños de Peter Maly o Claude brisson. Los hoteles urbanos se rediseñan (con Philippe Starck) y los otros se ocultan en motus o bosques húmedos o sabanas de acacias, y los baños públicos y balnearios se convierten en spas. Y el personal tres cuartos de lo mismo, se ha hecho tan amanerado como la corte de Versailles. En lugar de aquellas conductas personalistas, bucólicas o urbanas y empiristas, se levantan condominios o edificios de oficinas, estructuras curvilíneas o bisutería en titanio, diseñados por los estudios mentalistas *à la mode*, y la última colección de personalidades ergonómicas on lease. Ser uno mismo hoy parece anticuado (o una nueva disidencia sin catalogar, según se mire) y equivale a no tener coche o teléfono móvil, a habitar refugios transitorios como aborígenes, en lugar de auténticas casas Lote o serializadas, o tener tu propio sistema de navegación por satélite. En realidad se trata de no acometer la vulgaridad de nuestro propio genoma, sino de repetir los genomas culturales habituales y no hacer hoyo en cualquier parte, sino hacerse miembro del Cypress Point u

Old Course St. Andrews. Se acabó aquello de jugar a la pelota en la calle como se hacía en los sesenta, en pleno auge del laicismo ideológico, hay que ir al origen de la norma, o al menos dar esa impresión.

Los modelos son muchos y diversos, aunque personalmente favorecería un Mayle o un Hamilton-Patterson, se llevan más las tendencias urbanoides y el eclecticismo fácil, el gastronomismo cuarta dimensión de Adriá y Donatella Versace, el panegirismo, las lacturas rápidas, el distanciamiento cortés, y un aire conspicuo de *me ne frega un cazzo*, y mucho más lo italiano (a lo Mario Batali) que lo francés. Se lleva una especie de violencia expeditiva y sentenciosa dentro de la empresa, la deificación por el trabajo, la mitología política, el sexo promiscuo, el grado cero, la pérdida de valores y el cold play, los negros en política, el imperialismo chino, las nanis tailandesas, las adopciones étnicas... Los modelos son muchos, pero la etiqueta es siempre la misma, el dinero, y sin pasta no hay nada que hacer, excepto volver a la penuria de tu pequeña personalidad hecha en casa.

Eso que antes llamábamos esnobismo y que nos afectaba ocasionalmente, se ha convertido en una nueva pareja de cromosomas, en una conducta adquirida, y no parece posible vivir un sólo dia más en este páramo sin replicarse y seguir el cánon. Los ingleses adoran el esnobismo bien frappé, contenido e intelectualmente correcto, con una buena dosis de actuación lingüística, y anclado en las tradiciones, con creatividad y códigos de clase; los franceses prefieren la ostentación y los placeres perversos compartidos, como parte de un esnobismo con muchísimo vocabulario, onanismos verbales y una buena porción de racionalismo violento y efectos analíticos no buscados; los escandinavos se pirran por las personalidades etílicas, el ecologismo, la buena conducta, los códigos vestimentarios rancios y el ikeísmo como filosofía de vida, junto con las embarcaciones de recreo, las conductas autopunitivas, el suyo es un esnobismo litúrgico de bajo perfil poco detectable, pero que los pone a salvo de su extracción primitiva, de su ruralismo endémico, frio y poco sugerente, del que la mayoría quieren reponerse; los americanos, en cambio, que en materia de esnobismo son como eyaculadores precoces, aprenden el suyo a golpes, y lo hacen en Holywood o en los despachos de sus abogados o asesores financieros, importan toda clase de modelos de Francia, Italia y el Reino Unido, que ponen en práctica torpemente. Hay minorías con un esnobismo propio (de intelectuales, escritores, de ejecutivos con contratos blindados, artistas plásticos y gente del valle de San Pedro) pero de uso restringido, y en general se trata de una etiqueta simple para nerds, bobos y vaqueros. Fuera de los paises industrializados hay esnobismo, el de los judíos, el de la burguesía rural, el residual de las colonias, el racista sudafricano, el de los principados, el diplomático... pero es anecdótico y apenas nos preocupa. En China, en cambio, no hay esnobismo, o hay uno inverso o de gestión indirecta, y no es otra cosa que un modelo futurista de racismo a gran escala, un anti-esnobismo letal equivalente a una bomba de hidrógeno entre los genomas culturales para usos triviales, y que es, en definitiva, el que más nos interesa.

Mientras, en el sur de Europa, en un pais cálido y fragmentado, vivimos una deficiencia formal que nos incapacita para adquirir estatus o para el esnobismo. Ustedes dirán que es una perogrullada, que el pais está atestado de pequeñas y grandes larvas de esnobs mediáticos y nuevos ricos en procesos inacabados de metamorfósis, que el manierismo ha pegado fuerte aquí, aunque con décadas de retraso, igual que el golf o los idiomas, pero se equivocan. Los que van por ahí presumiendo de esnobs son, o intentos frustrados, las partes por el todo, una confesión típicamente peninsular por la que uno no tiene el handicap pero juega igual el partido, o usos espúreos, es decir falsos, de un esnobismo taxonómico de conveniencia importado ilegalmente desde el extranjero. Lo cierto es que somos poco o nada escrupulosos a la hora de detectar originales, y probablemente uno de los países más neuróticos en el consumo de clones y con el índice más alto de copias *per capita*. Los chinos sonríen y se frotan las manos cuando ven acercarse a ordas de españolitos cutre-consumistas en el Xiushui Market, en el Mercado de la Seda. El asunto es que ésto no es casual, que este apetito voraz por el consumo de bajo coste, junto con el mal gusto generalizado, la pérdida de registros y la ausencia completa de discriminación, forma parte de un mismo estado de cosas del que, una vez más y de manera espontánea, somos pioneros.

Unaquired tastes, como en una falsa opereta de Mayle, es igual que una enfermedad de difusión lenta e inapreciable, que nos esteriliza e invalida para el uso de la inteligencia. En el caso de los chinos es propedéutica, tiene que ver con sus viejos planes quinquenales y modelos de futuro, es un gusto adquirido como cualquier otro esnobismo burgués, mientras que en España es endémica. Por motivos desconocidos hemos desarrollado una incapacidad innata para la vanidad formal en las conductas sociales. Nuestro sistema sensible se ha endurecido después de muchos años de deseducación y una seudo-formalidad expeditiva impuesta quizás desde arriba, y procedente en parte del ostracismo, una mezcla antigua de resentimiento e intolerancia que nos anima al pedestrismo y a la violencia cotidiana de bajo impacto.

Lo cierto es que somos incapaces de esnobismo por diferentes motivos, buenos y malos, según se mire. Primero, por un problema generalizado de educación y un desprecio por los protocolos de urbanidad. Se puede decir que siempre ha estado en nuestras cabezas el deseo inconsciente de cambiar la naturaleza de las relaciones sociales, de imponer una espontaneidad correosa contra las apariencias elaboradas. Años de abandono e ignorancia por parte de los super-poderes culturales nos han hecho auténticos e irritables, paese profondo, y al mismo tiempo, unas golosas curiosidades etnológicas para el gusto enfriado de la gente del extranjero. Sin embargo, mientras los italianos han ganado sus A levels a cuenta de su Liber de coquina y han sabido transculturarse y venderse a través del diseño, nosotros seguimos siendo, junto a griegos y turcos, los bárbaros de la cuenca del Mediterráneo. El tiempo pasa y no terminamos de aprender a sublimar los instintos, y seguimos vendiendo *res pública* el espectáculo impúdico de nuestros genes originales.

Supongo que también somos discapacitados funcionales para el esnobismo por nuestro falso pudor y denso tejido de frustraciones y prejuicios educacionales. Hacer ostentación de nada que se parezca a la presunción o al chovinismo intelectual (salvo en aquellos a los que se les ha concedido licencia para la vanidad y el flirteo cultural) está mal visto, y siempre se ha preferido un acercamiento mucho más impulsivo y menos elaborado. Ésto nos deja a algunos perplejos, y a pesar de los tiempos que corren, en donde se ha practicado un cainismo de rigor, complaciente incluso entre enemigos viscerales, nosotros, en una sonada suspensión de la leyes naturales, nos hemos hecho incontrolados y poco condescendientes. Lo ves por todas partes, hemos perdido el norte en materia de buen gusto y tolerancia, y hemos puesto al otro, por pura ignorancia, en el punto de mira. Nos falta música en la cortes, y fuera de ellas, y nos sobra la misma cantidad de resentimiento en el manual de relaciones interpersonales. Somos zampabollos y hortelanos, somos los arios del averroísmo formal, y en lugar de aquired tastes, tenemos un gusto atávico por la gazmoñeria, la torpeza y los antimodales, lo que nos hace técnicamente irresistibles para el cánon occidental.

Los españoles moderados, que son muchos, transigentes y poco o nada unidimensionales, como la mayoría del folk europeo, nos hemos visto exhonerados de la obligación de tener que regar el jardín con nuestra propia sangre, y seguimos preguntándonos de dónde procede toda esta belicosidad, y dónde diablos están los Border's locales y los restaurantes japoneses en el barrio, la gente en patines, y esa otra sociabilidad más tranquila y menos expeditiva de la que hace tiempo otros disfrutan, y cuándo podremos decir en voz alta que estamos hasta las narices de tantos autóctonos, y que reclamamos el derecho a despenalizar nuestro pasado y ser como cualquier otro comemierda globalizado.

Podríamos pensar entonces que somos anticualla, y que el bestiario nacional es el "Bienvenido Mr Marshall" de cierto patrimonio, y que es ésto, y nada más, lo que estamos en condiciones de ofrecer al resto del mundo. Una triste herencia, por cierto, si tenemos en cuenta lo que algunos antepasados nos han dejado en usufructo. Pensar que somos el eslabón perdido entre el mono europeo y los chicos listos, un genos solitario en el Mediterráneo occidental que ha hecho del instinto una de sus principales comoditis. El *res nula* detrás de las columnas de Hercules, como haría ver Theroux cuasi involuntariamente, un clan antropomórfico parecido al tipo medio caucásico, con la distancia adecuada entre sus arcos supraciliares y todos sus centímetros cúbicos, pero como demasiado entero, con toda su grasa, denso y apegado a las viejas costumbres, y al final, como se intuye con Theroux, desestimable y poco literario. Podríamos pensar que llevamos más de cuatro siglos deambulando como fantasmas por el continente, reconvirtiéndonos, naturalizándonos, divertidos y molestos, pero sin poder hacernos con nuestra identidad utópica, aquella de la que nosotros mismos nos alejamos reactivamente.

Pero ya no importa, porque resulta que un dia llegaron los chinos, pisando fuerte, con su PIB y su tasa de crecimiento, y lo más importante, con su propio malestar cultural convertido en cincuenta medallas de oro y una impronta nueva a la que todos tendríamos que hacer el corro en el futuro. Me explico, aunque están ustedes hartos de observarlo en cualquiera de los chinos del barrio. Ellos no pierden el tiempo, ningún fancy, ninguna tontería a la hora de montárselo con el personal, esos demonios amarillos son tan expeditivos y directos que ponen la piel de gallina. Han pasado por cuatro dinastías, han sido desmembrados, reprimidos, mangonedos, y han puesto ladrillos hechos a mano en cada uno de esos ocho mil kilómetros, y ahora no van por ahí con tonterías. Esos cabrones se han pasado el esnobismo de sus socios capitalistas por donde ya saben, y en materia de protocolos de perogrullo son auténticos carniceros. Y yo creo que los chinks no están solos en esta lucha contra los poderes establecidos, contra el mariconeo y la afectación de blanquitos copetudos, los españoles, rumanos y los servocroatas, los albaneses y otros sraightforwards estamos con ellos, hombro con hombro, en una defensa siciliana u holandesa contra los usos pedantes de la fuerza. Llegado el caso preferimos la rudeza del despropósito y los enunciados inadecuados (el vacío técnico de los chinos, esa desaceleración y perfecta atonía, sus agujeros negros idiosincráticos capaces de tragarse la luz del esnobismo burgués) a pegar la hebra y regodearnos con el manoseo público de nuestros recién adquiridos atributos y nuestra cultura de pacotilla. Quizás, llegado el momento, nos quedemos todos con los lobbys de la aldea, ese *lard* local de la crudeza y el mal gusto y el saber *de profundis* de que nada es de verdad verdadero, que lo mejor es la desafectación y la suspensión del juicio, y mandemos a tomar viento a todos esos imports extranjeros que utilizamos para corregir nuestra pobre imagen pública.

Pioneros, una vez más, del brutalismo de casta y la integridad de los modelos caracterológicos, contra la deontocracia de las buenas costumbres, levantaremos a zafios y obtusos y cazurros de sus tumbas y los pondremos a alternar en saraos elegantes y en ritzy parties del Upper East Side, y una nueva conciencia surgirá entre los comemierda de la corte del Rey Sol de los cojones. Eso, contra el Marin Marais de las trompetillas y las violas, el bestiario más duro de las subciudades, lo que sería el fin de la civilización tal y como la conocemos.

En el futuro, que huele profusamente a gluten chino y kimchi coreano, habrá una profunda rotura epistemológica que arrastrará a enormes cambios en la cultura de masas, y la nueva etiqueta se hará fuerte allí donde había sólo un esnobismo híbrido y bien intencionado. Y los españoles estaremos en la pole position, primeros en la línea de salida. Un modelo futurista, binario, de modales destemplados, que no toma prisioneros, mucho antes anticipado por la rudeza de los neoyorkinos o la guerra de los Balkanes, el ninguneo cruel de los chinos o la torpeza vehemente de algunos de nuestros conciudadanos. Al final, donde las dan las toman.

"Liber de coquina"

Me gusta el Larousse Gastronomique. No me gusta la Guia Michelin. No me gusta comer en restaurantes de tres estrellas. He estado en algunos: en Arzac, en De Karmeliet, en Can Fabes, en el Robuchon de Macao, en el Bristol, en el Gordon Ramsey, y en todos ellos se experimenta la misma sensación de apartheid y elitismo puesto al alcanze de cualquiera. Me hubiera gustado comer en casa de los Medici, en la corte Napolitana o en un banquete de Vatel con Fouquet, o en un buffet de la dinastía Ming, manjares suculentos, hechos fuera de escala y con pasión, o en la grande bouffe, o en el festín de Babette, o, por oposición, en la mesa de St Colombe. Me hubiera gustado mirar a los ojos al ciclo cosmológico de la alimentación *in extremis* y ser testigo privilegiado de una cocina toscana del Renacimiento o de una en Versailles. O todo lo contrario: un buen pedazo de pan de trigo con queso en la aldea gallega, pesca fresca, un plato de pulpo a feira o de pimientos, las patatas o el tocino rancio para el caldo, los productos de la matanza en Extremadura, una ensaimada mallorquina o unos buñuelos de bacalao hechos por una viuda en la Alfama, un xuxo de Girbau, una pasta con tomate fresco y albaca en Luca o Arezzo, el pan con aceite y sal gruesa, los intestinos a la parrilla con leña de obra, el vacío, los taglietelle con ostras y caviar de Marco Pierre White, la leche frita, el paté de Fauchon, el pato de Li Qun o el guiso de lentejas. Amo la comida, toda ella, la más humilde y la más elaborada, siempre que tenga una historia y no sea el fruto del gastronomismo especulativo y carismático, sino de una pasión doméstica. Y adoro la cocina que se pliega sobre sí misma y se hace hermética y misteriosa como un libro de conjuros. Y me gustan los grandes chefs, los maestros, pero justo antes del Food Network y de que abran sus propios garitos de culto sobre las cenizas calientes de la nonna, oscuros y temperamentales todavía en sus pequeños pueblos toscanos o del Friule o de Guipuzcoa, antes de que entren por generación espontánea nell mercatto dell`arte.

No me gustan los restaurantes del canon, tan pomposos y litúrgicos y monetaristas. No me gustan (el gusto es siempre inavalorable) los antros que cobran veinte pavos más tasas, más servicio, por unas mollejas. No me gustan los diseñadores de interior que se alian con cocineros de diseño para crear la trampa gastronómica perfecta, ni los garitos temáticos con aspecto fraudulento de viejas masías o pizzerias rústicas, patios abndaluces o monasterios tibetanos. No me gusta comer un bistec a la fiorentina, un eye rib o un baby bife de quinientos gramos en un plato de Johnson o Bavaria. Ni la pasta sciutta subida de estatus y servida con un fondo de Carmina Burana como si fuesen angulas de la ría de Butron o de Trebujena, o percebes de Corme. No me gustan los cuadros ocasionales ni las técnicas mixtas cuando como, ni las luces indirectas, en realidad ningún efecto óptico, ninguna escenografía. No me gustan los esfuerzos ornamentales ni el kitsch turístico, ni documentos antiguos en las paredes, ni títulos de propiedad, ni pinturas murales, no quiero mis tortillas, ni mi guacamole frente a un Diego de Rivera, ni mi arroz con rúcula y cerdo frito mientras soy observado por la gran cabeza de un acogedor buda camboyano, no quiero ningún etnocentrismo, ni ningún Rothko o Kupka o Kandinsky, ninguna abstracción, ninguna vanguardia, prefiero las escenas de caza o las naturalezas muertas o viejas fotos de familia, o comer en el campo, o en el refectorio de un monasterio franciscano, unos callos con guindilla en la iglesia de Cardona, como si fuese un concierto para laúd y viola.

No me gustan los platos muy presentados, fileteados, reticulados, no me gustan los castillos de naipes hechos con tournedos, foie y setas de temporada, ni hacer malabarismos con gambas y huevas de pescada, ni los filamentos de cosas, ni el figurativismo hecho con comida, ni el paisajismo culinario, ni el antropomorfismo a lo Arcimboldo, ni los dibujos hechos con soja o reducciones, ni el miniaturismo, ni el esencialismo, ni la plástica en los platos, prefiero la abundancia, el desorden natural y respetar la naturaleza propia de los alimentos, su estética antigua, su historia en el orden de las cosas, en el huerto, en los espacios naturales o anatómicos, un rack o un ojo de bife como una holografía lista para ser devorada, sin afeites ni pruebas de vestuario, sin artes aplicadas. Me gusta la cocina de la abuela, honesta, sutíl y contundente, pero sin preciosismos. Me gusta Jaimi Oliver cocinando en el huerto, sin mandil ni tuxedo de cocina, como un hawker en Bangkok, o alguien friendo pescado en un mercado de Danang, algo sencillo y perfectamente inspirado.

No me gusta la plusvalía, la cocina cara, la explotación en el plato, los precios de mercado, como en Christie`s o Sothebys, la comida para coleccionistas, el mercado libre a la hora de valorar tu Vermeer de almejas, o tu carré de cerdo a lo Turner. Y detesto la mala cocina barata, esa especie de low cooking para low budgets tan extendido en los paises más triperos y menos moralistas a la hora de cebar a sus comensales. Y las raciones pequeñas, exigüas, la comida muestrario en fragmentos, como si aquello fuese tan bueno que cualquier ingesta desproporcionada de tan precioso manjar pudiese ser considerada excesiva y un insulto para su autor, less is beatiful pero aplicado a los ingredientes, y no a las cantidades. No me gusta la plusvalía, ni las micro-raciones a la Buchenwald, el racionalismo alemán en extremo perturbador aplicado a la administración financiera del campo, la cuenta de la abuela para este insólito territorio de nutricionistas forzosos. No me gusta contar calorías en mis platos tres estrellas, ni contar las perlas de caviar, ni las patatas junto a un fragmento de un Angus de seicientos kilos, que no sería más que el alimento justo para una familia de estorninos. Prefiero las raciones generosas, moralistas (si hay algún libro de moral en el siglo veintiuno es el catálogo de Ikea) como en América o en algunos pueblos, darlo todo cuando se nos pide, la declaración de los derechos del hombre pero en el plato, dejar que el otro marque él mismo los límites, y no hacer por nadie el prorrateo de sus calorías. No me gustan los tecnicismos, ni las dosis recomendadas, ni los pequeños formatos para hacer frente a la demanda, ni las tesis monetaristas a la hora de comer, el falso pudor de los gastrónomos contra la hambruna, prefiero la generosidad de un plato rebosante, como en un banquete de Vatel.

No me gusta hablar de comida mientras como. Sin embargo, puede ser preceptivo. Corrijo entonces: no me gusta hablar de la comida que como mientras como. Supongo que lo contrario es sólo prerrogativa de chefs y cocineros. Y de tener que hacerlo, prefiero siempre la valoración asertiva, la aprobación, la epifanía, le celebración y el elogio, en nigún caso la descalificación. Hablar mal de lo que se come mientras se come es tautológico, es degradante para uno mismo y para los demás. Como en Twin Peaks, la mala crítica en familia epitomiza el fracaso de la relación madre/hija, y es, no importa cómo se mire, defunctoria y anti-natura. La crítica destructiva o la descalificación *in situ* y la comida son categorías incompatibles; la historia del buen gusto nos impide radicalizarnos públicamente. Comer y compartir son antes que nada actos esenciales, y no hay lugar para los personalismos o el despotismo. No, no me gusta hablar estupideces mientras como, y menos sacar a la luz al autócrata Bruni o Sifton, al crítico que todos llevamos dentro. Prefiero comer en silencio, como en un campo de trabajo ruso, como en Kolyma, o gravemente, como en los campos de concentración alemanes, o hablar cordialmente, igual que en un monasterio budista en Myanmar, o con una felicidad irreductible, como el agente Cooper en Twin Peaks, o en aras de cierta incontestable contemporaneidad, me gusta mirar los Simpsons mientras como, o el 33, o algún programa de la BBC, cualquier cosa que ponga mis enzimas en buena disposición.

No me gustan las líneas de cocineros, las cadenas de montaje en los garitos de Michelin, la cocina coral, el Concierto de las Naciones detrás de tus humildes tallarines a la vongole. No me gusta toda esa panda de jovencitos pálidos metiendo sus manitos escrupulosas en mi plato, ni las cocinas atestadas y frenéticas, ni ver a esos fanáticos batiendo el récord de los cien metros en una habitación cerrada, ni el colectivismo en las cocinas. No me gusta ver a esos chicos ejecutando sus partituras, dando el callo y mangoneados por un chef icónico bendecido por el restaurant critic a la moda, que podría ser cualquier comemierda venido de sucesos o de la página de deportes, cualquier hijo de puta con gastos pagados dispuesto a hacer morder el polvo a todos los cocinillas en la larga lista de los wanabe propietarios. El peor escenario: por un lado los creadores de opinión, todos esos plumillas iluminados del trash mediático a los que les pagamos el piso sólo por uniformizar nuestro pensamiento basura; por otro, esos triperos ladronzuelos y artistas con sus guilded risottos y sus pechugas de pato al aroma de miel de gengibre.

Por algún motivo desconocido, algo así como una frugalidad extrema, algo entre el Rebbe Lubavitcher y los Testigos de Jehová, pero hecho a mi escala, detesto ver los platos montados como un puzzle sobre un impecable fondo blanco esmaltado, como una naturaleza muerta de Duchamp o un ready made de Arola. Detesto ver un plato que desafía las leyes de la gravedad, o un Watteau hecho con criadillas y cerdo vaporizado, o los arreglos forenses en un buen trozo de carne, o el software gstronómico de Ferrán Adriá. No me gusta el decorativismo ni la puesta a punto en los platos, ni la sobreactuación sobre los alimentos, salvo que se trate de lo originales, ya saben, una poularde en fuga de Vatel o un bento del siglo dieciocho. Vale, de acuerdo, estamos hablando del corazón de la cocina moderna, de fusión, plástica, experimentación extraculinaria, de cientifismo gastronómico, ¡se trata de los puñeteros caballos ganadores¡ No se puede ir por ahí haciendo apología del art de manger de los pueblos íberos o de la pitanza medieval. Somos todos gourmandes ahora, como cualquiera sabe, y no andamos trapicheando las aves con los dedos, ni dando cuenta de la caza a dentelladas. De acuerdo, debe tratarse de un problema personal, una enfermedad como cualquier otra, herencia del laissez faire culinario de mi madre o de su naif decorativo a la hora de emplatar. No obstante, tengo la esperanza de que hay un fondo de verdad en todo ésto, que mi iconoclastia en materia de cocina capitalista tenga que ver con un deseo oculto de regresar a los viejos usos, a una cocina milenarista, desprofesionalizada y conocedora de sus productos, respetuosa de las formas tradicionales de preparar la comida, una cocina menos rentable, pero ingeniosa, oportunista, fresca y despreocupada por las apariencias, transmitida en familia y a salvo de los media, y que nos haga a todos un poco más humanos desde los procesos básicos.

Cierto. La mayoría de nosotros hemos perdido esas habilidades, y los que las conservan no parecen querer otra cosa que patronizarnos desde sus personalísimas e inaccesibles teocracias gastronómicas. Nos han convertido en gourmandes de pacotilla o en devoradores de chatarra, en omnívoros residuales, comedores indiscriminados o endémicos (comedores habituales radicales) o anoréxicos. En este espectro, el restaurante moderno es como un acelerador de estatus, un nuevo rito de paso en una sociedad rica y estratificada que proyecta socialmente la comida. Junto a los green fees y el coche, la alta cocina paga dividendos sociales, crea espontáneamente una especie de falso plus cultural y mejora la autoestima. Nada como un Mayle en la guantera, o un instructor de golf escocés, nada como un cocinillas campeón de liga que eduque nuestro paladar a la francesa, a la Escoffier.

Yo me quedo con mis fantasías históricas. Imagino, con un placer secreto y una excitación a flor de piel, una posada del siglo diecisiete camino de Salamanca, o una venta manchega, en donde después de coger habitación sería convidado a unos callos con garbanzos, o un asado de cabrito. Nada de cartas complicadas ni menús de degustación, sólo una cocina voluptuosa y autóctona, hecha por el dueño de casa y servida en cazuela de barro, sin intermediarios de ninguna clase, ni frivolidad. Sólo sentarse a una mesa tocinera y esperar que aquello llegase *ex dono*, como la alimentación materna, la madre de todas las cocinas sin pendejadas, sin remilgos, sin elegir la uva adecuada, sin darle por el culo a nadie, ni a someliers ni a camareros, sólo comer lo que hay, a sabiendas de que la comida todavía es honesta y conciliatoria, y está hecha para agradar. Un borsch o unas perdices guisadas, un guiso de cuchara, un pan fresco o una carne asada con leña de encina, da igual, es como la leche materna, el abc de los alimentos terrestres, la dieta rudimentaria perfecta mucho antes que cualquier teoría burguesa de la alimentación.

O me imagino a mí mismo con alzas y casaca y una diminuta capa de armiño, sentado en la mesa de los Medici, expectante y nervioso ante una retrospectiva golosa de Bartolomeo Scappi; o en un banquete medieval en el castillo del Duque de Nottingham, rodeado de aves y caza exótica y pasteles de carne y riñones; o en una aldea normanda o bretona, en la prehistoria de la cocina clásica francesa; o me imagino callado y pudoroso ante los ciento cincuenta piatti napoletani del seicento; o en un cuento infantil para peques gastrónomos precoces a lo Hansel y Gretel, en una pequeña corte anónima de simpáticos reyes regordetes y triperos; o en una enorme nave espacial sin destino con catering de Lucio o Botín. Y casi sin esfuerzo puedo verme sentado en una mesa de comedor años sesenta (muy Rick Moody) de madera de pino abrillantado, ataviado con mis primeros Lee y mis mocasines de Guido, esperando, como Lázaro el conjuro, las lentejas de mi madre, sus calamares con patatas, el matambre casero, la lengua a la vinagreta o el rissotto con riñones de dos pesos. O, cuando estaba enferma, paratropina y láudano, recuerdo como si fuese una revelación la vianda de El Cangrejo (el bar de los Iturria), puro suspense y emoción contenida, serán berzas con patatas, o falda con verduras, o merluza en salsa verde, la vida o la muerte, el placer o el dolor, igual que si estuvieras manipulando el cubo de Hellraiser.

Sí, me gusta la artesanía en la cocina, el individualismo exacerbado, la herencia familiar, el anonimato, los lugares secretos que se conocen por el boca a boca, el autismo de los grandes maestros, y la cocina económica de calidad. No me gusta tener que elegir entre una larga lista de literatura gastronómica, ni las cartas criptográficas, ni hacer de Champolion frente a un chef con lobby rights, o hablar con camareros actores, por ejemplo, o que un cocinillas con master en administración de empresas vacíe mis expoliados bolsillos. Me gusta que me ofrezcan lo mejor que tengan o incluso lo único que tengan, su caldero, su fórmula secreta, y de Botín y Fabergué, los huevos con patatas.

Y puestos a dar la vara, prefiero la cocina de mi madre o de mi tía o, llegado el caso, la de su madre o de mi tía abuela, o esos guisos que huelen a gloria de la señora del cuarto derecha, a la cocina de autor. Prefiero a Lecter que a Arola, por aquello del instinto homicida y la pasión. La única diferencia entre unas albóndigas caseras hechas en aquél micropartamento de la Calle Siete y un Arola, está en su naturaleza, las primeras son reales (pertenecen al mundo de la alimentación doméstica y responden a la ética de los alimentos tal como son), el segundo es un simulacro y forma parte solamente del proceso de tratramiento de la información, las primeras están vivas, el segundo es un cadáver técnicamente restablecido, las primeras son culturales, el segundo ha sido reestructurado y es metacultural, las primeras son naives y sirven al proceso de alimentación, el segundo es intencionado, es un mensaje al que se le han adherido otras funciones. Si las primeras son La Cocina y tienen una dimensión etnológica, la cocina de autor es circustancial y un sub-género literario. Ésto no quiere decir que no haya buenos cocineros, ni que sus pequeños arreglos para violín y pianola no estén bien, sólo quiere decir que algo huele a podrido en la cocina coral, y que los superchefs deberían bajarse de la parra y entrar en el territorio de los vivos, si no queremos que un dia, como en el último Shyamalan, el mundo vegetal y el de las proteínas animales y toda la cadena alimenticia, se vuelvan en una represalia desproporcionada contra cientos de miles de desconcertados consumidores.

Bien, y todo esto sólo para decir que en España (o en Italia), aunque a cuenta de un poco meditado racismo gastronómico, todavía sobrevive esta dimensión doméstica del proceso de alimentación, y que hay infinidad de Ramseys o Batalis anónimos trabajando en casa, y que la buena cocina es idiosincrática. Se puede comer bien casi en cualquier parte, en mercados, en comedores de EGB, en aldeas que no salen en el mapa y en fiestas gastronómicas, mientras parte del planeta muere por desnutrición o es víctima de cocinas disfuncionales y dietas de engorde con marketing. Somos unos privilegiados y llevamos la cocina en la sangre, somos inspirados y no mantenemos ninguna relación de extrañamiento con las materias primas.

Contra la pusvalía y el mercado dell`arte, contra el mamoneo y el divismo de los chefs mediáticos, reivindicamos la comida casera de todo el mundo, y a las abuelas asturianas y gallegas y donostiarras y napolitanas, y a algunos bares de tapas, y reivindicamos el jacobinismo culinario español y nos quedamos *comme il faut* a comer en casa.

Molesting animals and other filosofical atittudes to life

Nunca he estado en una de esas fiestas tradicionales en donde se maltrata a animales de pequeño o gran tamaño. La lista es larga, y los animales van desde palomas lapidadas en Robledo de Chavela, gallos descuartizados en Tordesillas y aves decapitadas en la Rioja, hasta ungulados y bovinos o animales de engorde. Nuestros instintos machistas nos inclinan hacia animales peligrosos de tamaño considerable, seicientos kilos y astifinos, a diferencia de los chinos, por ejemplo, que prefieren las especies en peligro de extinción y un acercamiento, digamos, mucho más enzimático y digestivo, por motivos bien conocidos.

El hecho de que nos especialicemos en torturar simbólicamente o no, y de manera pública, a animales peligrosos o inofensivos, no sería preocupante, sí, en cambio, el hecho de que hagamos extensivos estos mismos protocolos a otros comportamientos colectivos. En cuanto a lo primero, de acuerdo, recolectores-cazadores y toda aquella penuria de la inquisición y nuestro patrimonio, el patriotismo insuflado de las primeras bandas de homínidos depredadores, y el hecho de que en nuestro particularísimo Corán para usos cristianos los animales no vayan al cielo. Si éste sería por sí mismo un tema de relexión y derecho penal, lo es aún más la que podríamos llamar desactivación de los buenos modales en beneficio de un priapismo cruento y muy extendido que no tardaría en hacerse extensivo a niños, ancianos y algunas minorías.

Llegará un dia en que los simios se hagan con el poder y firmen pactos políticos con los socialistas, un dia en que patos, gansos, galgos, cabras, toros y animales domésticos maltratados se vuelvan contra nosotros, y nos hagan probar un poco de nuestra propia medicina, y que los restos del Gran Hotel Bali asomen entre las arenas calcáreas de la playa de levante. Pero mientras ésto no ocurre, hagamos un poco de escatología (a lo Ballard) como es costumbre de la casa.

Algunos pensamos que el gusto escabroso por atormentar animales de formas ingeniosas y rebuscadas forma parte de una misma tendencia a malinterpretar e infantilizar la cultura histórica. No somos conservadores del patrimonio, como lo chinos preferimos el hormigón a la piedra, y a la historiografía el arte de tirar cada año a una cabra del campanario (en Zamora), embolar a un pobre toro, o jugar water polo con un pato colorado o un anade rabudo. Resulta difícil hacer progresos en este *continnum*, son muchos los que a pesar de los préstamos tecnológicos e industriales siguen prendados de un pensamiento mágico que malinterpreta lo que no es de su incumbencia. Hay todavía por ahí una gleba medieval que podría acabar contigo a patadas sólo por discrepancia y en un acto de colectivización espontánea con un poderoso efecto desinhibidor. Llevamos todos estos años haciendo las transferencias equivocadas, y hemos empeñado la credibilidad por preservar un costumbrismo falsamente vitalista. Es cierto que a cuenta de la indignación de miles de europeos sensibilizados, hemos cambiado algunos animales de carne y hueso por peluches, pero seguimos colgando a podencos y galgos rusos de las ramas de los árboles por despido forzoso, inmovilizando o abandonando a nuestras mascotas, o pensando que cierta identidad histórica pasa por batirse en duelo de espada con animales de rebaño y vestidos como una minoría étnica tibetana. Molestamos a los animales porque somos infantiles e impulsivos, y porque pensamos que eso refuerza de alguna manera el carácter nacional. Somos unos pandilleros adictos a la adrenalina y a las marcas de carácter, y no desperdiciamos la oportunidad de hacer ostentación de nuestros atributos. Somos los gallitos del corral, y estamos dispuestos a lo que haga falta aunque sólo sea por pura tauromaquia. Somos los que cortan el bacalao en el señorio, somos, como cualquiera sabe, animales racionales especializados, y no tenemos filiación con cuadrúpedos o pulgosos de ninguna clase. Y molestamos a los animales porque son diferentes, como algunas minorías y grupos humanos ... pero dejémoslo ahí.

Y a veces, me temo, las cosas no quedan así y mostramos la misma actitud hacia las mujeres, las subrogadas, las que ya no consiguen un buen sprint, o contra los que conducen despacio por carreteras comarcales. Intransigentes y poco condescendientes, hemos creado una falsa teología de duros y blandos, un machismo mesiánico con el que ya no dejamos de impartir *soi disant* nuestra funesta enseñanza. Somos un modelo de pene grande ande o no ande que ya nadie importa. No obstante, vendemos bien en el mercado low cost para necios y bajos cocientes intelectuales toda clase de farragosas fiestas endémicas, toros así o asá, sueltos o acosados, en el campo, en la plaza o en circuitos urbanos, sacudidas colectivas, pringaos medievales, y no paramos de hacer caja con nuestros bajos instintos. Nadie se ha parado a pensar que luego vamos y hacemos lo mismo en casa, que tenemos un problema espacio temporal con nuestra cultura de masas.

También somos deceptivos y engañosos cuando se trata de mantener relaciones con desconocidos. Contra nuestra falsa apariencia de cordialidad pintoresca (la mayoría de las veces un acto personal de desagravio contra la posible manifiesta superioridad de algunos interlocutores), lo que impera es un chovinismo exacerbado y autopunitivo, del mismo signo que los antes mencionados. Como dice Geertz, el otro es siempre un peligro en potencia, de manera indirecta o por contraste, y debe ser neutralizado. En contra de la opinión corriente que nos tiene por simpáticos conspicuos, indígenas buenos y sociables, bien adaptados a su territorio, somos en realidad unos tipos recelosos con un particular sentido del ahorro de signos corteses no utilitarios, nos chifla el bullying, y no dar tregua a blandos y otras especies edulcoradas que abundan en Europa. Este menoscabo del otro por *natura mandatum* o por simple reflejo idiosincrático, es del mismo palo que el desprecio por los animales, y habla, mal que nos pese, de un preocupante deterioro funcional y de un desarreglo en las pautas sociales, difícil de disimular.

Y la cosa no acaba aquí, hay otras aproximaciones que comparten con el desprecio a los animales una misma mecánica y un extraño desplazamiento de valores, que necesitan ser revisadas. Algunos problemas domésticos, por ejemplo, la falta de criterios intelectuales en la educación infantil, que invariablemente acompaña a la infantilización del adulto y a las transferencias de poder equivocadas en la pubertad. Niños hegemónicos contra padres desarticulados y autocomplacientes, que se ven como mascotas en manos del ninguneo infantil dejado en herencia por ellos mismos. Incapaces de actualizar modelos convivenciales íntimos, con los demás o con nosotros mismos, o con el patrimonio cultural, estamos condenados a repetir barbarismos y malentendidos de la vieja escuela, algunos de los cuales aparecen ya fosilizados en el españolismo *de facto* que todavía parasita nuestras conductas sociales.

O el maltrato de género, tan difícil de reivindicar como el uso médico de las sanguijuelas en los problemas cardiovasculares, o la lobotomía en el tratamiento de los trastornos emocionales. Todo un clásico en la logia secreta de los maridos tenebrosos, en el mundo desconocido de las relaciones conyugales hechas en casa. Llevamos años de retraso en la dinámica de las relaciones de pareja, somos Tristán e Isolda, como Juana la Loca, como Fernando e Isabel, demasiado inhibidos y obstinados, demasiado secretos a la hora de resolver los problemas de convivencia. El maltrato de la mujer se reinventa a sí mismo todo el tiempo, y no paramos de gestionar una estrecha pero cruenta gama de castigos corporales y maltrato psicológico. Somos repetitivos aquí en la piel de toro, y lo hacemos con la misma pasión y grotesca dramatización, aunque con mucha más asiduidad, que nuestras fiestas populares. Para algunos, la mujer es como la cabra del campanario en Zamora, o el burro de Villanueva, una mula compacta de ojos azabache capaz de producir grandes cantidades de tortilla de patatas, mientras los más inspirados dicen que son represivos y letales sólo por amor. Si en la India mutilan o queman viva a la mujer por un caso simple de aplicación de las leyes de mercado a la economía doméstica, aquí lo hacemos por impulso, para dar rienda suelta a nuestras emociones más primitivas, y pensamos que eso nos exculpa y nos pone en la lista de amores icónicos disfuncionales y entre los grandes clásicos de los amores frustrados, algo así como los amantes de Teruel en versión El Caso. Lo corriente aquí es que los cejijuntos machitos ibéricos den rienda suelta a su impronta masculina y pongan a las mujeres en su lugar, y todo bien aderezado con líquidos inflamables y escopetas de caza, con arreglos de canción española y pasodoble (nadie abusa de la parienta con música de Cold Play). Acabada la temporada de caza, cuando el podenco o el galgo envejecidos ya no dan la talla, cuando la susodicha se pasa de la raya y se deja la colada para el dia siguiente, se le da el tiro de gracia con una escopeta de perdigones del calibre 12, éste es el particular higienismo de nuestros zopencos.

Y hay más, claro está. Hay una pésima relación no sólo con los animales, y salvando las distancias, con los forasteros y las mujeres, sino también con las administraciones públicas, la justicia, el derecho civil, hacienda, el régimen de autonomías, en fin, con la clase política, la misma mala relación que tienen los políticos entre ellos. Después de todos estos largos años de oscurantismo histórico dedicado a infantilizar la cultura, sepultando bajo toneladas de prensa amarilla a la gente inteligente, tenemos la clase política que nos merecemos. Y los votamos con recelo, como si abriésemos la puerta de casa a la logia negra, o nos adherimos a ellos irracionalmente, como lo haríamos con nuestro poodle gigante. Con los políticos nos comunicamos en un blabaísmo anterior a la lengua o por lenguaje de signos, igual que lo hacemos con los animales domésticos. Los aborrecemos, los maltratamos, los linchamos o los abandonamos sin collar en la vía pública. Los más afortunados, los que cumplen con los estandards de raza, son alimentados con piensos compuestos, los otros viven de lo que queda en el plato de nuestros pucheros y guisos de patatas. Tenemos una mierda de relación con los políticos, parecida a la que tenía la gleba con los señores feudales, es evidente que nos falta un montón de autoestima y madurar los roles de la democracia activa.

En cuanto a la relación entre ellos, a veces tengo la impresión de que son conductistas puros, pavlovianos, y disponen sólo de una batería de reflejos condicionados aprendidos a través de un sencillo programa de estímulos y recompensas. Los burócratas no pueden perder las formas, han aprendido que no hay otros amos sino perros grandes y pequeños, y algo así como un territorio y un orden de jerarquías. Se cogen del cuello los unos a los otros, se zarandean y enseñan los dientes pero no mueven el culo de sus calientes asientos. No han leido ni a Thoreau, ni a Montesquieu, ni El espíritu de las leyes, pero saben como pasear el palmito dentro de la manada. Nada de salirse del paso, nada de estirar más de la cuenta la correa, pueden echar una meadita aquí y otra más allá y olfatear el culo de los compis, pero poco más. Lo cierto es que han aprendido la reflexología no se sabe dónde, en Lasalle, en el Esade, en el registro de la propiedad, en la escuelita del señor Pavlov, qué sé yo, pero es lo que hay, el manual de conducta para políticos antropomórficos, todos ellos previsibles y perogrulleros de larga duración. Ah¡, todos esos años viéndolos moverse en el laberinto y repitiendo sus rutinas como si fuesen animales de laboratorio te hacen pensar. Hay que joderse, se han puestos sus trajes de Emilio Tucci o sus zamarretas de mercado y no paran de repetir el abc del perfecto caballero de los reflejos condicionados. No parece que la política sea capaz de hacer nada, salvo reajustar una y otra vez el teatro de gestos y los archivos para correjir el orden de las pariencias. Se pueden cambiar o mover los muebles de la casa, pero la casa sigue siendo la misma (recuerdo, en la nuestra, una especie de teoría y práctica de la inocuidad del mismo tipo, una que proponía la transformación constante como corolario al desconocimiento de su verdadero funcionamiento). Los políticos son los eunucos de la ciudad prohibida, mutilados en sus atributos de género, no tienen futuro, sólo tienen que sobrevivir a su propia inocuidad y aumentar el patrimonio personal. Más les valdría sentarse tranquilos y dejar que las cosas sucedan, como buenos taoistas.

Ignoro cual será el futuro de ésto. Perversos polimorfos la mayoría, hiperactivos para nada, burócratas barrocos oportunistas, más lentos que las mutaciones genéticas y las adaptaciones *at random*, contra un paisaje de matrix sazonado por una violencia impresa ya en el genotipo, multicultural y corrosiva... a saber. Seguro que habrá tiempo para todo. Mientras, en la intimidad de casa nos seguiremos dedicando a cultivar nuestra pequeña e intelectualmente débil barbarie idiosincrática. Como en aquella cinta muda de JJ Annaud, caníbales peludos y ensimismados, contra cazadores selectivos y nuevos gourmets con maquillaje corporal.

Españoles en Pascua

Somos así de raros. Llevamos un montón de tiempo dudando entre quedarnos o largarnos, y al mismo tiempo arrastrando con nosotros un sedentarismo profundo. Somos capaces de saturar el espacio o todo lo contrario, perder contexto y desdibujarnos. Hoy, que las vanguardias se preocupan por recuperar el mapa del genoma antes que la globalización y la monocultura acaben por borrarlo, nosotros ofrecemos, como los bosquímanos, un territorio virgen para el trabajo de campo. En la cuenca occidental del Mediterráneo, bajo un sol de justicia y un paisaje semiárido colonizado por una red de modestas urbanizaciones neolíticas para clase media, habita lo que queda de una sociedad altamente adaptada a su entorno que quizás sea uno de los pocos modelos vivos de la antigua diversidad cultural. En su presencia, las sociedades más avanzadas y en pleno proceso de pérdida de sus raíces, recuperan emociones primitivas y un repertorio de sensaciones telúricas en préstamo difíciles de encontrar en otras partes. Los genetistas viajan hoy a lugares distantes en busca de este chovinismo paleolítico, nosotros lo tenemos aquí, a tiro de piedra y por poco dinero.

Pero no es eso lo que nos interesa, hay miles de páginas escritas sobre identidades endémicas y saturación del lugar (el buen español es una especie de Telémaco en su particular Dublín). Nos interesa en cambio el viaje carismático del español a los límites, a las antípodas de su propia especificidad, y la extraña condición de un mestizaje contradictorio que sólo él es capaz de gestionar, de una héterosincracia de signo positivo que queda por elaborar.

La vida del español en lugares exóticos es, por defecto, doblemente exótica, a la vez curiosa y continuista. Imagínese por un momento una comunidad galaico-portuguesa o del Ripollés entre los gurkas del Himalaya, pueden ustedes apostar a que sería incospicua, una célula de supervivencia casi perfecta, una placenta para la conservacióm del genoma en el caos de las mezclas y la des-asimilación. Pero veámos.

He conocido vascos y asturianos en el outback de Comodoro Rivadabia, activos entre una miscelánea de criollos, argentinos desplazados y alemanes asilvestrados, prósperos o inmovilistas, pero siempre originales en su sencillo andamiaje social. Sin el abatimiento fácil de los desplazados, o el narcisimo de los alemanes, ni la cosa uttar pradesh de los empobrecidos indígenas locales. Con los roles diferenciados, las mujeres, cómodamente adaptadas, se visten de autóctonas pero con toques rústicos de prendas recuperadas del pueblo, y conservan una vitalidad fresca y el mismo enajenamiento de los primeros tiempos; los hombres llevan años intentando articular un comportamiento compatible y muestran diferentes grados de adaptación siempre junto a una receptividad compleja y a un inesperado sometimiento; las generaciones más jóvenes suelen ser atónicas y hacen visibles las señales de un mestizaje duro pero estimulante. Y con estos elementos de supervivencia el grupo construye, como los nómadas actuales o las culturas coloniales del diecinueve, un pequeño oásis de recursos limitados pero completo, un espacio simbólico natural evocador del medio ancestral en el paisaje semifosilizado de Comodoro.

He conocido gallegos en Moscú, pintorescamente especializados, con el paisaje de fondo del bolchevismo inspirado y en el capitalismo salvaje, cogidos con fuerza de sus recuerdos personales. Discretos, pelando sus patatas y abriendo latas de sardinas y atún en aceite, sin pretensión de reconstruirse y dotados de una heterogeneidad sin futuro e imposible de reivindicar, pero por algún motivo, lo recuerdo como algo gratificante, como los amish o las minorías tibetanas en Europa.

O españoles en pueblos de Islandia, jóvenes generaciones de emigrantes caprichosos geográficamente desorientados, practicando su exilio climático de altos vuelos, y más perdidos que un zahorí en la Taiga. Viajeros extremos en busca de los últimos paraísos *off limits*, heterodoxos ingenuos y por lo general antisociales que sólo buscan un microespacio no agresivo en donde poder desenvolverse. Y españoles en el Chaltén o el Calafate, haciendo gala de su bien conocido imperialismo de andar por casa, inversionistas de medio pelo interpretando su papel de nuevos europeos, poco astutos y algo eurotizados, practicando un capitalismo de tundra, un absurdo canibalismo colonial fuera de plazo, haciendo muecas del peor españolismo europeísta en todo el centro del autismo patagónico.

O españoles en Pascua ¡Dios!, perplejos y alterados, como los pascuenses. Emigrantes circustanciales trabajando duro en un medio hostíl para poder encontrar una conducta normalizada. Exo-exóticos en un medio exótico por definición, encriptados, redundantes, barrocos, como un grupo de yemeníes en Kyoto o Homer Simpson en Tubuai, o era en las Gambiers. En casos así no parece que haya salvación posible, no hay mestizaje alguno ni la posibilidad de hacer conserva idiosincrática con nuestro españolismo reincidente, no parece posible aislar un exotismo tan inestable como el nuestro en un medio tan agresivo.

Y he visto españoles en todo el Himalaya, medio-asimilados, como el pobre Jeff Godlum en La Mosca, por la cosa budista o el denso maoismo local, atrofiados y sensibilizados al mismo tiempo por el famoso cuelgue nepalí, cejijuntos y triperos como siempre, morfológicamente coherentes con el prototipo original, pero alienados para siempre del españolismo tradicional, convertidos en hippies milenaristas (del Bolsón o Atitlán), monjes budistas seglares o filántropos de bajos recursos, incapaces de retener por más tiempo ni uno sólo de sus rasgos nacionales, convertidos ahora en un elemento más de su topismo.

Y he visto españoles en China, en la Cámara de Comercio, y haciendo con los chinos la extraña pareja simbiótica (nosotros Jack Lemon, ellos Walter Mathau) y apropiándose con una familiaridad insultante de sus perfiles de identidad, que irresponsablemente han considerado de fácil lectura. Minorías oportunistas, dando rienda suelta a su repertorio cómico y chafardero o a su servidumbre al derecho romano, sin saber que los chinos son una especie refractaria y poco dada a las formalidades legales. Españoles que a fin de cuentas, y a pesar de las conocidas afinidades, encuentran su exotismo insostenible en la vertiginosa aceleración local y en los grandes formatos, y que están condenados a desaparecer, como los otros extranjeros, en una galaxia de emisarios de medio pelo llegados de todos los rincones del planeta. Esos chicos ya no se visten como Fumanchú, pero tienen la misma mala leche, son unos de los pocos que compran su ropa en las boutiques italianas, y consideran nuestro exotismo una especie de despropósito. Así que mejor correr un tupido velo y seguir vendiéndole nuestro cotillón a los japoneses, porque estos otros no están por la labor.

Los tiempos cambian, monocultura y genotipos personales parecen ser la consigna. Los genetistas están en la cresta y se mueren por fijar el antiguo itinerario de la especie antes que todos perdamos contexto, mientras no paran de viajar a lugares remotos, cuando muy cerca de sus despachos del NG perviven sociedades seudo primitivas bien sedimentadas, a años luz de las superestructuras, españoles, italianos, griegos, rumanos turcos, montenegrinos, uzbecos... No obstante, y en contra de este indigenismo espontáneo del que hacemos gala a la hora de cambiar de residencia (nada parecido a las burbujas migratorias, o a las residencias transitorias más o menos permanentes de los extranjeros en nuestro país, o a sus desplazamientos intermitentes, o a los colonos de la tercera edad), los españoles en medios exóticos suelen repetir una serie de protocolos que los hacen *rara avis*.

Los protocolos no suelen ser exclusivos, y es frecuente que otros grupos nacionales con igual disposición se apropien de ellos. Todo pasa primero por un eclecticismo forzoso que no sea demasiado comprometedor, por ejemplo, se podría adoptar la vestimenta pero no la lengua, en el mejor de los casos una jerga sencilla, nada de fonética ni translingüismo (nunca nos haremos Conrads o Navokovs, la sofisticación transcultural nos parece off limits). Lo habitual sería la adopción sin esfuerzo de un modus vivendi implícito en un marco mal asimilado de signos externos, y poco más. El multilingüismo todavía es para nosotros una utopía, y solemos movernos entre el uso precario de nuestra propia lengua y la utilización vergonzante de otras, o su completo desconocimiento, una especie rara de autismo idiomático llevado al extremo.

Por lo general nos conformamos con poco, aunque no renunciamos a lo que sería el tercer protocolo: la imitación pintoresca de la extravagancia. Eso sí que nos chifla, nada de tomarse las cosas en serio, ninguna refexión sobre la naturaleza del otro, ninguna sensiblería ni esponjamiento, y mucho menos, erudición u observación, ningún trabajo de campo, lo que nos mola es la vis cómica, la comedia de las costumbres (la propia y la ajena), y el grado cero. Lo que de verdad nos gusta de la etnología de la convivencia es su cine de barrio. En este cuento, pobres y ricos marcan la diferencia: la héterosincracia de los primeros se llama emigración, mientras que el monoculturalismo de los otros es su viaje a ninguna parte. Los ricos no hacen imitación, prefieren la autosaturación y el flirteo con el falso cosmopolitismo que produce el dinero.

De este protocolo surge un cuarto, uno residual que abre otra perspectiva, y que llamaremos el mal de Nazca. No es endémico de los españoles en Perú, o de los peruanos en España, sino una abstracción aplicable a los desplazamientos de población, y en especial a aquellos *at random* y poco motivados, y nos habla de las señales que no entendemos, del mapa geopoblacional que nos contiene y que no somos capaces de ver. Como residentes exóticos en un medio exótico, estamos expuestos a entrar fácilmente en contradicción y generar incompatibilidades que debería ser necesario neutralizar. En esta situación es el propio cuerpo el que produce su vacuna de hemoglobina, y todo se pone en su lugar, excepto por los síntomas leves de un extrañamiento permanente que ya no se resolverá, y que pasa por no entender demasiado bien el lugar que se ocupa en el dibujo social, y que por lo general no es observable desde ninguna perspectiva que esté a nuestro alcance.

Desde este punto de vista, Nazca es un lugar incongruente. Fuera de las coordenadas uno no puede ser asimilado, ni interpretado, ni es capaz por sí mismo de crear ninguna relación funcional con los demás, excepto por un esoterismo bizarro de fácil acceso del que pocos quieren participar. Nazca es siempre excesiva, cae fuera de los patrones conocidos, resulta inadecuada y no la encontramos por ninguna parte en nuestros libros de patología.

En este mundo cada vez más extraño por su familiaridad forzosa e imprevisibilidad, por sus instintos autodestructivos y la sofisticación y pérdida de contenidos, mientras unos pocos se formalizan y viven como los Eloi en bonitas propiedades al aire libre, engordados y vestidos igual que patricios romanos, otros hacen de buen salvaje (o no tan bueno), comen mal y viven peor, se han hecho morfológicamente diferentes y van como los Morlocks hechos unos pintas. El monocultimo a la española (esa insoportable especificidad del ser) es del mismo género, un exotismo low cost en vias de extinción, del que sólo cabe recuperar sus células madre, y que tiene los dias contados. Como en aquella película subliminal de Tim Robbins, fuera de los códigos genéticos archivados no hay nada que hacer, todo es tercermundismo.

Multiculturalismo my ass, o españoles al borde de un ataque de nervios

Todo el mundo sabe cómo han cambiado las cosas en los últimos años. Miles de inmigrantes atraviesan nuestras fronteras con relativa frecuencia por supervivencia o alentados por sus propios gobiernos, o por hacerse con algunos de los iconos de la nueva cultura material. Vienen de Mali o Guinea, de Ecuador, de Rumanía o del nudo magrebí. Un HP Pavillion o un televisor de plasma serían tan inalcanzables allí, como aquí un mozarrón negro que te prepare el té. Saben lo que han dejado pero no saben lo que se van a encontrar. Algunos han entrado organizadamente, empapelados, censados y despachados, como un paquete de la Royal Mail, otros han corrido por las bandas y se han colado discretamente o a traves del pasillo espacio temporal de la Cruz Roja u otra organización humanitaria. Ninguno, probablemente, ha tenido un sueño bucólico en relación con su desplazamiento, ni ha buscado como se hacía antes la réplica de su paisaje autóctono, ni tiene planes de dar un auténtico pelotazo a la Onassis, y hacer su primer millón de euros antes de cumplir la mayoría de edad. No hay bonding con el territorio, ni castillos en el aire, sólo una enjuta economía de supervivencia, y las expectativas de un aislamiento funcional muy poco o nada operativo o una integración alienada. Los inmigrantes son la clase obrera de un nouveaux marxismo aplicado a los desplazamientos de población, y nuestros estresados paises anfitriones los nuevos campos de trabajo.

Mientras tanto, la cultura receptora, permanece inmóvil viéndolos venir, sin planes de futuro ni psicologías de inserción, sólo la jurisprudencia salomónica del campo y el mismo dispositivo socio-moral con que se acoge a los refugiados. Los que vienen saben lo que pasa pero no saben lo qué va a pasar. Hace unos años, en Yugoeslavia, alguien decidió no hacer cross cultural y exterminar a las culturas advenedizas, parturientas y niños incluidos, y crear un reino de príncipes de pelo satinado a lo Peter Jackson.Y las cosas no fueron del todo mal, se suspendió el partido pero se llevaron tres puntos para la quiniela. Muchas filigranas con la pelota pero al final los programas y los planes de erradicación genética están a la orden del dia. Desde el poder, como cualquiera sabe, la película es otra distinta, la razón de estado, el recién llegado teologismo y la justicia divina en política, sirven tanto para un roto como para un descosido. No obstante, el derecho internacional prohibe desde entonces el exterminio parcial o total de cualquier pueblo, por pequeño que sea, por motivos más o menos injustificados, mientras no se haga en defensa propia (el elefante blanco que montan ahora nuestros cruzados), y aconseja sin pudor la utilización económica de la desigualdad, un arianismo de alta rentabilidad de aspecto humanista.

Que no sabemos lo qué va a pasar es evidente. Si antes las sociedades se mezclaban como un Margarita y todos sabían que un trozo del pastel era también para ellos, hoy sobrevivimos junto a una inmigración resentida y distante que sabe que el pastel ya ha sido repartido. Y en este esquema, el futuro no se parece a nada conocido, una distopia de vidas cruzadas sin coherencia y algo de arquitectura de autor sumergida. Una parte de Robert Altman y tres de Ballard, agitado pero no batido, sobre una sólida base de capitalismo genético implantado.

Mientras en el extranjero una ficción sociológica derrotista comienza a dar señales de vida, en España seguimos a trancas y barrancas con el cosmopolistismo enforzado al que nos vemos sometidos, y nos quedan por superar aún las pruebas del primer curso. Claro está que no seremos expeditivos como los yugos, ni integradores como los reformistas, es mucho más probable que demos la nota y terminemos en tablas o dando por culo a nuestras minorías exóticas, como antes con los cobrizos, o los judíos, o los republicanos liberales... el peso de la historia, ya saben, esa farsa de necrodeterminismo para hispanos cazurros que tanto nos gusta representar.

Pero vayamos por partes. Nadie va a negar que nuestra capacidad para la integración es escasa, que preexiste una especificidad propia que juega en contra, por no mencionar la especificidad propia de las minorías que nos han tocado en suerte, ni las dificultades inherentes a la integración de grupos extraños entre sí y con sus anfitriones. Resulta difícil imaginar hispano-rumanos o ecuato-rumanos o rumanos mozárabes o sino-marroquís, cuesta imaginar un paleo-ecuatoriano recesivo en un concurso de tortilla de patatas o en una fiesta de moros y cristianos, o a un rumano en una peña taurina, o a un marroquí de una fraternidad mística secreta visitando a su suegra en un pueblo de Chimborazo, o llevando a su hijo a una ikastola o a una sociedad gastronómica, o a un subsahariano haciendo de casteller en Vals, o a un rumano de ascendencia dacia en la fiesta de los indianos o jugando petanca en la plaza del pueblo, o un guineano en una sardiñada en Sada, o un hispaño-malinés en la oktober fest o en la festa de la sal en La Escala... aunque haberlos haylos. Lo que sí hay de verdad son prejuicios en materia de biodiversidad doméstica, y un miedo ancestral a meter al otro en casa. No señor, aquí nadie invita a cenar a un menda de la autonomía equivocada, a no ser que pueda llevarse algo a la bolsa y salir en los papeles, por ejemplo, somos refractarios y no queremos a nadie husmeando en nuestros cobertizos, somos más desconfiados que en los cuentos de Passolini, y de visita, siempre hostiles.

O quizás no, quizás estemos en el camino correcto y la integración del futuro, incapaz de resolver estas dificultades de divergencia y autismo social, termine por adoptar un mestizaje medium rare. Una des-integración integradora, que sería la fusión a cualquier precio de modalidades dispares y la gestión *in situ* de una dudosa psicología de las incompatibilidades. Primero un nuevo orden económico siempre atento a las prioridades que todos ya conocemos, luego el surplus de una integración más mediática que real, y de segunda categoría. En el futuro, entonces, todos estos híbridos geográficos con los que antes hemos fantaseado existirán como un subgénero pero tendrán su peso social y su voto en una macrodemocracia clónica y víctima del gigantismo crónico, y que será, por defecto, poco tranquilizadora. Y existirán comunidades suspendidas en un equilibrio precario, divididas en sacros y profanos, canónicos y apócrifos, estresadas y con altos niveles de ansiedad, funcionales pero éticamente incoherentes. Los feos trabajarán para los guapos, los híbridos serán las mujeres y los guapos los talibanes. El precio a pagar será alto, será la polarización, por un lado una minoría inestable bendecida con una felicidad crematística y neurótica, el Shangrilá de un grupo de frívolos ociosos y débiles mentales; por otro, mayorías marginadas y aculturadas, infelices y sometidas a la vejación de la indigencia o a la de los ingresos mínimos, una distopia para echarle de comer aparte.

O quizá no, y el futuro sea el multiculturalismo en esporas, como una Iowa futurista, con sus Lourdes, Bangor, Oxford, Lisboa... y otros pueblos de deriva, como un gran mapa etnográfico de la última diáspora universal. Pequeños estados miniatura en donde cada nacionalidad haya hecho acopio rápido de su propia cultura material (túnicas de colores, boubous malineses, bekishes y sombreros de piel jasídicos, colombianas de pantalones apretados, junto a burrekas, pollo con berenjenas, ajiaco y arepas de huevo... la identidad del estado es, después de todo, un asunto inventado). Como en Brooklyn pero sin cuartos, víctimas de la rancia desaceleración de Europa, el cutre de los salarios bajos y los altos costes... Dia, Lidl, Intermarché y una retícula de seudo mercados africanos que van de Noruega a Provenza, y que encuentran su máxima expresión en España, y en los que no hay nada del continente negro sino un retailer gestionado por rumanos, gitanos y otras etnias ambulantes, destinado a las clases medias bajas. El multiculturalismo estéril no puede estar mejor representado que en estos mercados, en donde las culturas se cruzan pero sin efecto, sin compartir, sin hacer transferencias, infinidad de diferentes modelos de gama HD (humanoid decoys) sin programas para intercomunicarse. Así está la peña multicultural, y peor estará. Nada parecido a aquél bar galáctico de Lucas con un montón de especies divergentes alternando cordialmente, sino como mujeres secuestradas con su prole y en cuartos separados, en aquella terrible casita de montaña del mulah de "Osama". Aquí también, como en el infierno talibán, podrás elegir tu candado. El precio a pagar por este multiculturalismo de pega será la enajenación mental y el ostracismo en espacios atestados, la supervivencia contra la lapidación económica. Para muchos, demasiados, ésto que nadie elige es lo único que pueden elegir. Usted dirá: pasados cincuenta años y dos o tres generaciones todo se resolverá, los españolitos pura sangre habrán muerto y tendremos ecuatomarroquíes con dudosos abuelos rumanos residentes en Palafrugell y estudios en des Moines o en La Haya, auténticas piezas únicas de un mestizaje que confeccionará su propio genoma artificial, y que eventualmente se harán terroristas internacionales o navegantes solitarios o se dedicarán a la cria del gusano de seda en el sur de China. Usted dirá, quizás en el futuro todos vivamos felices y comamos perdices, sin estados pero bien corporativizados, apartamentos pequeños, cambio climático y restaurantes chinos por todas partes, una sóla super empresa y ningún dios, y todos transculturales, y probablemente tenga razón.

Pero mientras tanto, pintan bastos. El personal no ha aprendido todavía su segunda lengua y nadie sabe lo que es kimchi o nasi goreng. Tal que hoy lo único que tenemos a disposición es un multiculturalismo de apaño, una bicicleta tandem con los manillares enfrentados, un partido de cricket en las Ventas, y una alianza precaria diseñada por la administración pública de los paleto-políticos de nuestro particularísimo revival griego, y el invento del tebeo de una democracia capitalista para unos trescientos. Si en el futuro podremos hablar de integración *medium rare* y de la aparición en el espectro de población de unos extraños híbridos polimorfos, incompletos aunque interesantes, y capaces ellos solos de generar a medio plazo alteraciones profundas en el paisaje idiosincrático, es algo que está por verse. O si por el contrario, habremos permanecido inmóviles en el microuniverso de las esporas, incapaces de hacer bonding alguno y atravesar las membranas nucleares, condenados para siempre a sobrevivr en un exotismo cotidiano múltiple, dentro de sociedades mixtas que obligan a sus minorías a convivir en desorden. O quizás los hijos de la diáspora decidan, contra todo pronóstico, hacerse transculturales y atravesar como los espíritus las identidades en oferta, despreciarlas y materializarse en un nuevo mundo que todavía no conocemos, es algo que también aún está por verse.

Lo que sí está a la vista de todos es el palimpsesto de las sociedades actuales, sobre un fondo de elementos tradicionales un poco de fusión y deconstrucción, unos toques de física cuántica y bombardeo de protones, un coinage emplatado según las leyes de la estética, como en algunos garitos nouvelle cuisine. Sociedades residuales inestables en gestación y en tránsito a un futuro coyuntural que siempre nos sorprende por su inmediatez e imprevisibilidad. Para unos y para otros, según se mire, pueden resultar muy diferentes: aberrantes para los pesimistas, una pesadilla políglota inquietante y con una pésima cocina, con la amenaza permanente de las sub-castas y los extratos más primitivos y otras minorías expurgadas de sus propios países, por no hablar de la esperanza cero de hacer futuro con millones de semi-analfabetos alienados por la cultura de masas, como no sea la explotación directa. O para los optimistas, justo lo contrario, sociedades coherentes y enriquecedoras, una delicia de post-sociedades dinámicas creativas y bien estructuradas, con okupas multirraciales y un montón de movida en las calles, restaurantes étnicos y ropa alternativa, una Babel para tipos con instrucción primaria, una comunidad versátil y multidisciplinar más parecida a una cátedra de sociología urbana que a una verdadera sociedad.

Sabemos todavía muy poco, pero basta tomarse un café en el bar de la esquina o echarse una charla con los cazadores-recolectores blancos de tu urbanización, para comprobar que el personal está al borde de un ataque de nervios. Es cierto, sólo hay que esperar y en unos pocos años, justo antes de que usted liquide los últimos plazos de la hipoteca, el hijo del conserje hondureño casado con la cuñada de la rumana del cuarto y nieto de un refugiado guatemalteco de origen libanés, estará haciendo bonitos jardines paisajísticos en Lagos, después de un curso de Garden Scenery en el Rotary de Punta. El tiempo, como siempre, pondrá las cosas en su lugar, y nos instalaremos en un cosmopolitismo feroz, en donde las partes habrán elegido los atributos externos de su genoma a placer, hoy ésto mañana lo otro, con un par de cojones, y se alimentarán de sus orígenes oscuros, que pueden ustedes apostar, habrán sido escrupulosamente ignorados. Como tantos otros cocineros, ya sabe, y grandes autores. Quién iba a decir que al final los cocinillas del cuento iban a ser los primeros en pillar el nuevo truco del falso multiculturalismo. ¡Mon Dieu!

Pero aquí, en casa, estamos a años luz de esta quinta dimensión de las identidades nacionales. Gendarmes de una españolidad retrógrada, somos lo últimos de Filipinas en etnodiversidad, y todavía nos llevamos como el perro y el gato con nuestras autonomías locales. Por no mencionar a los extranjeros, con los que mantenemos una saludable distancia. Lo que antes era un tranquilo país católico apostólico romano de pan con aceite y café con leche en vaso, se llena ahora de musulmanes, ortodoxos, evangelistas y toda clase de cultos paganos, y en lugar de lentejas con chorizo se empieza a considerar abiertamente la posibilidad de alimentarse de maielie meal y bobotie, tajines, papas chorreadas, sancocho y pan de yuca. Y por supuesto, el personal está de los nervios, por un lado la especificidad made in Spain, que es como un caso de hipertiroidismo idiosincrático, una gordura flácida del tejido adiposo, resecamiento y la hormona de la españolidad funcionando a tope; por otro, una diversidad ajustada al perfil del pais pobre receptor, que es para darse con un canto en los dientes. En un par de lecciones más es probable que salgamos a flote o entremos en retroceso, y nos convirtamos quizás en el primer caso de desplazamiento de población invertido, y los malineses volverán a sus mercados en Bumako y los ecuatos a la agricultura de subsistencia, y los rumanos retornados nos sacarán dos puntos en el PIB en el primer semestre. A saber.

Podemos elegir entre infinidad de coordenadas: Lavapiés en el centro de Madrid, el Rabal en Barcelona, Roquetas de mar en Almería, algún baluarte del rural-nacionalismo ampurdanés, una isla del archipiélago canario, o pueblos en Soria en los que se habla macedonio, lugares en donde el choque cultural y el estrés étnico es tan alto que los informes deberían estar en el Ministerio de Sanidad. Las señoras que se sientan en la acera, como vienen haciéndolo desde los tiempos de Calderón de la Barca, los pensionistas y la policia local dicen que los ven venir, y más que una película de Barmak es peor que el dia en que los mundos colisionaron. ¡Multiculturalismo my ass!, es la invasión de lo ultracuerpos, clones culturales antropomórficos casi perfectos pero con una poco apreciable diferencia de carácter. No, no es para reírse, es como la caída del imperio romano.

Ésto, claro está, no debe decirse, no es política ni moralmente correcto, especialmente cuando estamos en tren de hacer el falso diseño de esta falsa integración cultural motivada desde nuestro falso seudo-humanismo. Sí señor, habría que sentarse con los mulás y los santones del sur de Túnez en la puerta de la casa y hacer butifarradas con todos los otros pueblos latinos y románicos que nos visitan, que ya vendrán mejores tiempos. En cualquier caso, los radicales se equivocan, y los liberales se equivocan, porque como dice el tao: será lo que tenga que ser.

Cargocultismo en España 1993-2010

Llevamos años viviendo del cuento. Los españoles somos como los Ndani de Papúa. No sólo sobrevivimos con una dieta ideológica de tubérculos y cerdos domesticados, sino que hemos construído auténticos aviones con los restos de nuestra cultura material, y nos hemos sentado a esperar que vuelen. No somos los únicos, otros paises del aparatischk comunitario han hecho o están haciendo lo mismo, y los Hércules de la UE no dejan de sobrevolar el espacio aéreo europeo arrojando fardos y más fardos de economía capitalista de segunda mano. Los indígenas adoran este *modus operandi*, han dejado sus huertos y expediciones de caza y se han reconvertido a la magia simpática de las ayudas y el culto a la burocracia de Bruselas.

La metáfora es sólo de deriva, cualquiera sabe que las culturas europeas oportunistas no usan guardapenes ni máscaras de barro, aunque sí tienen infinidad de lenguas con mucho vocabulario, y no paran de hacer copias que no vuelan de todos los iconos de las verdaderas culturas dominantes. Y si uno se desplaza con ella, con la metáfora, tendrá la oportunidad de ver muchas imágenes bonitas. Las secuencias pasarán rápidamente y por un momento tendremos la ilusión de que ésto es igual que aquello, sólo que somos diferentes, pero es un falso razonamiento, una tautología. Este es un pais recesivo, especular, con un fuerte y complejo, aunque en general superfluo, sentido de identidad nacional. Apegados al pensamiento mágico, al pillaje intelectual y a los vicios de comportamiento, nos faltan todos los cursos en pensamiento frio. Sumidos en una etapa oscura de tribalismo simpático y en un semi-analfabetismo apenas disimulado, llevamos años levantando los brazos al cielo y haciendo réplicas inoperantes de todos los iconos sociales que pillamos, tomando en préstamo modelos estructurales que aquí funcionan paradójicamente, y utilizando combustibles de quemar. Es necesario saber dónde estamos y si estamos a tiempo de racionalizar las bases, re-educarnos y evitar que los listos se larguen, hacer menos bush-gossip como las sociedades primitivas, y un poco más la autocrítica de nuestra mala conducta. Somos oscurantistas, pubracionalistas y tenemos algo de ignorantes agresivos, pero todo es posible. Hemos tenido nuestros profetas, con todos los papeles y debidamente secularizados, y hemos tardado en lapidarlos lo que se tarda en ordeñar una vaca. Vale, somos algo analfabetos y cargocultistas, unos talibanes de bajo impacto, sueltos y relajados, pero no hemos leído ningún libro, ni siquiera ese puñetero libro, y todavía respiramos.

En fin, que he levantado la vista y he visto el trailer de un viejo docu de Timothy Asch en donde unas extrañas misiones Salesianas o Jesuitas o del Sagrado Corazón, nos colonizaban cordialmente con electrodomésticos y baratijas y sistemas sociales avanzados, como los gobiernos representativos, la venta por catálogo, los muebles suecos, y la ingenieria mecánica suficiente para inmovilizarnos, y me he visto a mí mismo ante una pequeña tribu de indígenas boquiabiertos mirando con incredulidad y sentimientos encontrados la luz de los nuevos objetos. Y luego me he visto solo, en un habitáculo hecho de materiales rudimentarios y escribiendo un panfleto contra los jefes de la tribu, haciendo, ya saben, cargocultismo de la peor clase (el que se piensa a sí mismo), y que no va a volar, evidentemente, a ninguna parte. Quizás estas imágenes en rápida sucesión tengan el mismo efecto que aquellas de La Naranja Mecánica, y nos impregnen de dolor, quizás funcionen como una especie de video tortura que no podemos dejar de mirar.

Tenemos también una novela que no vuela, y un ensayo, y una poesía, y una prensa medio escrita, y un pensamiento filosófico que es como el jerkish de los noventa, un curso abreviado de redacción para adultos discapacitados con enseñanza superior. Nuestra filosofía de boudouir y probointelectuales se parecen menos a Stanley Fish que a los hermanos Calatrava. Y nuestro pensamiento crítico no ha pasado de los callos con garbanzos y Alfredo Landa. Somos los reyes del mambo, pero no tenemos nada que decir, ni ensayo, ni pensamiento interdisciplinario, y el primer y último encuentro tuvo lugar en Santander en los ochenta y no se enteró casi nadie, y se autodestruyó en quince segundos. Hoy, la única inteligencia en los medios es el periodismo del corazón o el político, repetitivo e ingenuo, parcial e histérico, y nuestros maestros pensadores llevan los nombres que muchos detestamos. Tuvimos una buena prensa escrita en los ochenta, ahora la teleología periodística se parece a los mensajes en las galletas chinas. Tenemos una poesía nemotécnica, como aprendida de memoria en los manuales de rima para amas de casa, que oscila entre los tesoros de la juventud, la lúbrica adolescente y la neurosis maníaco depresiva de Leopoldo Panero. Nuestros críticos han aprendido a echar las cartas por correo y no serían capaces de ver a tres en un burro, la hipermetropía y la crisis de las hipotecas han barrido sus antiguas aspiraciones de justicia literaria y ahora sólo piensan, como los dayak, en colgar del techo las calaveras de sus enemigos. Y la novela, predestinada y damnificada por media docena de cargocultistas empresas editoriales, es la pintura rupestre de la verdadera fauna, es el totem más tieso que uno pueda imaginar de los animales fantásticos que rumian por las grandes praderas del mundo civilizado.

Y hay más. Un CSIC que no vuela, una especie de perdiz gordinflona, un urogallo, sólo vuelos cortos rastreros sobre una vegetación arbustiforme. Nuestra ciencia está politizada, aislada y alimentada como una especie en peligro de extinción, y todo a cuenta de un régimen de bajos salarios y subvenciones que no hace más que alimentar a científicos encelados con una burocracia chamanística que no se separa del poder. Los que se quedan, se hacen cargocultistas de la menopausia de los consejos rectores, los que se piran, se salvan. En casa también hacemos arqueo-genética, aislamos células y partículas, sí señor, pero todo en versión total playground y con un ojo puesto en la administración pública, en el ego del príncipe. Somos cargocultistas rentistas, los seudocientíficos primival del dinero que cae del cielo, somos trinitarios o paganos animistas, y a todos nos privan los aforismos, la alquimia y la historia universal de la ciencia en fascículos de los periódicos dominicales. Todavía inmersos en el pensamiento mágico (que es político y anterior a la política), jugamos un partido agotador y reñido, pero fuera de las bandas, que es algo así como aquél super evento que celebran regularmente las tribus papúes en Port Moresby, y que no sirve para nada, excepto para birlarle la billetera a los blanquitos.

¿Y qué pasa con la arquitectura, el urbanismo y la casa familiar? Siento tener que decirles que lo mismo, somos todos aborígenes australianos y pequeños inversionistas. Tenemos una arquitectura pública globalizada pero nuestra vivienda tradicional es rudimentaria, precaria o lamentable. Vale, no será para tanto, pero convengamos en que estamos unos capítulos atrasados en materia de vivienda inteligente. Si el urbanismo made in Spain no parece capaz de despegar, porque no ha sido bien pensado, ni tiene siquiera un elemento de los que generalmente se atribuyen a la habitación típica normalizada, que decir entonces de la casita de fin de semana, o de las ruinas arqueológicas de la sanidad pública que todavía quedan en pie, o del triste habitáculo de la empresa privada cien por cien capital español. Por no hablar de los espacios verdes públicos y la jardinería urbana, el reciclado o la recogida de basuras, que es un poco el escenario lúgubre del banquete caníbal en aquella película de Jean Jacques Annaud, o la plaza central de una toldería tehuelche. Mientras la Europa civilizada construye sus detached, garden cities y playas urbanas, mientras limpia las calles a conciencia y practica el higienismo de los espacios públicos, aquí imitamos tan nobles esfuerzos pero con cierta precariedad formal e incluso sin una conciencia clara de los objetivos, como un chimpancé con una máquina de fotos, y sin perder de vista el abandono y descuido del habitat cultural, que es una prerrogativa de todas las sociedades primitivas, incluída la nuestra.

Y también somos los orgullosos padres de una política salarial que no vuela, que se ha quedado sin gas en la encomienda y en el pecunio romano. Nuestros subasalariados son la gleba medieval, como i servi del Renacimiento italiano, no han superado todavía la cosa precapitalista del trabajo como donación, la bula del amo para entrar en la zona de privilegio y adquirir el derecho a enriquecerlo. En España, muchos no trabajan sino que hacen encomienda, han sido tocados por la varita del píncipe, han sido elegidos para entrar en el reino de los cielos del trabajo por donación, disfrutan ahora de la dicha de formar parte del patrimonio del amo y podrán ser, llegado el momento, enterrados vivos en su tumba. A falsos aviones que no vuelan, una falsa ronda de privilegios con los bajos salarios, la gleba se desgasta y entra en la espiral del deterioro personal y el culto al príncipe, y en una nueva fámine de bajo perfil, con aún más bajo coste social. Con la mierda de salarios que maneja el megacapitalismo, hemos vendido por chavos no sólo la fuerza de trabajo sino una parte importante del alma. Las verdaderas reivindicaciones pasan por trabajar poco y ganar más, derechos humanos contra injusticia salarial. Hecha la ley, hecha la trampa, humanos más que humanos, lo que algunos llaman la revolución silenciosa. Se acabó la plusvalía, la alienación, la charada marxista, ahora todos *sub lege*, todos a por las pruebas circustanciales, hay que dejar las armas y hacerse juristas para una sociedad igualitaria, unos Robespierre con cara de funcionarios de Bruselas. A la Europa fria le va bien, en casa deberíamos pensar en dejar el alto medioevo y entrar de una vez por todas en la onda benevolente de nuestros vecinos.

Y somos los padres de una administración pública que no vuela, por ejemplo, de un aparato volador al estilo de los hermanos Wright. Y de un montón de literatura basura y monólogo evangelista, una papilla para consumidores en las primeras etapas de su vida política. Los Catón, Tiberio, Cayo Graco y Cicerón de la escena local pasan el dia haciendo discursos gangosos en estadios cerrados, mientras los asuntos importantes que atañen a los ciudadanos van de sus dos estómagos a una burocracia estúpida y chovinista e inoperante. Y pasan los días, y los políticos no paran de pegar la hebra y nos arrastran a todos a un sopor retórico que es como releer a Gutierrez Fernández y al Código Civil, un mareo de donde dije digo, digo dije, o la parte contratante de la parte contratada, pero sin una pizca de humor o inteligencia. Mientras nuestros socios europeos hablan y dicen cosas, nosostros fabricamos aviones que no vuelan con sus modelos sociales, su jurisprudencia, justicia, legislación familiar, enseñanza pública, derecho constitucional... sírvase usted mismo. Primero se copian los contornos, luego se rellena utilizando materiales maleables de los que abundan en la aldea, luego se deja allí reposando durante períodos de cuatro años, para llegado el momento repetir el mismo proceso. Sume usted funcionarios fosilizados, más organización jerárquica y liderazgo, sujetos por un organigrama de fiasco, extrapolado de los manuales de

política global para necios, y ya tiene nuestro auténtico simu-
lador funcionando. A diferencia de los modelos primitivos,
grotescos y morfólogicos, se necesita ahora un obsevador privilegiado para detectar el chasco, y descubrir con sorpresa
que los modelos con los que aquí trabajamos son sólo formales y con un bajísimo nivel de contenidos. Son deceptivos, y
en posición de contacto sólo emiten una falsa sintonía, el ruido de un viejo juguete de fricción. Nada de real politik en
sentido literal, somos la sociedad en el espejo, el pálido reflejo de los paises industrializados desarrollados, y nuestras instituciones y modelos sociales son como viejos juguetes
chinos. Eso sí, en el ir y venir de esta ópera cómica que llamamos vida pública, vendemos estacionalmente algunos servicios, somos un grupo de insignificantes oportunistas
industriosos, una estación de limpieza para peces grandes.

Mientras ellos tienen, si me permiten, el Booker, Satchi & Satchi, el Globe, Cambridge, la Ecole Normale Su-
perieure, Vincennes, derechos sociales, carril para bicicletas,
Housing Proyects, Kate Blanchet, Arte, Ikea, los documanta-
les de la BBC, Radio Four, el Parlamento, el British Film Ins-
titute, el Olympia Dog Show, escritores, el Cirque du Soleil,
jueces con pelucas, qué sé yo... Nosotros tenemos el Planeta o
el Torrevieja o el Premio Primavera de El Corte Inglés, la
Universidad Alfonso X o la Pontificia o la UCAM, cuatrocientos euros en épocas de hambruna, atropello de ciclistas y
centenares de muertos en las carreteras, el pocero, Pe y Don
Antonio Banderas, Expomueble, Tele 5, los Goya, la mutila-
ción o el maltrato y el abandono de animales domésticos, gente que escribe, el Circo americano, la cabra en la escalera,
jueces que no se duchan... Mientras ellos tienen a Clive James, nosotros a Terelu Campos, ellos estudian, nosotros pegamos los mocos debajo de la mesa, ellos reciclan, nosotros
tiramos la basura en el suelo y hablamos de tradiciones, ellos
tienen a Dian Fossey, nosotros al toro de La Vega, ellos emiten Apostrophes, nosotros DEC, ellos hablan, nosotros grita-

mos, ellos tienen pensamiento abstracto, nosotros no, ellos tienen a Freud, nosotros no tenemos inconsciente, psicoanalíticamente hablando, si me permiten, somos de encefalograma plano, ellos tienen buenos modales, nosotros la ley salomónica, ellos son cenizos y envarados, nosotros somos la leche y no nos cortamos por nada, ellos tienen autocrítica, nosotros la semana santa, ellos son positivistas, nosotros po zi tivistas...

Desde practicamente el 93 vivimos en un agradable estado de fascinación permanente, deslumbrados por las baratijas y el estado del bienestar de las cortes europeas, y nos hemos hecho cargocultistas de casi todo. Nuestro milagro económico ha sido como el martirio de un búfalo en las tribus vietnamitas o un funeral balinés, o una matanza de cerdos en la long house. Un pueril y apasionado grupo de cazadores-recolectores de la ribera occidental del Mediterráneo festejando el advenimiento de una nueva era de los bienes *ex dono*, el incienso y la mirra de los reyes del superhabit permanente. Y hemos estado así, postrados, durante todos estos largos años, esperando los regalos que caían del cielo y el milagro de los peces y los panes de nuestros socios industrializados, cargocultistas, boquiabiertos y especulativos al límite, hemos estado haciendo chapuzas y deliberando, por decirlo de alguna manera, sobre los orígenes mitológicos del dinero. Una verdadera pena.

Ahora soplan malos vientos. Los aviones de Bruselas han dejado de volar y ya no hay fardos, ni euroesclavitud, ni mano de obra negra para el pimiento y los pepinos, ni subcontratas en el este. Los inmigrantes se han dado cuenta de que el milagro económico español era un farol y ahora se dan la vuelta bien lejos de las logias negras (diría Lynch) de nuestro capitalismo chafardero. Acabado el cargocultismo de marras, roto el hechizo europeo, sólo nos queda enfrentarnos a la imagen en el espejo que, nos guste o no, proyectamos.

La vida sin Freud

Vale, de acuerdo, el psicoanálisis se ha ido al garete. No ha soportado el yoísmo ni el exceso de peso chovinista, demasiados maestros, demasiadas *court seánces*, muchos jefes y pocos indios. Queda una clínica modosita, ya saben, como si el cura del pueblo hubiese leído a Charcot, y mucha terapia aplicada para analizantes sin imaginación. Se acabaron las palabras y la escucha, queda una psicología experimental formateada y el cognitivismo. Han llegado las batas blancas y la estadística y los psico han mandado a Caritas sus divanes, las reliquias y las máscaras africanas.Ya no hay tiempo ni nadie pone en venta su espacio personal, si el hombre es una máquina y uno pude ganarse las perras sin involucrarse, por qué insistir con prácticas promiscuas entre propios y ajenos y aquella obscena cohabitación con las transferencias del otro. El que sufre está condenado hoy a la soledad y al aislamiento, al limbo de un tratamiento vertical sin palabras. Además, la sociedad moderna considera el sufrimiento como una mala conducta y un acto de automarginación voluntaria, como en la época Clásica. Los chamanes de ayer se reciclan hoy para la arqueo-psicología y la búsqueda on expenses de las estructuras primitivas del inconsciente, mientras que los nuevos se hacen técnicos en psicometría y analistas de programas. En algún lugar queda la esperanza de reinventar el psicoanálisis, y de buscar los efectos analíticos fuera de los gabinetes privados... se verá.

Vale, está bien como entrée, ¿pero cual es el primer plato? ¿Hay alguien en este pais pre-analítico y edípico que de un duro por la muerte violenta del psicoanálisis? ¿Qué han estado haciendo los cristianos oscurantistas y masónicos en los últimos tiempos, mientras el personal en los países civilizados echaba el bofe palabra a palabra? Pitch Black, eso estaban haciendo, cerrándose en sí mismos y luego abriéndose, y luego cerrándose otra vez, haciéndose recesivos y refractarios, segregando, para desconcierto de algunos, una bizarra identidad paradójica. En una biografía apócrifa, Freud habría dicho que los españoles somos inmunes al psicoanálisis, y las avanzadillas de los ejércitos de la Ecole no han ido mucho más allá de la Riviera Francesa. Algunas atravesaron los Pirineos y establecieron aquí colonias pero sin mucha suerte, quedan unas pocas que se han fosilizado y recreado una seudo analítica sin correlato, como una comunidad budista en el Ripoll o en la ría de Ferrol. Los argentinos han tomado el relevo y han traído con ellos una lengua mucho más cercana a nuestro inconsciente, más embaucadora y lúbrica, y nos han obsequiado con un grupo de terapias de bajo perfil que son más que un año en Provenza, Bienvenido Mr Marshall, y que parecen afines a una cultura de masas aislada que ha sido durante años recesiva, y que de alguna forma, sigue siéndolo.

En cualquier caso, cuatro décadas sin Freud, sin transferencias ni introspección, con todas las penurias domésticas y prácticas bárbaras en materia de dinámica clínica, son como aquella película de Coixet (Mi vida sin mí). ¿Pero porqué esa tozudez a la hora de formar el carácter moderno, esa cosa montenegrina y gitana de ser refractarios a nuestros vecinos? Se ha dicho hasta el cansancio que es política, que la culpa la tiene aquél tipo bajito marimandón que en realidad nunca dijo una palabra, y tienen razón. Pero no vaya a creer que el asunto acaba aquí, no señor, algunos herejes de la diáspora pensamos incluso que tenemos algo de culpa, que hemos elegido mal, y que como aquél pequeño canalla morisco no tenemos nada que decir, salvo librarnos del moro primero y luego de los trinitarios, y hacernos a la idea de que nuestra única neurósis es el pecado original. Dicho de otra manera, penitentes un poco, pero nada nos exime de la culpa de ser quienes somos.

Uno. Somos gárrulos y bocazas, somos unos matados con un curso rápido en Celio Graco y retórica latina, pero no comunicanos. Preferimos el acoso y la masturbación violenta, en sentido figurado, al diálogo de enamorados. Llevo años observando esta conducta obsesiva y no logro acostumbrarme. Aquí te invitan a cenar a casa y te despellejan, rompen los protocolos y se dedican a deshuesarte como para un polpettone. Para algunos la vida social es como un ajuste de cuentas con el prójimo, un cold cut de limpeza étnica familiar, y un psicoanálisis rápido por la cara que no hace si no tirar por tierra cualquier esperanza de comunicación. Y en los medios, más de lo mismo, el debate público es antes que nada corrosivo y daña el carácter, es descalificador y atenta contra la integridad moral del otro. Es como la batalla de las Termópilas o la Guerra Civil de nuestros abuelos, diez pasos y dejamos que hable el acero. Nuestra teoría del inconsciente es patética.

Dos. Por mucha stand up comedy que hagamos, el monólogo no entra en nuestras categorías, preferimos el diálogo sincopado y ese raro terrorismo urbano que es el chiste. En la cultura local, el receptor del chiste es un cero a la izquierda, numerarios de cinco euros y bocadillo, y es un rol que el cómico nunca querría ejercer. Personalmente, siempre he sido uno de éstos, incapaz de recordar chiste alguno por una especie de extraña amnesia, me veo condenado a esta condición de numerario, un caso frecuente de comicidad distrófica que te impide ocupar posiciones de liderazgo en el mundo del pensamiento abstracto para intelectuales primitivos. Lo cierto es que el monólogo cómico es para nosotros un ejercicio de modernidad, con poca o ninguna relación con el humor que se produce por todas partes, un individualismo que se recrea en repetir formatos. Mientras la stand up comedy parece ser endémica en culturas en donde las mayorías son poco o nada graciosas, y están siempre deseosas de asimilar los mejores modelos de comicidad idiosincrática, y en donde el humor es siempre un guión. En casa, todos quieren contar chistes y muy pocos escucharlos, y la seudocomicidad, el chiste arquetípico y esa tan española hiperventilación cómica, se convierte en algo así como el perfil de nuestro inconsciente colectivo.

Tres. Somos puro síntoma, por lo general no nos interesa la etiología de nuestros rasgos personales, ni la casuística relacionada con las pequeñas y no tan pequeñas pesadillas de nuestra identidad social. Ni tampoco experimentamos la necesidad de retroinventarnos, sin historia personal, sin autocrítica, no hay futuro. A veces tengo la sensación de que por fuera y por dentro somos los mismos, y que carentes de un discurso que nos articule a otro nivel que no sea el de la cotidianeidad más espontánea, preferimos elaborar y reelaboral sólo los síntomas. Recuerdo en mi primera juventud, en un pais también muy sintomático y apegado al conductismo más prosaico, la presencia del psicoanálisis y las terapias del lenguaje, indisolublemente unidas a las dietas salvajes, la homofobia, las dictaduras militares, el caciquismo político, la tortura... En un complejo marco de primitivismo latino y pérdida de la dignidad personal, sumados a una economía oportunista y dolorosa, la gratificante posibilidad de escapar al mundo interior de las estructuras del lenguaje y a los placeres ocultos de idiolectos inolvidables como el de Masotta. Incluso la literatura de la época (Bioy, Cortázar, Nestor Sánchez, Dalmiro Saez... y tantos otros) rebosaba de sustancia analítica, un caliostro del que algunos nos alimentábamos antes de hacernos con la leche materna del psicoanálisis argentino. Mientras tanto, en España, entonces y ahora, nos engordan con biberones de nacional catolicismo y creencias antiguas, privándonos de la sofisticación y el chic de una identidad construída con palabras, y obligándonos a una vida simple pre-analítica y muy española.

Cuatro. El lenguaje, uno tiene la impresión, nos sienta mal. Lo que por aquí se lleva es, una de dos, la depauperización o simplemente la mala lengua. No importa dónde, en el Parlamento, en la Universidad, en la Academia, en la calle, en los medios, en todas partes, o se habla mal, o se es víctima de un pudor superticioso y atávico por hacer un uso inteligente de la lengua, de cualquier lengua. Motivo por el cual no sólo somos afásicos, sino afásicos internacionales.

Cinco. Tampoco nos gusta tumbarnos para hablar. Somos bastante buenos hablando de pie, incluso sentados, pero tumbados nunca. Somos positivistas lógicos en el diván, nos gusta cierta assertiveness y los indicios evidentes en la puesta a punto de la historia personal. Nos gusta dormir con una pistola bajo la almohada, un signo, diría yo, de lucidez intelectual. Y nos gusta, en fin, la verticalidad, como en el rito funerario de los gitanos. Después de Rumanía, en España es la primera etnia minoritaria, forma parte importante del tejido sociológico, y nuestros tabús idiosincráticos, como algunos modelos de conducta, no pueden negar sus adherencias. Como en los tercios de Flandes, lo mejor de la suspicacia y la hidalguía vehemente española en los Paises Bajos era de extracción gitana o morisca. Nuestros héroes en el siglo diecisiete eran la mayoría mercenarios extranjeros, mientras los españolitos de pro nos ocupábamos de lapidar los activos de un cortísimo extraperlo colonial, y preferíamos claramente los alzadores de cuello y la daga corta. Sabido es que los que tienen algo que ocultar no se tumban, prefieren ajustar cuentas según los viejos métodos y el análisis en fuga, una escuela bizarra donde las haya.

Seis. Además, hablar puede resultar banal sin no se acompaña con unas aceitunas y una cerveza. Hablar por hablar, en una chaisse longe y en veinte metros cuadrados de diseño interior para refugiados económicos argentinos, es por lo menos un ultraje. En el idiolecto de las clases medias españolas no hay lugar para la verdad analítica, que tiene origen en las culturas reformistas protestantes y en la lectura. Nuestra *ars retórica* es del tiempo de Maria castaña y está sembrada de polisemia y falsas premisas, y no admite *verbatim* ningún enunciado psicoanalíticamente correcto. Para nosotros las terapias del lenguaje tienen más que ver con el vino que con la palabra. Lo que nos gusta es hablar del otro y sólo en un marco de estricta parcialidad, a pelo o justo en medio de una abundante libación. Como en el orígen de nuestro clericalismo, el hablar es parte de una fiesta pagana, y poco más. Nos quedan otros cincuenta años de dura autocrítica para saldar cuentas con un pasado rancio e hipócrita y un habla sin profundidad, y para ponernos, de una vez por todas, a bien con una lengua que nos contenga, en la medida de lo posible, completamente.

Siete. De acuerdo, hacemos transferencias, resulta inevitable hacerlas en nuestra condición de animales sociales, pero para comunicarnos preferimos las manos.Y cuando decimos las manos, al menos en una cultura tan gestualizada como la nuestra, queremos decir las extremidades todas, el entrecejo, los arcos superciliales, los hombros, el volúmen, los registros de tono... Los italianos también lo hacen, dirá usted, pero ellos escenifican y tienen una relación con el lenguaje mucho más inteligente. El código que nosotros empleamos es más primitivo y tosco, hace pocas concesiones a la estética del glamour italiano, y sirve sólo para asustar al interlocutor. Para un sujeto educado y condescendiente resulta casi imposible participar en una de esta lides, en donde el diálogo está tan sancionado y en donde, a cuenta de una discusión de concepto, se puede terminar a puñetazos y mentando a la madre.

Ocho. Y hablando de otra cosa, usted dirá, ellos tienen el psicoanálisis y nosotros el folclore. Nada de Yodel tirolés sino auténtico folk español con denominación de origen. Mientras ellos cuentan sus cosas con mucho vacabulario técnico y oscuras palabras alemanas, nosotros lo hacemos por seguidillas o bulerías. Hay quien piensa que sin darnos cuenta, el folclore hace las veces del enunciado analítico, y en ocasiones no sólo se ocupa de nombrar, si no que cura por catársis. Lo que hace el lenguaje para algunos, lo hace el fútbol o las ferias para otros. A falta de inconsciente propio, expurgado por largos años de conciencia católica y tardofranquismo, el personal se ha hecho con el inconsciente de todos, entiéndase por todos el de un pequeño land psicológico. Ellos tienen a Woody Allen, por ejemplo, nosotros la rumba flamaneca o al Pescadilla. Llevamos años así, privados de autocontrol y de conciencia de culpa, y la verdad, no parece que hayan mejores pronósticos.

Lo más lejos que hemos llegado en materia de transferencias y asociación libre se llama canción española. En lugar de Massotas, O'Donnells, Pichon-Rivières, hemos tenido marujas deslenguadas y festivales de todo pelo. Las consecuencias de esta grave pérdida son incalculables, las mismas de no hacer, psicoanalíticamente hablando, lo que de verdad se desea.

La historia de la conquista, la expulsión de los judíos, La guerra civil y otras lindezas... o la forja de una cultura a la birulé

Decir que nos gusta hacer las cosas mal sería una banalidad. El buen hacer no entra en las categorías del gusto. Decir que el hacerlas mal forma parte de nuestra identidad colectiva es incluso peor, es peyorativo y autocomplaciente. A cualquier pueblo le gusta que le digan que hace las cosas bien, y en nuestra obligada condescendencia nunca hay historia política de lo que se hace mal.

Que hayamos tenido una historia accidentada y llena de desaciertos, y un impasse colonial de zarzuela, que nuestra super conquista haya sido algo frustrante, que hayamos expulsado a los judíos y nos hayamos quedado con los otros semitas más de setecientos años, o que hayamos voluntariado para una guerra fraticida más o menos gratuita, y convertido una democracia recién estrenada en una disputa vecinal con vistas a durar cuarenta años más, o haber dado a luz una clase política a veces complaciente e inmadura, y otras una logia mal encarada... no es lo que nos preocupa. Al final de cuentas, la gnoseología de nuestros errores y actos fallidos se hace siempre backstage. Lo de verdad inquietante resulta ser la falta de autocrítica y esa manera de ignorar buena parte de la herencia cultural y mostrarnos ajenos a nuestro pasado histórico. En este sentido somos modernos, somos como los chinos, nos falta profundidad y sensibilidad, y sólo nos interesa la historia inmediata.

Los genetistas dicen que "the more detached from enviroment, the more disengaged we become from ourselves". La globalización, los viajes, los desplazamientos de población y la pérdida del paisaje, provocan que el genoma extravíe sus antepasados y se quede sólo con una personalidad de rol y una visión sólo utilitaria de su entorno. Nosotros llevamos años improvisando sobre el tema, y todo a cuenta de un malentendido que nos hace a un tiempo, desapegados y endémicos. Hemos desterrado de nuestra memoria colectiva todos aquellos hechos que no parecían jurídicamente defendibles, o todo lo contrario, la edad de oro de una idiosincracia de marca, un estupendo logo para un posible filoespañolismo de pro, y nos hemos hecho fuertes con media docena de rasgos colectivos esterotipados de los que no somos ni siquiera autores, sino que proceden de la literatura turística de los otros.

Pero veámos. De la Conquista apenas si nos quedan un montón de legajos en Sevilla, un poco de jurisprudencia, algunas crónicas y trabalenguas del castellano del dieciseis. Salvo algunas excepciones, la literatura de la conquista ha sido hecha por mejicanos o poetas peruanos indigenistas. Unos cuantos mitos y leyendas, y otras tantas pelis de aventuras con tropa tocinera y nobles a caballo, completan el inventario. Lo cierto es que en nuestro fondo etnológico, esta odisea de pésima producción ha dejado poca huella. A veces nos gusta fantasear con Cortés y Pizarro, ponerlos en el libro de familia del voluntarismo español. Fantaseamos con la cruzada de la fé y una paranoia religiosa muy contagiosa, con fórmulas económicas ingeniosas, misteriosos reinos incestuosos en las selvas del amazonas, y circunnavegantes accidentales, pero no sacamos nada en limpio. Ningún rol model, nada de lo que echar mano y construir una identidad española *au large* y en continuidad.

Y con los judíos, ¿qué pasa con los judíos? ¿De dónde nos viene este antisemitismo que todavía se hace un hueco en las partes más oscuras de nuestro lúgubre casticismo? Primero racistas puritanos, luego antisemitas espontáneos. No señor, el personal no se iba a quedar contento hasta que llegaran los talibanes, y para quedarse. ¿Para qué? Bueno, unas entradas en el Diccionario de la Real Academia y otros tantos casos perdurables de arquitectura para legos. Aparte de esto, setecientos años sin interactuar apenas, y todo para que unos hedonistas intimidantes dejaran una blue pint de rapacidad y masoquismo en nuestro pasado ideológico. Hoy, cuando los otros nos visitan, vienen a libar y hacer out casting en la costa de los esqueletos del bosque Mediterráneo, se llevan la impresión de que no estamos donde estamos sino mucho más al sur, entre Tánger y Casablanca, por ejemplo, en una reserva a lo Huxley, en donde grupos de rápida extinción viven todavía a la manera de las primitivas emociones. Grandes machos, ruling elites, entre otras lindezas, y una cultura de desechables, circustancial y desprendida de sus raices, salvo por cierto chovinismo rudimentario observable sólo desde el aire.

Y lo mismo pasa con la guerra, el crash fraticida de nuestros abuelos. Incapaces de sacar de esta luctuosa adversidad alguna clase de aprendizaje, una moral provisoria para dilucidar en el futuro el maniqueísmo y las tendencias disociativas, la hemos archivado como una querella de patio de vecinos y nos hemos quedado sólo con un discreto marco de referencias anecdóticas sobre la morfología de los bandos, la opereta ideológica, la alimentación de supervivencia, el espíritu castrense y una filmografía de comedia negra. Mientras los otros tienen Pearl Harbour, Moscú, Staligrado, Kursk... nosostros tenemos la batalla del Ebro y un rifirrafe de ajustes de cuentas y marujas delatoras, en la mejor tradición de Puerto Urracas. Aparte del hambre y las lentejas con bicho, el cuarto de unto, el trigo de Argentina, la leche en polvo y la otra mala leche que corría como la pólvora de la retaguardia a las trincheras, y la malicia de los curas, que durante años me insufló mi madre para corregir un pésimo apetito, no nos quedó mucho más, como quien dice, para hacer carácter.

Y para rematar, nuestra historia política moderna, que es como una saga nórdica pero más aburrida, con algo de thriller ideológico a lo Costa Gavras e interpretado por el grupo de teatro de la Falange o la troupe socialista. Una historia, si ustedes me permiten, que es para bajarse en la próxima. Antes mandaban las élites, que eran algo así como las caricaturas de Steadman, ya saben, una prole de hidrocefálicos con bigotillo fino y dientes de sierra, y era patético. Ahora, los que manda son legión, desde consejeros delegados a directores generales y GEOs, pasando por industriales y políticos de oficio, y las cosas no parecen mejores. ¿Qué qué hemos hecho con la democracia? Una línea divisoria en el suelo, una merienda de negros, de un lado unos, del otro los otros. Ésto es lo que hemos hecho, una regresión, de Bruselas a Tordesillas, redefinir los límites de acuerdo con nuestro viejo carácter maniqueo. Tuvimos algunos años de utopía socialista, políticos majos, cambio cultural y un españolismo nuevo y espontáneo y cross cultural, que duró apenas unos microsegundos, históricamente hablando, y que sin ninguna clase de dudas nos hizo mejores al menos por un instante. Luego vinieron los malos tiempos, y todos otra vez a cuestas con el mamoneo y los odios tribales, arriba y abajo con el cromosoma extra del mal español.

No somos los únicos en este apartheid psicológico, les ha pasado y les pasa a otros. En la Europa del Este, en los Balkanes, en el Mediterráneo insular, en Medio Oriente... Sumidos durante años interminables en el malestar cultural, hemos forjado una cultura que sólo ve a medias, y que por simpatía muy pocos ven. En nuestra posición privilegiada, entre los Pirineos y las Columnas de Hércules, nos hemos situado fuera y dentro del continente, y nos hemos obsequiado con un pintoresco carácter involutivo que es para echarle de comer aparte.

Un amigo inglés, frente a unos tesoros de cerdo ibérico y unas almejas a la marinera (una especie de fósil gastronómico vivo de incalculable valor), y con los labios húmedos de Ribera del Duero, me dijo: "you are (se refería a los españoles) so detached at times that you trascend..." No está mal, le dije, *quid pro quo* con el jamón y las almejas. Los ingleses tienen a favor una lengua que los habla, nosotros, como ya se vió, estamos en una fase previa. Lo cierto es que ignoro lo que podría pensar, la conversación acabó y el satori con ella, y el inglés prefirió seguir con las suculentas almejas que hacer sociología con nuestros pecados capitales. Probablemente lo que quiso decir es que la bastardía nos ha salvado de una hispanofilia old age y nos ha concedido la libertad de trascender y hacernos, idiosincráticamente hablando, con el futuro. Como los cabrones de los chinos, que han hecho tábula rasa con su pasado, y están ahora en proceso de transformarse psico y morfológicamente, para convertirse *act es fábula* en una nueva especie, los españoles, ni cortos ni perezosos, podrán convertirse, sin saberlo, en el único gérmen para una cultura alternativa pre-europea, anterior a nuestra actual decadencia, y más preparada para un futuro que se nos antoja desoladoramente implacable.

En resumen. Hemos crecido huérfanos de una historia de la que jactarse. Según como se mire, es mejor que muchas otras cosas, pero supongo que ésto, en cualquier caso, es irrelevante. Podríamos haber hecho cuentas, y algo bonito con el saldo negativo, un *mea culpa* o una autocrítica correctora, pero hemos preferido mirar para otra parte y hacer como si la cosa no fuese con nosotros. Podríamos haber tratado a los pobres caribes y mexicanos con cierta cortesía y no haberles hecho pagar con sus vidas nuestra rudeza y superficialidad, por no tener no teníamos nada que enseñarles; o habernos quedado de una vez con la República y no haber entrado a saco con el vecindario como si fuésemos las huestes de Agamennon, una triste guerra farrullera, como una disputa de marujas marimandonas; o haber dejado a los judíos en sus casas, haciendo lo que suelen hacer los judíos (usura según nuestros rancios y cejijuntos monarcas) en la intimidad; o haber mandado a nuestros políticos a un master de un año en la LSE y hacerles entender que gobernar no es leer tu redacción en clase, pure BUP politics ¡Dios¡

Pero supongo que no, era mejor entrar en el conglomerado europeo con los ojos vendados, como si no hubiese continuidad excepto por ciertos hábitos reguladores, y España Spain Spanien no tuviese, como cualquier otra nación que se precie, su historia antigua, y fuese algo así como la vida en el arrecife. Tenemos que aguantar a los ingleses vendiéndonos su cool y su conciencia de clase, su Raj, los románticos, el té de las cinco, Holmes, sus sistema de Justicia, su consuetudinariedad...; y a los franceses la iluminación, el enciclopedismo, la revolución francesa, los sesenta, el estructuralismo, la cocina con mantequilla y al petit voluntarista de Sarkozy; y a los belgas el Congo Belga, la burocracia comunitaria,los diamantes de Amberes; y a los portugueses, sus pilotos y navegantes, sus trazados urbanos, la Revolución de los Claveles...; y a los italianos el Imperio Romano, el Renacimiento, a Marco Polo y la República Veneziana y cuatrocientas clases de pasta y sus zapatos, el futurismo y la estética fascista; y a los holandeses la Compañia de las Indias Occidentales, el filosemitismo, la particular historia del urbanismo burgués, la arquitectura de últimas tendencias y un montón de modelos sociales desde el XVII... Y podría seguir hasta incluir a todos los paises comunitarios, con algunas excepciones quizás, mientras nosostros pasamos de no existir, a no ser por la notas de Brennan en las Alpujarras, de ser una reserva temática del tipismo exótico situada entre Francia y el Magreb, a vender, desde hace unos pocos años, paquetitos idiosincráticos de usar y tirar y de serie limitada...el mozarabismo o las autopistas del cristianismo medieval, el booz low cost, la fauna marina y la cocina mediterránea para clases trabajadoras, protocolos relajados y paquetes baratos de hotel/avión y suspensión temporal de los códigos sociales, y un montón de chamanismo y terapia de grupo, como en el Cuzco, en forma de toros embolillados o estresados, folklore para histéricos y bipolares, vagabundaje noctámbulo o batallas con tomates en la via pública... Nos han cambiado por cromos nuestra historia personal y no hemos abierto la boca, nos han catalogado y archivado y llevamos una jodida etiqueta colgada del dedo gordo, somos unos fiambres ideológicos aislados y conservados para disfrute de las futuras generaciones, de los socios ricos europeos, y por su eso fuera poco, ahora resulta que según nuestros mejores cínicos y humoristas tambien somos (como el negro de Bañolas) un fraude etnológico.

Ni tan exóticos, ni tan precámbricos, ni buenos salvajes rousseaunianos, sólo un poco desmemoriados y sin papeles, unos raros hedonistas que han olvidado pasar a limpio su identidad colectiva. Unos flechas que han preferido una especie no reconocida de paganismo social disperso y de corto alcance, a la crítica de su pasado histórico. Con un saldo negativo y un interés cero por casi todo, salvo nuestras disputas vecinales, y este bric a brac de pais endémico, vamos camino a Perdición con la sola esperanza de salir bien en nuestra foto de cadáver, como en aquella inolvidable cinta de Sam Mendes.

Raza

Los americanos tienen a John Wayne, a Huston, Otto Preminger, Billy Wilder, los italianos a De Sica, a Fulci, a Bolognini, los daneses a Dreyer, a Lars Von Trier, los franceses a Abel Gance, Marcel Carné, Resnais, los alemanes a Wenders, los japoneses a Ozu y a Kurosawa, los argentinos a Alippi, Elias, Armando Bò, los indios a Kapoor o a Metha, y nosotros a Sainz de Heredia.

Antes de que todos hiciésemos, de una u otra manera, cine americano, antes de que empezáramos a hacer todos no el mismo cine sino la misma película, hubo un momento, breve, en el que el cine reflejó sin pudor una idea fallida, la de una identidad colectiva cinematográficamente codificada. Un momento en que se pensó en la gestión de un cine idiosincrático que sirviera para la estética ideológica, las minorías y el consumo de masas, y que proyectase un modelo antropológico completo, y todo en una época autocomplaciente en la que la antropología todavía existía.

Para algunos la cosa no funcionó, a los más recatados no nos gustaba ver la imágen de Chaney, Randolph Scott, John Wayne o Alfredo Mayo, a una escala de 1x3 y en una pantalla de cincuenta metros cuadrados, por una simple cuestión de proporciones y por que no nos gustaba ver que nada se inflamase, mucho menos algo tan conspicuo como la patria, y en lugares públicos. Para otros, más suspicaces, el cine nunca ha dejado de connotar y proyectar modelos antropomórficos y subliminales, los mismos que no se cansan de ver descargas ideológicas en cada plano, o promocionar bonos basura y otros valores nacionales.

En cualquier caso, la discusión que nos interesa no es ésta. Nos da un poco igual si el cine sirve lo mismo para un roto que para un descosido, o si debería quedarse en donde más o menos está, entre coca-cola y palomitas, y pasar a engrosar la lista de productos de consumo tecnologicamente sobrediseñados. Lo que nos preguntamos es si a la hora de mostrar quiénes somos, no lo hacemos utilizando la misma cacharrería y pases de manos que el Consejo de la Hispanidad y Sainz de Heredia. Debo confesar que algunas amistades y asociados temporales están todavía encantados de utilizar, especialmente en ciertos momentos de vieja retórica etnográfica, tan socorrido vocablo. Y que a pesar de haber sido enterrado hace años ya bajo toneladas de un concepto mucho más versátil y moderno como población, la raza sigue siendo un ganador seguro. Y en nuestro pequeño gran pais las cosas no son diferentes, y a pesar de Cardín o del Toro, en su remoto *pied a terre* en la Universidad de Oviedo, no deja, o dejaba, de lanzar su inquietante grito de guerra.

Y al personal le gusta eso. Modificar su conducta y salir de punta en blanco con un artículo de fe que no admita discusión y que proceda directamente del arsenal antropológico, un búnker para reservistas del credo del Siglo XIX. ¿Porqué hablar entonces de ideologías locales o nacionalismos, minorías o culturas transversales, o de identidades colectivas sesgadas, en el cada vez más complejo potaje del genoma? ¿Porqué hablar de particularidades y otras miserias cuando existe algo tan grande como un Porche Cayenne, o algo tan zibilino y zoroástrico, tan rezumante y profundo como la raiz de ese premolar suyo infectado? ¿Porqué un caldito de pollo cuando podríamos tener una zuculenta zopa de zebolla? En España todavía nos gusta hablar de raza, sí señor, mezcla bien con los callos y zarajos, y antes que el comportamiento compartido y organizado preferimos la magia fresca y natural de una ancestralidad potente y casi toda inventada.

Cuando llegué a España, y después de una larga residencia involuntaria en el sur, entendería qué era aquello de raza en su sentido torpemente patriótico y propagandístico, heredero directo de la moral de estado de finales del diecinueve y de la guerra de Cuba. Hasta entonces yo pensaba en términos taxonómicos, y no había visto ni en Sudamerica ni en mis viajes nada parecido a los Churruca, aunque sí muchos de los decorados de Feduchi-Burmann. Había oído hablar de etíopes, negros, melanesios e incluso Finno-Ugrianos, pero ni una palabra de almogárabes, y mucho menos de guerreros elegidos de la raza, firmes, ágiles y decididos, peinados como etruscos o cartagineses. Había visto tipos telúricos chovinistas con fuertes identidades nacionales y eugenistas locales que pensaban, sin ir más lejos, que los vecinos de Quilmes o Boedo constituían por sí solos una raza, pero nada tan burdo como aquél Alfred Adler castizo del ideario del régimen franquista. Algo había pasado en el 41, mientras el resto del mundo hacía sus cosas sin concederles demasiada importancia, nosotros, carne pútrida y pequeños pecadores, sentíamos ya en el fondo del espíritu la semilla superior de la raza. Mientras otros se conformaban con un poco de diletantismo nacional católico y, año sí, año no, con la licuefacción de la sangre de San Genaro, nosotros hacíamos grandes planes con los elegidos para devolver a España su grandioso destino. Son ganas, como diría Pietro Germi, de tocarle al personal las cojones.

Y así pasamos cuarenta largos años de autismo tokuwawa encerrados en el espacio claustrofóbico del gótico español, viviendo según el ideario del ciclotímico chamán del Ferrol, y a salvo de la masonería del extranjero. Y por si eso fuera poco, luego vinieron unos cuantos años más de nacional-catolicismo doméstico mezclado con una solución acuosa de social democracia para la pequeña empresa, esta vez con su casting de milicianos bien apañados. Lo cierto es cuando uno llega a España, esperando al menos una dosis de alteridad y renovación de los cadres, tiene la sensación de que los Churruca siguen ahí, dando la vara con su impostación de Chaves y los mismos monólogos de inflamación patriótica.

Es como ir a París y encontrarse con un montón de gente vestida igual que en las fotos de Magnum haciendo proselitismo años cuarenta para un expediente X del gobierno de Vichy; o volver a Roma y encontrarse con la estética racionalista y la italia universal dei fasci en Piazza Venezia. De alguna manera difícil de comunicar, España sigue prendada del ideario de aquél Consejo de la Hispanidad, y cuando ya nadie habla de raza (excepto por algunos pocos taxonomistas y estadísticos poblacionales) aquí todavía digamos que *it rings a bell.*

Vale que el Consejo ha pasado a mejor vida, y ya no se llevan los discursos chavistas ni el vaticanismo, ni la cristología de andar por casa. Vale que internet ha desplazado a el Espasa y que los moros ya no desfilan por la calle Alcalá, vale que nos hemos convertido en progresistas laicos y hemos inventado, además del submarino, el Banco de Santander y unos fondos de garantías que despiertan envidias por ahí, o eso dicen, y vale pulpo como animal de compañía. A pesar de ésto, y de pertenecer a todas las ligas, de poseer los más altos índices de exportación de chovinismo, y de nuestra célebre sociabilidad en los mercados internacionales, seguimos adheridos a una psicogeografía racial, por lo menos arcaica.

Veámos. ¿Qué pruebas tiene usted de esta fétida pervivencia franquista y en qué se manifiesta? ¿Es que no ha visto usted de cerca nuestra verdadera idiosincracia, o nuestro rápido crecimiento per capita, nuestra monarquía cosnstitucional, el turismo de masas, y todas las maravillas que hacemos aquí sin necesidad de tener que salir al espacio exterior, el *pret a porter* que confeccionamos en nuestras propias colonias orbitales? ¿Es que no se ha enterado de los planes heurísticos que tenemos para compartir con la sociedad protectora de animales, o de que somos usuarios del mejor metro del mundo, o de que hemos desarrollado un auténtico high rising para hooligans y cutre pensionistas a pocos metros de la playa? ¿No será usted un masón de nueva generación de esos que nos amenazan desde dentro, un puñetero desestabilizador, el portador de uno de esos cromosomas extranjeros, un alien anti-españolista?

Vale, puede que sí, puede que ellos tengan razón, y que un servidor se encuentre definitivamente *out of frame,* y no le quede otra que atrincherarse en su manor del Ampurdá e ir haciéndose a la idea de que no hay nada en España para él. No obstante, por mi mismo y por todos los otros que sufren en silencio, siento la necesidad de practicar este exorcismo. Confieso que he visto con mis propios ojos a la "raza" reptar por lugares insospechados, en el calor de la familia extendida, en el inconsciente político, en el día a día, en el exabruptus del *hommo hispaliense*, o dicho de otra forma, en la animosidad de nuestras tipologías más destructivas, en el fracaso de los protocolos sociales, en el vértigo de los españolismos de diferentes raleas, en los nacionalismos endogámicos... Por todas partes, en los tebeos infantiles, en la tele , en las tradiciones más virulentas, la raza es como la gasolina del 95 que mueve nuestras herrumbrosas máquinas. Hace tiempo, en el ocaso de nuestro peor cargocultismo, con la llegada a la tierra de una especie invasora de almogáraves procedentes de un planeta desconocido, se nos dijo que no sólo eramos una gran nación, una especie de Esparta, rica con la fibra de sus guerreros elegidos, sino una raza, ya saben, como los nubios o los enanos, como los melanesios, con nuestra propia morfología y todos los antecedentes genéticos del propio Júpiter, San Isidro Labrador y los Reyes Católicos.

Ha llovido mucho desde entonces, y los buenos de los españolitos se han vuelto a dividir y subdividir como un rotavirus. Algunos todavía piensan que somos la pera en dulce, que hemos sufrido pocas mutaciones y que podríamos vender nuestras células como Roger Vivier sus zapatos, que estamos hechos de una indestructible aleación y nada amenaza nuestro genetismo, y que no tenemos nada que temer de las culturas globales. Otros, sólo por pudor, hemos decidido desaparecer, desespañolizarnos y hacernos incondicionales de todas las mutaciones *at random*, y borrar de la memoria genética cualquier trazo de proto-españolismo. Hemos sido honestos con nosotros mismos, y asumido que da lo mismo vivir en la ciudad o en el campo, en Houston o en Bangladesh, ser finno-ugriano o mediterráneo-central, y que las diferencias genéticas entre grupos son insignificantes.

Y no nos va mal, hemos parcelado un pequeño trozo de tierra aquí en la comarca, my husband and I, como diría A., levantando una casa a cuenta de un pacto económico sentimental con los contratistas locales, y procreado un viceroy, tierno y lleno de energía como un pequeño reactor casero de 51 centímetros. A salvo de interferencias, hemos decorado nuestro pequeño refugio transcultural sin el menor indicio Feduchi-Burmann, y seguimos aquí disfrutando de los días y esperando a ver qué pasa. Allí fuera han quedado los padres de la patria, los patéticos lunáticos de la zalameria patriótica, los hijos de la raza, los radicales libres que han precipitado el envejecimiento de nuestra maltratada cultura, los intolerantes y todos los demás comemierda del españolismo trascendental.

Desde mi refugio, a salvo de la contaminación acústica y el mangoneo del frente de Madrid, entre cazadores recolectores del catalanismo neanderthal, he reinterpretado algunas cosas. Por ejemplo, que hemos sido nosotros, los españoles agónicos y marrulleros y no los fondos de inversión del alto paleolítico, los que exterminamos a los neanderthales. Que queremos sólo capitales off shore en nuestra isla y no soportamos a ningún noble salvaje pelando caña. Que hay más mutaciones en el DNA de un chimpancé que en un especimen del arbol genealógico de los Churruca. Que para intelectuales del nacional catolicismo faux imperialista, ya tenemos a Don Jaime de Andrade y a toda la ralea de parvenus y tristes escribas del chovinismo paradójico del peor españolismo. Que hay pocas cosas peores que pensar que somos mejores que los demás, especialmente cuando entramos penúltimos en la general, y casi no tenemos caballos ganadores, y que puestos a prueba probablemente duraríamos menos que los cartagineses en Murcia, y que para pueblos elegidos ya tenemos a los ingleses. Que no somos la raza elegida por mucho que lo digan nacionales o republicanos conversos en un último y oportuno acto de iluminación pública, droga dura donde las haya, de la que, como deberíamos saber, no hay que abusar. Que los toros marcan una tendencia alzista en bolsa vale, pero en ningún caso son indicadores de la presencia de un paquete especial de hormonas en la cadena genética, o de cualquier otro rasgo en nuestra conducta biológica digno de ser mencionado. Que mucho mejor osos o especuladores a la baja, que esta bolsa nuestra de cada día, que para raza uno necesita indicadores de la talla del Dow jones. Que si contratan a ejecutivos españoles en el Golfo Pérsico es sólo por una cuestión de costes, y porque a los mozos de blanco les gustan unas gotitas de hispanoarabismo en su vaso de leche, y prefieren las buenas especies domesticables del catolicismo sunnita que a protestantes. Que da lo mismo si estamos o no en los actos de regeneración de aquél antiguo capitalismo Greespan, porque en donde sí estamos es en el índice más alto de caballos muertos per cápita en procesiones brutalistas, por no mencionar otras adherencias igual de humillantes, etc...

No cabe duda de que la follie del Consejo de Hispanidad ha pasado a engrosar las filas de los caídos en la contienda con los nuevos políticos revisionistas, y que si antes teníamos un solo Dios verdadero, ahora todos politeistas verbeneros. En lugar de intelectuales libre pensadores, en lugar de leer y hacer los deberes en casa, preferimos ver el chispazo de la raza prendiendo por doquier como los fuegos de San Telmo. En el fútbol, en la formula uno, en la cocina de artes aplicadas... en todas partes tenemos a la raza tejiendo el fino hilo de Ariadna que nos une con todos los españoles en un acto de oscura prodigalidad y excrecencia biológica, en un acto inmaduro de prosapia genética incomprensible, como con los gitanos o los albano-kosovares. No es suficiente con el talento o el esfuerzo personal, necesitamos darles a nuestras estrellas internacionales una suave pátina de racismo autoexcluyente, una marca de nacimiento genética por la que nadie, hablando en plata, da un duro.

Es hora de curarse de tanto histrionismo y falsa vanidad histórica, hacer acto de constricción y empezar de cero. No somos ninguna raza de guerreros macedónicos, ni los hijos de Tocqueville, ni ningún milagro económico, ni vamos a patentar un modelo de transición a la democracia con el que impartir cátedra en los centros educativos del tercer mundo, no vamos a convertirnos en una potencia hegemónica en el Mediterráneo occidental, ni estamos en el orígen de ninguna línea ancestral... más aún, somos quizás una minoría ideológica al borde de la extinción, mal que nos pese. El concepto de raza es como un fósil vivo, y de seguir así, hedonistas biológicos sin fundamento, algunos españolitos de marras haremos parte interesada de su mismo y vergonzoso parque arqueológico.

Fine young canibals

Hay quien piensa que las nuevas generaciones nos salvarán. Que están dando los pasos indicados para modificar su conducta de acuerdo con parámetros más sofisticados, y no van a repetir los errores de sus padres. Game boys, masters en el extranjero, cursos de idiomas y la presente globalización al parecer garantizarían la adopción espontánea de una cultura prefab con raices en todas partes y en ninguna. Se equivocan. Nuestros retoños van a hacerse usuarios de este taoismo tecnológico ultrasofisticado del *tout va bien*, adictos a tiempo completo a la matriz universal, a una especie de linnux o lenguaje colectivo para la pub-sociedad internacional, pero piensan utilizar su mala leche y todo el armamento idiosincrático de su heritage en las distancias cortas. No, no le van a hacer ascos a las leyes de Mendel.

Basta verlos evolucionar en la red, en los platós de televisión, en su conducta gregaria, en la disfunción del sentido de realidad, esa pronta disponibilidad para confundir ficción y realidad dentro de los límites de la cotidianeidad más conservadora. No, nuestros hijos no han sido reeducados en una ética depurada de los viejos contenidos, y es incluso probable que repitan los mismos comportamientos.

Por todas partes hay algo así como una precocidad forzosa. Los chabales han tomado la calle, los medios y las teorías de comunicación, se vive muy rápido y los adultos de más de cuarenta son abandonados en un entorno hostíl, como las abuelas japonesas de Imamura. Nuestra sociedad quiere ser joven, una metáfora del genetismo más puro, una máquina perfecta, sin ningún empirismo lourde, quiere volar con el paroxismo de los chicos listos y precoces.

Ellos lo saben y no van a mover un músculo para salvar a sus mayores. Son unos hedonistas radicales y unos egoístas (cualquier parecido con aquellos Antígona y Tiresia de la Cavani es pura coincidencia). A los Britt Eckland y Pierre Clementi de hoy les importa un carajo los muertos que han quedado en las calles de Milán. Nuestros jóvenes no han visto nada de la Cavani... ni de Olmi, ni de Ferreri o los Taviani, el compromiso político es como una lengua muerta para ellos, y de los setenta se quedarían sólo con los pantalones vaquero.

Decir que los jovenes de hoy son superfluos y vanales, que encarnan a los peores atributos del esprit español del desengaño y las nuevas formas universales de la desaceleración intelectual, sería no decir nada. Hoy, la discusión sobre la desorientación social y el *laissez faire* de los menores de treinta pivota sobre su condición, o no, de víctimas políticas. ¿Qué hacen los jóvenes cuando se manifiestan pública o en familia con actos gratuitos de arrojo o violencia social, con toda la convicción pero sin ninguna articulación ideológica o compromiso personal? Escriben su discurso, con toda la intencionalidad y con muchas erratas, un discurso sin espesor intelectual e incapaz de articularse ni siquiera con una de las reivindicaciones que por ignorancia, ya no son capaces de enunciar. O actúan, por el contrario, como una banda de hooligans (uno de los modelos más difundidos y susceptibles de ser imitados) con una simple estructura militar que interactuará, por método, con la delicuencia común y algunos sectores de la marginación social. En fin, que no sabemos si atribuir o no, una voz política a los colectivos juveniles, como se hacía en el pasado. O si quedarnos con una juventud inconsistente y desarticulada, incapaz de actos de auténtica responsabilidad cultural, salvo quizás por ese rico nexus informático con los sectores de mayor producción económica, que les convierte más en una empresa que en una fuerza ideológica, suponiendo que exista hoy alguna diferencia entre ambas. Lo cierto es que algunos de estos jovenes son los creadores de un lenguaje, una jerga binaria que es responsable del cambio del tempo en la evolución del planeta. Todos los demás han estado tocándose las huevos o flirteando con modelos de imitación, diseñando su propio hardware o creándose adicciones de poco rango. Es una pena, de haberse organizado, podrían vivir como reyes y para siempre de sus rentas.

La pregunta que nos hacemos es si por casa, en este caldo de cocido, en este guiso de lentejas del espiritu nacional, la juventud tiene intencion de salvarse, o por el contrario, repetir la falta de sensibilidad, la empecinación y trivia de sus mayores. Veámos un par de fantasías sociológicas. En la primera, los jóvenes, por una serie de cambios evolutivos no vinculados a ninguna de sus tradiciones locales, y libres de la educación dentro de los grupos familiares, se habrán desarrollado según modelos aprendidos en el extranjero (en esa diáspora educativa de los cursos de idiomas y los masters que prendió como una vacuna en la burguesía de los ochenta), especímenes diversificados con ascendentes wasp, chinks o latinos surgidos de una fusión rápida y vanalizada. Estos neoespañolitos se habrían salvado del cutre local por una radiación de baja intensidad, y entrado a formar parte de una nueva casta, monetarizada y ultraliberal, sin ataduras geosentimentales. Una especie de neos estables y adaptados al neocapitalismo sin fronteras. Españolitos todos, chicos con suerte que habrían sobrevivido al mal español y abandonado las viejas premisas por la teoría de una cultura surgida del barro de la tierra media, como los orcos. No más inflexiones, ni sobreactuaciones, ni dramatizaciones, no más alimentación hiperbólica, ni maltrato ritual de animales, fin de los trastornos obsesivos filoespañoles y de la mala leche como conducta natural, fin de las luchas tribales y del empecinamiento como método filosófico, ha llegado para los españolitos abroad la hora prístina de la reeducación, un renacimiento griego de las artes menores para consumo de expatriados poco cualificados. Sólo se necesita actitud, ya saben, una predisposición hacia la economía de libre mercado, unos pocos dólares o yuanes y el deseo de evacuar cualquier residuo melodramático de tu historia personal. En el futuro habrá entonces una auténtica diáspora española (búlgara, albana o montenegrina...da igual) habitando un interregno de la conciencia nacional inefecta, una población móvil retaliada y nada interesada en reivindicar su pasado, circunvalando el globo como los alisios, una casta de mercenarios agiornados y materialistas, fluentes en todos los programas, dispuestos a tomar vuelo y abandonar impunemente a su linaje y a los ancestros en sus pocilgas de obra vista.

En nuestra segunda fantasía las cosas son distintas. No hay cisma. España y los españoles bajan a segunda, donde siempre habíamos estado pero el último subidón chovinista nos impedía verlo. El mundo, por cuenta propia y sin consultarnos, sigue evolucionando hacia la matriz, un superprograma sin ton ni son para gestionar la realidad virtual, la realidad real ya no le interesa a nadie, es tabú. Los sistemas operativos son el must, de hecho ya no hay otra cosa, y las responsabilidades políticas se han diluído hace años, junto con los fondos de garantías, y los especuladores campan a sus anchas. En este paisaje claustrofóbico, los jóvenes caníbales habrán sucumbido a los arquetipos locales más ancestrales, se habrán retraído y se ejercitarán ahora en la función pública de micronacionalismos de corto alcance y en lenguas romances de uso local, y vivirán en pueblos de unos cuantos miles de habitantes, o en barriadas con su propio carácter, como algunos suburbios de Bombay, inmersos en sus problemas cotidianos, el rastrojo de la patata, las tabernas radicales, la gestión del suelo público por parte de los ayuntamientos, el uso de la pólvora y la pirotecnia en las festividades, la pesca del pulpo o el erizo en el ecosistema litoral, entre otras muchas endomitologías para el disfrute de barrio *dwelers* o pequeñas poblaciones rurales.

Vivir en pueblos de adopción será en el futuro algo entre una cosmogonía y una conversión. Superviviente de un crash sociológico, como en una distopia de Ballard, el neopueblerino será un cruce entre un bichon frisé y un ratonero bodeguero andaluz, y estará condenado a perpetuidad a una extraña bipolaridad de gestos. Los jóvenes caníbales sometidos a este trasiego de sus expectativas más frívolas y urbanas por parte de un feudalismo rural tardío y residual, apenas lograrán sobrevivir y conservar sus señas de identidad. Serán por un lado disfuncionales, más o menos incapaces de entrar en ese circuito cerrado de la aldea que se autoalimenta, y por otro agónicos, porque aquellos modelos de calle que tenían sentido en la ciudad son ahora sólo alegóricos o vestimentarios, como en un carnaval veneciano de pacotilla. Contra el fatuo y el neón y el urbanismo mecánico, el pueblo, ahora llamado aldea prospectiva, es un ganador seguro, el pueblo futurista se lo come todo, es el último reducto de las antiguas pasiones comunales, un microprocesador de impulsos espontáneos tradicionales. Tranquilo, bucólico y ocasionalmente siniestro, el pueblo será el último simulacro post-urbano, un espacio retraído y mono nuclear, un espacio de alta relatividad anterior al boom final, y sus jóvenes rapaces, como un nido de atractivos vampiros adolescentes en el mejor estilo Stephenie Meyer.

O es probable que los jóvenes depredadores decidan que no, que los pueblos son para pelacañas y pequeños terratenientes, para la retaguardia y para pederastas ingleses jubilados, y amantes de la longevidad en estado de suspensión animada. Que al pueblo se va a ir su abuela, y los productores de El Deseo SA, y otros foreneses rurales de la misma calaña, que ellos se quedan en los barrios, en la city. ¿Pero qué diablos son los barrios hoy, con ese altísmo índice de infiltración y la casi extinción del arquetipo local? El viejo barrio ha sido criogeneizado en sus rasgos menos idiosincráticos, como los altos costes, la incongruencia comunicativa, la pérdida de valores, la disociación... es la isla del Dr moreau, un laboratorio social para tipos raros, weirdos. En los tiempos que corren, de introversión e internetización pública, aquellos viejos valores bucólicos y socialmente codificados de los microespacios urbanos se han ido al carajo. El barrio se ha balcanizado y es una compleja red de nacionalidades exóticas, lenguas, acentos, y diferentes estadios de supervivencia residual. Habitado por ancianos, minorías étnicas, organizaciones criminales, gente de paso, y burgueses recluídos en barrios reservados (la familia se ha largado, y los profesionales liberales, incluso los artistas han buscado refugio en parques empresariales y lotes industriales), el barrio es un lugar estéril, el parque temático de una nueva sociedad disfuncional y terminal, el habitat ideal (como el Manhattan pandémico de Will Smith) para jovenes caníbales impacientes por reciclarse ideológicamente.

Lo cierto es que no tenemos ni idea, ¿qué harán, cómo serán, dónde coño vivirán, ocuparán indefinidamente la casa de sus padres o canibalizarán algún otro habitat, se harán nómades o cohabitaran irregularmente con sus colegas? Es difícil saber el nuevo lugar que les hemos asignado en el imaginario colectivo, lo que sí sabemos es que no serán, exactamente y como antes se decía: españoles.

El último español

Pasadas unas generaciones, cuando nuestra cultura tradicional se haya extinguido y ya no sea posible somatizar impulsos sociales o conductas más o menos aberrantes, cuando no se puedan exteriorizar emociones primitivas ni variables hace tiempo descatalogadas, el último español, que no habrá sido ni reservado ni protegido, será un especimen aislado en una sociedad universal normalizada, y parece inevitable pensar que se sentirá solo, como todas esas ricas familias judías con Madoff, como un torero en la sociedad protectora animales.

Españoles idiosincráticos quedan muchos, de hecho hay un reflujo de los patrimonios psicológicos, una vuelta a casa de los sentidos autóctonos y de las escatologías locales, en parte por la recesión global y en parte por nuestro bajo perfil en el extranjero. Españoles con sombrero cordobés o sevillano de piel de conejo, con berretinas o chapelas vascas, con zapatos flamencos o zapatillas de esparto, o con galochas y madreñas, dispuestos a cambiar el discurso constitucional por el regreso a una sociedad arraigada en costumbres más involutivas y xenófobas. No obstante, la uniformidad potenciada por las nuevas tecnologías y la aculturización, es sólo cuestión de tiempo, y falta poco para que la recesividad y el anonimato sean moneda de cambio.

Pero pasemos página. Hagamos de cuenta que corre el año 2050, que la sociedad de naciones vive ahora su primer año de equilibrio universal, un simple abanico de señales de intercambio ha sido clonado y todos nos parecemos, como en aquellas sci-fi de los setenta que auguraban la uniformidad. Y en medio de esta pandilla de zombies bien suturados y modales aprendidos, en algún rincón olvidado de Murcia o Mondragón, o en Extremadura, en un pueblo de Soria o Galicia, lejos de nuestro sistema galáctico, un español solitario hace repaso de sus viejos atributos en una atmósfera enrarecida de falso psicodrama argentino. Salsa criolla, pero con una pésima producción local. ¿Porqué? Porque el pobre español menguante no tienen nada que decir en sentido estrictamente analítico, es una especie de tonto en el diván, y hace años que ha perdido la habilidad para el monólogo, y porque muestra una tendencia a la locuacidad sólo cuando está festejando su vanidad personal. Pues bien, allí sentado, en una silla de rafia, con la vista perdida en el bar de enfrente, pasará lista a las cosas de antes, desde las más íntimas a las más vanales, desde sus lacerantes heridas personales hasta sus platos de cuchara. Será, *tout court*, la entrevista con el vampiro en una versión mucho más castiza que Neil Jordan.

Para empezar, digamos que al español no le gusta la sangre, por lo menos la que circula por sus arterias, le gusta la de los guarrinos, y especialmente si está frita o dentro de suculentas morcillas achorizadas. La longevidad sí está entre sus aficciones personales, siempre y cuando esté adobada por un rough culinario senil que favorece la ingesta de migas con chorizo, por ejemplo, y manos de cerdo, en edades avanzadas. Dicho así parece una simpleza, pero no lo es, el pasado de este singular analizante es antes que nada, metabólico. No importa cómo ni donde, el mundo de sus ideas y afectos personales, como el de su estómago, tiene mucho que ver con el equilibrio interno del organismo.

"Creo recordar, dice el aludido, que en los tiempos pasados nos gustaban cosas como los pantalones anchos, largos y altos en la cintura, los Loden, el Anis del Mono, las porras en el desayuno, los calzetines de polyester, el mus con los amigos, las barras de los bares, los platos de cuchara, la lengua española, los viajes a Portugal, los mocasines Sebago, peing and peeping en la casa de campo, voyeurismo para padres de familia de clase media baja... aquella voluptuosidad pública que siempre nos ha caracterizado, la guerra civil en versión cine de barrio, la memocracia, la falsa ilusión de tener lo que otros tienen, la educación linguistica, un verdadero sistema de clases, la sofisticación, un saber estar elegante... y vaya usted a saber. Un español de los de antes era un tipo bien plantado y campechano, un omnívoro tripero, garrulo y pantagruélico y con mucho brio, un poco Anthony Queen, pero sin los apuntes filosóficos, y nunca faltaba uno en las vacaciones de los otros. Por mucho que se diga, lo cierto es que nosotros nunca hemos sido gran cosa. ¿Pero y los griegos qué?, atomistas, cínicos, estoicos y toda la pesca, y mírelos ahora, han pasado de ser los auténticos flechas del mundo antiguo a ser los más refractarios y antipáticos del Mediterráneo oriental.

Y permítame que le diga más, a nosotros nos ha pasado lo mismo, de la verborragia y la enjundia de nuestros plumi-lllas del siglo de oro, que eran como los bushmen del Kalahari, una cultura de high perfomance en un entorno hostíl, al amontonamiento pour plaisir de Pedro J., por ejemplo, y a los grandes tanatorios de la palabra. Y por si eso fuera poco, somos los que peor hablamos, ostentamos un récord de pobreza semántica y vacuidad, acompañada por una mal intencionada acritud en el léxico y un volumen demasiado alto. Históricamente nos han arrancado la lengua (para que no peligrara la integridad del pequeño califa) y hoy hablamos sin parar por pura complacencia. Sí, puedo recordar con claridad y una mueca de agrado lo que éramos: una jodida raza de eunucos pendencieros.

Pero no va a ser todo echarse flores. ¿Qué pasa entonces con la verdadera naturaleza moral? Bueno, lo único moral que he visto por aquí en los últimos veinte años son las judías con patatas, aceite de oliva y un flirt de limón. Peor aún, uno tiene la sensación de que la moral pública (las buenas costumbres) no forma parte de nuestra cultura. ¡Oh sí!, en cuestiones formales siempre hemos sido algo extravagantes, mejor el mal gusto y un poco de barbarie ocasional que la hipocresía de marras. A quién le importa de verdad la vía pública, la inseguridad, los ruidos, la gestión de los residuos... somos católicos apostólicos romanos y lo que importa es tener las capillas y mentideros como los chorros del oro. No señor, ni presbiterianos, ni reformistas escoceses, somos auténticos católicos, la crema de los chicos de púrpura, resabiados y promiscuos, y nos encanta tirar los desperdicios por las ventanas. No, señor periodista, no éramos lo que se dice unos tipos morales, los españoles de antes de la diáspora eramos mucho más que eso, éramos gente religiosa.

Y también muchas cosas más, no como ahora, que todo el personal se parece, como las cagarrutas en los gayumbos, ahora que por fin han sido clonados, normalizados y fotocopiados por fuerzas infinitamente superiores a ellos. Eramos conspicuos, como aquellos vervet en el Royal Livingstone, arriba y abajo con las crias, con esa cosa aloof y desinteresada de los vervet, rapiñando scones y sobres de azúcar. Y poco ostentosos, nuestros códigos de conducta no se parecían en nada a los de los otros clanes UE. Más endémicos e inspirados, antropológicamente incorrectos, eramos la tribu perdida de Chagnon. Incatalogables e indiscretos, como un cruce entre especies neozelandesas de hábitos nocturnos, omnívoros especializados genéticamente improbables, algo entre kiwis y kakapos. Poco autosuficientes y beligerantes la mayoría de las veces, cansinos y con baja autoestima en ocasiones, irreductibles otras, como jeques beduinos o yemenitas con sus bonitas dagas de hueso de tigre, unos tipos pintados, icónicos, haciendo de las suyas.

Y por si eso fuera poco, y a diferencia de los neo-españoles de hoy, con su estrés y nerviosas articulaciones, teníamos nuestro lenguaje corporal. No como el de los italianos, acrobático y afeminado, u hostíl como el de los gavachos, ni inhibido y puritano como el de los escandinavos, sino alevoso y acosador, con aquella cualidad única del español tocinazo: la inadecuación, siempre bien sazonada con un aire inapropiado e intrusivo. El mejor lenguaje corporal en kilómetros a la redonda, en todo el eco-habitat comunitario, parecido al de los ingleses pero de signo negativo, en registro plebeyo, pero qué diseño, qué abundancia gestual, mejor que los ungulados, igual que esos pájaros del bosque tropical haciendo su danza de apareamiento. Eso es más o menos lo que hacíamos antes, hablar con nuestros órganos internos, menos coña con las estructuras del lenguaje y más candela, sí señor, como el círculo de Praga, pero con auténticos restos anatómicos, como un Arcimboldo.

Y luego estaba aquella joya, aquél raro mineral, la piedra sin pulir del conductismo ibérico *a las crudités*. Antes, mucho antes que William James, desde Fernando e Isabel, la mala leche, rasgo gentilicio entre los torys de casa, último gadget de comunicación *in extremis* para modestas sociedades violentas, para chicarrones emocionales y agresivos espontáneos. Y la llevábamos escrita en la piel como una marca de nacimiento. ¿Y ahora qué, dígame usted? Los españolitos del nuevo amanecer han cambiado su mala disposición endémica por una antipatía floja y un malestar cultural de cuño anglosajón y a gusto de todos. No más ese agrio paladar de reyezuelos y manchegos pilosos (confieso que pensaba en Almodóvar), no más Aníbal el caníbal en las distancias cortas, el estilo internacional se impone, y pronto todos nos convertiremos en histéricos domésticos. Nuestros famosos ya están en esa línea, lo han aprendido en Holywood o en la Moraleja, en sus chalecitos burgueses, a saber, empieza por el enfriamiento de las vocales y una pérdida del ritmo, y termina con un sopor prolongado y algo así como un autismo selectivo, y la condena a muerte por indiferencia de todos los españolitos viscerales del gueto. Déjeme que le diga. Es muy triste, pero el demonio suele ser quien menos te lo esperas. Y si no fíjese, ahí tiene a Pe y a Carmen Machi, por ejemplo, el antes y el después de esta cirugía cosmética de nuestras maneras de mesa, flora y fauna, una Stan Laurel, la otra Oliver Hardy, un guiso de patatas y una rilette de Arola. ¿Con quién se queda usted, con la gorda o la flaca, con perdón? Tampoco tiene que contestar ahora mismo.

Y hablando de pitanza, señor periodista, ¿dígame qué ha pasado con la vieja escuela, la fabada, los callos con garbanzos, el atún con tomate, los huevos encapotados, las patatas rellenas, las morcillas... nos quedan media docena de hornos medievales, de auténticos garitos del buen yantar y luego qué? Quien pudiera hincarle el diente a uno de aquellos manjares de la infancia, potajes humeantes como las lavas del Kilavea, platazos capaces de resucitar a un muerto, o los asados de mi primera edad del fuego, carnales y grasos, un punto por encima de la temperatura del infierno. Todo lo suculento, untoso y hospitalario, ha sido borrado de la faz de la tierra por un desmedido afán de cauterizar las heridas de las materias primas y de toda la lista de los alimentos terrestres, en beneficio de una kosherización progresiva sacada de los libros sagrados de los nuevos rabinos, los jerifantes del *arts culinaria.* Las vanguardias no quieren ver a los pucheros llorar lágrimas de grasa, no quieren ver a las patatas arder en mares de aceite, ni grandes trozos de animales muertos revolcarse en un lodo promiscuo con cebollas y pimientos. Prefieren la austeridad y la cocina conceptual, la formalización de los elementos y el diseño, una cocina ergonómica con la necesidad de mejorar estatus y entrar en el mundo de la plástica, a cuenta de los guisos de la abuela convenientemente desestructurados y alegorizados y abstraídos hasta su cuasi completa desaparición. No, no quieren a las mujeres conjurando junto a sus calderos, ni hawkers, ni cocinillas de Chowpatti, prefieren sus templos de acero inoxidable, el instrumental quirúrgico y la pasarela en laboratorios gastronómicos sea side.

Antes, los españoles e italianos eramos los reyes del mambo, los señores de la cocina popular espontánea, y bastaba darse un garbeo para encontrar reliquias y fórmulas mágicas en los lugares más inesperados, y no tenías que utilizar tus contactos en la Embajada o rellenar formularios para comerte aquello. Un asado, zarajos, pulpo con cachelos, albóndigas tal cual, mollejas con ensalada de rúcula y ajo, un postre Chajá en Maldonado, un Banofi en Punta, ¡ah! mi biografia está llena de fábulas gastronómicas. Pero algo ha pasado, mi querido periodista, los viejos cocineros se han cansado de ver a sus descendientes y acólitos enriquecerse con las cocinas de plástico de Barbie cocinitas, una sub-especie *parvenu* de la conocida banda oportunista. Basta echarle una ojeada al panorama, unos platos de Arola, por ejemplo: tartín de corazones de alcahofa con una rilette de perdiz, pulpo confitado, berberechos al natural con salsa Epinali o como se llame, almejas gordas con cítricos, Clam chowder... En lugar del tocino y el ajo, del unto y la salazón de cerdo, la mismísima tabla de los elementos y una caterva de chefs ambiciosos capaces de mutilarse unos a otros con sus cuchillos de sushi. Ahí está la madre del cordero, nunca mejor dicho, la naturaleza de la cocina, que por lo menos debería ser convivencial y cooperativa, se ha vuelto individualista y competitiva, y en el futuro será una carrera de ratas. Si la cocina es la metáfora de lo que somos, antes eramos cuartos enteros y ahora somos ligeros e insubstanciales como vol-au-vents, y en el mejor de los casos, la metáfora de lo que fuimos, comparsas de las nuevas tendencias internacionales. A corto plazo, es muy probable que nuestra cocina sea como nosotros, y nosotros como ella, pre-fab y cliché, un montón de prótesis culinarias, y entre ellas, un largo discurso preciosista. ¿Y qué más? A veces se me escapa, qué más, la vieja identidad nacional o llámela usted como quiera, la idiosincracia con variantes, paella marinera o arroz a la cassola, el sufismo de las zonas cálidas o el politeismo de la montaña, quien quiera que se la pele él mismo. Sí, todos aquellos atributos se me escapan, como arena entre los dedos.

Creo recordar que también eramos tercos y obstinados, una cultura dicotómica que nos hacía recurrentes e ingobernables, podíamos estar meses, años incluso, defendiendo las mismas tesis o ninguna, sólo la obstinación de reafirmarse cansinamente. Se puede decir que durante años fuimos los mejores inmovilistas del teatro europeo. No era la tozudez lo que nos emparentaría con grandes rebaños de ñus o caribús, colectivistas *in pectore* que nosotros no éramos, sino una especie de inteligencia autodefinida. Y lo peor de todo, señor periodista, es que nos lo creíamos, una pandilla de absurdos positivistas empujando fuerte como los bueyes de Patmos, o eran las Azores, un par de individuos obesos y reconcentrados, tirando fuerte fuerte del yugo, ¡sí señor¡ pura mitología política en ciernes.

Claro que después vino la crisis del 09 y algo cambió. La chusma ya no estaba por la labor de aguantar a sus mongrels de politicastros montando vallas publicitarias con sus ideas de mierda, y menos aún otro interminable porvenir de polos opuestos, y otra vez todos chupando del bote durante varias generaciones. La tozudez pasó a ser old fashion, y todos elegirían pasarse a una oposición mucho más sofisticada. La crisis había dejado cicatrices, una desconfianza todavía mayor hacia las clases dirigentes, hacia la banca y los mecanismos de control, un sentimiento de precariedad y la peor sensación de todas, la revelación de que no éramos quien creíamos. Después de la zurra, puede apostar que no nos quedarían ganas de ir por ahí dando conferencias sobre el milagro económico español y la formación del carácter, había llegado la hora de contemporizar con nuestros mayores y hacernos, si se quiere, transigentes. Lo dicho, en unos pocos años, en el próximo eclipse solar quizás, el advenimiento de los nuevos tiempos nos pillará votando a un gabinete de ecuatos y rumanos y a un premier catalán, y debatiendo con la oposición como si fuésemos de verdad tipos civilizados. Ver para creer...", así hablaba y sentenciaba el último español, según nos consta.

Ignoro si en el futuro habrá españoles idiosincráticos o no, o si nos habremos extinguido junto a otras especies rústicas y mal adaptadas al *milieu* enrarecido del post-capitalismo, o si seguiremos erre que erre quemando petardos e ídolos de cartón, o vestidos como bailarines rusos y haciendo fintas a ovinos de media tonelada. Pero parece bastante probable que todos, o casi todos, terminaremos adoptando un nihilismo tardo-humanista de penuria, como en las novelas de Rick Moody, y haciéndonos todavía más cínicos. De este último acto regenerativo algunos pocos quedarán excluídos, los afganos, los cazadores de focas, los científicos de la Antártida, los viajeros espaciales...Yo espero que no seámos nosotros, que se nos permita decaer dignamente, y que por una vez sean otros los que hagan el trabajo sucio.

Maneras de ser español

Las puede llamar como a usted más le guste, autonomías, nacionalidades, regiones autónomas, identidades culturales, tribus, Cataluña, País Vasco, Galicia... por no hablar de todo un tejido de micro-identidades de poco calado, que en un esfuerzo colectivo crean, unas con otras, un paisaje de diversidades por lo general desencontradas. Históricamente incompatibles unas, divergentes otras, autistas por endémicas o por un falso espiritu historicista, podrían llamarse, si no fuese políticamente inadecuado, maneras de ser español.

Supongo que el franquismo, por lo que tenía de caziquismo trinitarista con mucho *esprit de corps* y analfabetismo, veía así a nuestra biodiversidad autonómica. Y que los estados modernos, con la excepción de flamencos, quebequois, irlandeses, albano kosovares y otros gonzos de la convivencia socialmente aceptada, nos ven como las majorettes de pequeñas tribus folclóricas insustanciales y un poco irrelevantes.

Personalmente, me declaro amante de las sociodiversidades, de los nacionalismos incluso, pero aún a riesgo de parecer reaccionario, debo decir que me aburre el apartheid bucólico y vísceral de nuestras nacionalidades de siempre, las pugnas entre ciudades, las logias linguisticas y los troyanos. Por lo tanto me avoco a esta defensa impopular de nuestros manierismos, y voto libremente por un gran estado unitario de nacionalismos convergentes y bien educados.

Allí fuera nadie lo entiende, las mafias políticas, la sanguineidad, el priapismo, los sultanatos de levante, el caziquismo gallego, el feudalismo balear o catalán, el derecho romano en el origen de la identidad... resultan oscuros y enigmáticos y poco más que brochures de diferentes destinos turísticos. A mi me gusta pensar que los nacionalismos y las identidades regionales, aparte de un galimatías jurídico y de derechos forales, no son más que las diferentes maneras que tienen los pueblos de resolver el problema de su identidad. Las maneras de ser español es un galimatías de la liga local, y sensibiliza -más veces de las deseadas- y de una manera inadecuada, a una gran parte de la población preocupada por las altas cifras de dispersión de sus caracteres primarios. ¿Porqué todos están tan preocupados por fijar de una manera inalterable sus atributos diferenciales y no sólo no eligen un mestizaje evolucionado con otras etnias del territorio nacional, sino que incluso prefieren a veces mezclar sus genes con identidades de deriva, creando cosas tan improbables como la cocina helvética-andaluza o finnocatalana, o culturas domésticas indigeribles como las palorumanas o las galaico-guineanas? ¿Porqué tanta animadversión y tensa hostilidad entre comunidades no sólo vecinas, sino incluso sobrepuestas, porqué estas profundas fisuras en nuestros nichos continentales, porqué tanta insularidad y necroidentidades autoalimentadas desde dentro? Por inseguridad quizás, por ignorancia, por que el otro no nos gusta nada, por un ajuste de cuentas transnochado, por fijaciones neuróticas, o por una especie endémica de disociabilidad antipática... a saber.

Maneras de ser español hay unas cuantas, casi tantas como uno quiera. Unas realmente diferentes de las demás, encontradas y tan contrastadas que se dirían pertenecen a otro órden de cosas; y otras apenas matizadas y dispares; y otras sobrepuestas e incómodamente asociadas, pero todas convencidas de su singularidad única y en general poco dipuestas a modificar respuestas.

Hay españoles híbridos finno-ugrianos, hábiles en el manejo de lenguas desconocidas no indo-europeas, vestidos a la usanza de las zonas rurales del norte, robustos y dados a los deportes introvertidos, que premian el esfuerzo personal y si es posible, doloroso. Tipos con chapelas y extraños cortes de pelo que aman la cocina y desprecian la comunicación entre sexos, y que condenan a sus mujeres a roles seudomasculinos. Radicales que niegan a los genetistas (y piensan que las diferencias genéticas entre grupos son importantes) y que consideran que la raza es un concepto heurístico útil. Tipos antiguos como de aldeas vikingas o clanes escoceses, somatizados por sus rasgos secundarios y casi tan aislados como si estuviesen en Scilly o en las Orkney. Pálidos, cejijuntos, pegados a sus pucheros y a gastronomías excluyentes y unidimensionales, amantes del cosmopolitismo por alejamiento, del clima atlántico, enamorados (como casi todas las etnias nacionales) de sus propias paranoias locales. Aquellos que conozco son surfers o montañeros (el impuso primitivo a dominar las fuerzas de la naturaleza), o super-empresarios, o les va la lírica en el sentido más naif, o frecuentan consulados en Macedonia o Bombay, o plataformas petroleras en el mar del Norte. Los que están en casa se han niponizado, de alguna forma han radicalizado sus posturas y prefieren vivir en reclusión que cambiar su fisonomía idiosincrática por la de los españoles invasores. Buena gente, los vascos, si no fuera por ese ensimismamiento etnológico y su aburrido, repetitivo y lacerante radicalismo taxonómico.

Hay españoles prevaricadores y racionalistas, herederos del derecho romano, fluentes en una relajada lengua provenzal emparentada con el francés meridional, rural pero urbanizada, útil y preclusiva, hablada sólo por ellos y por extranjeros adaptados. Un pueblo sensible e inteligente, recesivo y reconcentrado, al que se le atribuyen rasgos anal-retentivos, materialista y poco o nada romántico, proclive a la autogestión y al pensamiento lateral. Liberales laicos en su mayoría, y receptivos a culturas exóticas con contratos de trabajo. Cultos y vernáculos, pero xenófobos de cualquier anti-españolismo que no sea como el suyo, cerebrales y diferenciados. Teóricos avanzados del apartheid peninsular, pero abiertos a sucesivas oleadas de inmigración nacional, es un pueblo que vigila su conducta social escrupulosamente, y no parece tentado por radicalismos de naturaleza violenta o excluyente. Magníficos chelistas, libertinos tímidos y decadentes (a lo John Willnot), intimistas y reservados, y decimonónicos, su visión del mundo está estrechamente unida al patronage familiar y a sus tradiciones rústicas. Políticamente hablando, son pequeños reformistas y nacionalistas dometicados, con un alto concepto de la moral pública y un poco pasivos, prefieren la convivencia cordial y el enfriamiento de los instintos agresivos tan difundidos en la España negra y descontraída. Amantes de la plástica, poco gestuales, suavemente refinados y bucólicos, estupendos notarios y okupas, frugales y ahorrativos, la suya es la mejor mayordomía a la que se pueda aspirar, y tienen un sentido único de su peculiar psicogeografía.

Y hay maneras más endémicas y arquetípicas de ser español, casi tan antiguas como el imperio, que van de la barbarie temperamental de los conquistadores, al refinamiento híbrido del mozarabismo inasumible del sur peninsular. Beatos, paganos, ateos sincretistas, eruditos y analfabetos, señoritos de fino y manzanilla, aristócratas, terratenientes, romaníes, intelectuales amancebados, folclóricos, cómicos y teólogos, prototipos para el consumo turístico... todos juntos componen este rico tejido del españolismo común, y mal interpretado, en el que hay cantidades insospechadas de nuevas proteínas e ingeniería genética. Algo así como la veta Kimberley o los pozos de petroleo en el Golfo Pérsico. Minimizado, marginado o infravalorado, este intenso perfil todavía no ha sido catalogado. Del sur (y del noroeste) nos falta todo el pensamiento inteligente.

Y hay una manera mucho más densa y carismática de ser español, que se situa justo en el centro, en la meseta manchego-castellana, que es una especie de Strafford-upon-Avon, el hubbub de nuestra España Elisabetiana. El canal medular de la estructura sintáctica del español, y la españolidad cerrada al vacío desde el siglo diecisiete. Música de oboes y flautas francesas y violas da gamba, el olor del queso y el vino, el horno de pan y el cordero. Fueros y espadachines, caballeros y escuderos, ciegos y pillastres, el don de la palabra y el ingenio, el Shangrilá de nuestra esencia mejor conservada. Hoy abandonada o repoblada, ésta es la geografía mágica de lo mejor de nuestro genio idiosincrático. Aislada o decodificada por la ciudad global, anémica o politizada por el castellanismo franco tardío y por la derecha más rancia, o menospreciada por los nacionalismos divergentes, hoy podría ser el territorio cero de un regeneracionismo integrador y polifacético que sería la envidia de nacionalismos más unidimensionales. Del viejo castellanismo de marras, austero y ecléctico, a uno con rostro humano. Deberíamos revivir nuestro pasado in the flesh, sin atavismos ni prejuicios como hacen otros, y ser un poquito manieristas o barrocos y hablar con la lengua de nuestros clásicos, sin miedo a la perfomance lingüística, con treinta mil vocablos, como Shakespeare. Por si no lo sabe, somos quienes somos por haber perdido hace años el don de la palabra. Pocas veces una cultura verbal tan modesta y descuidada, estuvo tan bien sustentada. Recuperar nuestra vieja y rica lengua castellana para disfrute de todos, para buenos vecinos, bien y mal hablados, y herejes políglotas, es una necesidad urgente.

Y hay otras maneras minoritarias y vecinales de ser español, docenas de ellas, una clase de españolismo recesivo secundario localmente implantado, que merece toda nuestra atención. Hay españoles insulares que se diría han sido extrapolados, como en una regla de tres simple *quid pro cuo* del Mercader de Venecia, una fábula del debe y el haber, y que hoy viven del usufructo de una renta per capita pagada en su totalidad por ingleses y obreros industriales alemanes, en el interior de un habitat mediterráneo con un fuerte ascendente en Manchester y la clase trabajadora opulenta de la Europa Central. Un pueblo endémico, reservado y poco comunicativo, que ha aceptado la convivencia íntima con una miscelánea de tipos curiosos de todas partes. Campesinos ricos, antiguos señores feudales, siervos y amos de la más vieja ralea, hippies de los sesenta con bottox y boutiques de moda indígena, colonias de supervivientes latinoamericanos, y una espuma de pensionistas invernales a dieta de cocas y conejo con patatas, garantizan la sana diversión.

Y hay otros muchos españoles, flotando sobre vergeles de roca volcánica frente a la costa africana, que parecen directamente sacados de una película de Pedro de Andrade, ejemplares robustos y sensuales que merecerían estar en los tristes trópicos o en los llanos venezolanos, nuestra propia pequeña polinesia bajo española, de clima dulce barrido por los alisios. Tipos latinos de piel dorada, bien arbolados y con ojos del mismo color que sus fondos marinos, mujeres calientes sensuales, homos impúdicos y enormes colonias de tránsfugas alemanes sedientos de sol y ansiosos por volver a los orígenes, por no mencionar a plumillas de todo pelo y a un canibalismo entrópico al que la someten docenas de intelectuales europeos errantes. Españoles únicos, islanders, una mezcla entre viejos prototipo peninsulares y versiones locales de maoríes o pascuenses, una cultura a extinguir de argonautas atlánticos. Algo así como una fantástico pueblo de navegantes, y un mestizaje étnico intenso con toda la sensualidad que nos falta en el continente.

Y hay españoles del bosque húmedo en el noroeste, que son como la tribu perdida de Israel, y que podrían estar en la isla de Man o en las Orkney, o en Escocia. Un pueblo melancólico, místico y enigmático, capaz de atravesar todos los océanos y husos horarios, y transculturarse sólo por hacer realidad su sueño de espacio y de una multiculturidad recomfortante. Un pueblo de viajeros del tiempo y del espacio, aventureros introspectivos que sueñan con ellos mismos en cualquier otra parte. Españoles del verde y de los cielos encapotados, de minifundios austeros, tapizados de coles y grelos, con sus dulces vacas gallegas, o pescadores recios de un ecosistema atlántico elegido que sería el sueño de los japoneses. Tierra de pequeños dictadores aciagos maníaco depresivos y entrepreneurs de las antípodas, de politicos rancios y ciclotímicos, y más españoles que el mismísimo Valle Inclán. Buena parte de nuestra herencia psicológica e identidad nacional viene de este valle prehistórico, de nuestro particular Valée de Mai, aunque sin confirmar. Yo soy éste, como diría la madre, un oscuro mestizaje entre el ser recherché e italianizante rioplatense y la nada de este enigmático millieu atlántico. Gallegos todos, diría, si compartiera la lengua de ese españolismo hecho en casa con retazos de grelos y habas, mucho unto y costilla salada.

Y hay grupos recluídos de españoles mozárabes en el Magreb, discreta e impunemente abandonados, lentamente fagocitados por una población indígena étnica y sin recursos. Herederos del filofranquismo magrebí y del colonialismo manqué, estos españoles transfronterizos son una minoría elusiva difícil de interpretar y olvidada.

Y hay españoles *sui generis* que viven como expatriados, en el desierto almeriense, en Gibraltar, en la frontera portuguesa, en el Cabo de Creus, y en centenares de pueblos endogámicos que se obstinan en una naturaleza de marca, visceral y neolítica, y que también contribuyen a nuestra fisonomía, pequeños grupos de españoles de relevo que son como los tercios de Flandes, una troupe taciturna y heroica dispuesta a batirse en todos los frentes, y de los que quedan, circa 2010, menos ejemplares que rinocerontes en Zambia.

Sin mencionar a los españoles de la diáspora, que además de prolíficos son como el *gender bender* del hispano genetismo sometido a las altas presiones de culturas más elaboradas, nuestros singulares embajadores. Lo cierto es que fuera de su habitat, de la confluencia de factores ideológicos y psicogeográficos, de la dietas mágicas y del tejido que los envuelve, el alma española transmigra hacia puertos más seguros, y los españoles que la alojan acaban fondeados en magníficas bahías o en amarres perdidos, con aire de que con ellos no va la cosa.

Así somos, imperecederos o tránsfugas, según como vaya, dependiendo si estamos en nuestra propia salsa o hemos sido extirpados como una vesícula enferma. Somos como un club inglés de St. James, el Garrick, el Carlton, el Reformista, casi todo menos la perdurabilidad y los códigos de clase, sin el esnobismo o el patronage, pero con el jerez y los amontillados, y su mismo aroma infantil y sectario.

Manera de ser español hay muchas, uno mismo *et ali*, pero un sólo arquetipo, una serie corta de rasgos primarios más o menos intransferibles, rasgos sencillos y poco elaborados, pero impersonales y gregarios al mismo tiempo, como uno de esos tatuajes secretos de tribus herméticas y aisladas. Una condición sin definir quizás, no lo sabemos, lo que sí sabemos es que ha habido mas bien poca literatura para hacerlo... Ya saben, Unamuno, Azorín, Sánchez Albornoz, Marías, Gutierrez Solana, Davis John, Henny Michael... aunque toda debidamente homologada (con alguna excepción quizás). Nos falta, por decirlo así, la etnología inapropiada que podrían haber hecho Cardín o Ricardo Cid desde una visión rotoperiodística; o una lectura psicoanalítica, con mucha razia y seudo-transferencias, que nadie por aquí podría haber hecho; o una deliberadamente infame, a lo Peridis o Perez Reverte.

Si lo español es el huecograbado, el engraving de una identidad cultural de andar por casa, que en otras sociedades habría sido sublimada o guardada en secreto, o es, como diría la Roudinesco, nuestro lado oscuro, es algo que, cuando este libro haga su acto de desaparición, su *act et nulli,* ya nunca se sabrá.

Spain. The final frontier"

Hoy estoy aquí, sentado en un Chesterfield de cuero tostado, esperando que me llamen del tajo, y en todo el medio de una crisis que te pone los pelos de punta, 20% de desempleo, corrupción institucional, caída del PIB y crecimiento negativo, que durará lo mismo que aquél asuntillo entre los Valois y los Plantagenet, y con más tiempo para reler a Self que el Conde de Montecristo. Entender a Self no es siempre fácil, ahora un peta o un té de coca o un vasito de Rioja, por no hablar de un vocabulario con más palabros raros que su tocayo Wilm, y levantando más de diez palmos del suelo como un defensa del Tel Aviv, con sus pies en Islington y su cabeza en Gamínedes. ¿Tendrá acaso razón este elongado mercader de sueños, será España la ultima frontera? Ese lugar interior, sin carácter intrínseco, del que no se puede escapar. Un pais probeta, aislado como un laboratorio espacial, como el virus del Ébola, sobre el que cada uno proyecta sus carencias, y sobre el que todo puede ser proyectado.

De acuerdo en que en los setenta parecía passé y carbonizada, y que teníamos que soportar el peso específico de más de cincuenta millones de turistas biológicos o la misma cantidad de cuerpos extraños procedentes del frio, que eran sin duda muchos más de los que el espacio jamás haya tenido que soportar. De acuerdo en que para qué ir más lejos que Palma o la Costa Blanca, cuando allí tenemos desde miles de personas tocando el tambor a edificios de Gehry, y una cocina nunca vista en vuelos espaciales tripulados. De acuerdo en que hay una España para todos, y no como Martha Vineyards o la Riviera Francesa, una España pobre, una rica, una gay, una para sátiros y oportunistas, una desértica y otra verde, hay para todos los gustos y mucho más, the final store en gadgets etnológicos y retro-convivencialidad, the little horror shop en vuelos low cost. De acuerdo en que no hay lugar mejor para criminales ingleses on parole y dipsómanos con bajos ingresos mantenidos por sus parientes ricos en los Chilterns, y que uno puede circular aquí en zapatillas y una vieja bolsa de BOAC con botellas de vino vacías. Vale que somos poco competitivos y outsiders y que damos la orma del zapato de cualquiera, pero vayamos más allá, un poco de post-selfismo si cabe, fuera de los tópicos y las contraculturas aprendidas de los guiris, y digamos lo que ellos no dicen.

Me gusta la idea de una inner-Spain futurista, un lugar en el interior de la psique al que podemos viajar para encontrar nuestro destino. Contra el sonambulismo y la desvitalización y la decadencia del espiritu europeo, la idea de una España interior recién extraída de un embrión desconocido, una célula madre sin adherencias ni tóxicos genéticos para curarnos de la vejez intelectual y la pérdida de materia viva en la vieja Europa. Contra la esterilidad, la vanidad, el esnobismo del dinero, la hipersofisticación y la hiperventilación social, la frontera final de una España empobrecida y a veces dura y brutalista, un órgano hueco susceptible de ser transplantado con éxito en el cuerpo convaleciente de nuestros vecinos.

Con algo de suerte, la crisis del 09 expulsará el íncubo de nuestras glándulas, dicen los optimistas; los gafes dicen que el capitalismo de rapiña volverá a oscurecer el cielo buscando nuevas presas. Y unos y otros dicen que España no tiene nada que perder, excepto por unos pocos bienes de consumo, y que en realidad no es nada en sí misma, sino una metáfora del futuro, el principio de un nuevo principio, la reserva espiritual de una UE vampirizada y con un apetito insaciable por la hemoglobina. La nueva Jerusalén de otra ristra de cruzados devorados por el ansia de nuevos poderes espirituales.

O quizás no, quizás nos equivoquemos y Self no comparta esta hipótesis regeneracionista y no crea que España esté en ningún origen de la historia, sino que quizás no sea más que unos cientos de miles de hectáreas susceptibles de ser parceladas a precios tercermundistas. Ni que se trate de un modelo vivo sobre el que proyectar el sobrepeso de una difícil prospectiva neo-europea para el siglo que comienza.

Quizás lo que dice Self es que nos olvidemos de largos viajes al espacio en naves tripuladas, que España es lo más lejos que vamos a llegar. Y eso implica: uno, que nuestras aspiraciones de los sesenta de abrir una cadena de Starbucks en todo el territorio nacional se hayan ido al carajo por ambiciosas y triunfalistas (álguien lo ha hecho ya); dos, que después de la pandemia de los activos tóxicos y la muerte simbólica de varios millones de seres humanos hipotecados, nos habremos de convertir en una cultura noble de cazadores recolectores del alto paleolítico; y tres, que España sea el escenario perfecto, por su precariedad natural y su naturaleza intrínseca, para la nueva monocultura global, como Sietes.

¡Vaya con Willy! Y eso sólo con unos vinos en Valladolid. Si pusiera casa en Murcia, en Almería o en la meseta castellana, acabaría reescribiendo a Don Sánchez Albornoz. En cualquier caso, nos reservamos el derecho a parlamentar. Vale, nuestros caballeros han sido siempre de jubón, calzas, medias y braguetas, por lo menos desde el dieciseis. De acuerdo en que hemos vendido por chavos la tierra de nuestros ancestros a los poderes extranjeros, como los nativos Manhattan, y que hoy alojamos a buena parte de la upper class obrera del eje Londres-Moscú, en lo que se ha dado en llamar el espléndido kitch urbanístico español, y eso es álgo que ya nadie nos podrá quitar. Nos deben varios miles de millones de horas de sol y una dieta rica en legumbres y pesca de bajura, que sin ninguna clase de dudas los ha salvado de una muerte por aburrimiento en su Sttugart o Manchester natal.

Si al final Europa se aclimatará a la crudeza de este malogrado Shangrilá de buenos conductores mediocres y perros abandonados, todos de montera y chaquetilla, españoles todos, con weeck end jackets, chaquetas tirolesas y Lederhosen, chilabas y berretines, diversificados y erráticos; o si España será arrasada por la bomba de neutrones del nuevo mesías afroamericano y convertida al tout global de los buenos amigos del príncipe de Zamunda, es algo que todavía tardaremos en ver.

No, no vamos a llegar más lejos, ni Jean les Pins, ni las Marquesas, a lo sumo una parcelita en la costa de Cádiz o en el Levante, y toda la España interior que pueda beber. Ya saben, es la historia de siempre, pero mucho mejor escrita. Entonces por qué me sigue fascinando esta idea de una España invertebral y completamente ideática, una especie de suero vital que salvaría a un montón de especies urbanas en peligro de extinción ¿Qué disparate es éste? ¿Qué somos, el santo grial, la sangre de una virgen, la fuente de la eterna juventud para todos los necrófilos del continente, el quinto elemento contra la gran amenaza exterior?

Probablemente no mucho más que un reserva de la ribera del Duero o un tempranillo, o un brick de Don simón, el caldo preferido de los ucranianos del barrio. Y toda esa fanfarria de células madre y pura sangre no haya sido más que la falsa moneda, el fraude de una cultura impostada y maliciosa que se vende a sí misma como material genético de primera clase. Nuestros especímenes son muy PSE, frescos, fibrosos, tonificados, bien alimentados, gárrulos, efusivos, poco leídos, desintelectualizados y crudos, simples como martillos, y con la masa encefálica justa. Una buena frenología, y las culturas decadentes que los acechan lo saben por lo menos desde los cincuenta. No, no vaya usted más lejos, apenas un par de horas de vuelo, y puede llevarse su té o su Roggen-Mischbrot de centeno, sus coles agrias y Frikandelles y Bratwurst y su mermelada de naranja. No va a encontrar mejor anfitrión para sus larvas en miles de kilómetros a la redonda. Los españoles son anatómicos y pontificables, y no se les ha concedido jamás valor de mercado, son autocompasivos y se infravaloran por defecto. Son fantásticos, calientes y socialmente promiscuos, y se les puede comer con espinas. Son el partner doméstico compatible con el que usted siempre había soñado. Exóticos, vulnerables, espontáneos y diversificados, y llevan años liándose entre ellos como peces beta de pelea, son la pera limonera estos rústicos, la leche en juguetes genéticos, que ríase usted de la Tyrell Corporation. Una maravilla en psico-utilitarios para la expansión de los superpoderes del norte, precios bajos y recambios baratos, y por si eso fuera poco, viven con indulgencia en un habitat templado y con miles de horas de sol que son la envidia del personal.

Puede usted venir de turista, de CEO o de General Manager de alguna multinacional cualquiera, lo que es sin duda mejor. Un sueldo insoportable para la moral colectiva, pero muy conveniente para usted y su familia, ahora rápidamente aburguesada. Con semejante predicamento y la tendencia local a divinizar deidades variopintas llegadas del extranjero, los buenos de los CEOs no tardarán en hacerse con un buen handicap y su propia colección de arte moderno español. Como en el "Hombre que pudo Reinar", estos hooligans de la corte de Castilla se harán sin mucho esfuerzo con sus cartas de nobleza. Puede usted venir como quiera que España lo está esperando de cúbito dorsal, con su herida abierta, dispuesta a que la imagine a capricho. Es nuestro sino, un poco de inteligencia, mucha mala leche, migas con chorizo y un montón de horas paseando una bonita talla en madera policromada de un maestro barroco del diecisiete, de Martinez Montañes o Juan de Mesa, por ejemplo.

No, no hay dónde ir, donde cargar pilas, reanimar el humanismo *blessé* del viejo continente. España es la frontera final, tan auténtica como sus espadas y sus ibéricos de bellota, más allá no hay nada, *finis terre*, es el vacío después de la última galaxia. O acaso han probado ustedes a hacerse un chalecito en Rumanía, o en Macedonia, o en las playas del Mar Negro, han pensado en urbanizar con sus rustic properties las Lofoten, o montarse un Benidorm puritano en las costas del Mar del Norte. Ha soñado usted, aunque más no sea por un instante, en fabricarse un pied a tèrre brutalista en Trujillo o el desierto de Atacama. Ha pensado quizás en buscarse una segunda residencia fuera de los ejes, en Bolivia o en el Chaco salteño, en la costa de Rocha, en Uruguay, o en Limón, en el Caribe costarricense, o en algún deprimente pueblecito del Chaltén.

Aunque siempre le queda Asia, ya sabe, Ubud, Flores o una propiedad con vistas, palmas, árboles de durián y rododendros en Indochina, o cualquier isla en el golfo de Tailandia, o Kerala, ahora que los pobres indios están haciendo de asalariados forzosos para los emiratís. El flipe está garantizado, y el stir fried, la cocina total, y un anonimato también total que es la leche, la madre de todos los anonimatos, un vacío étnico en su interior como nunca antes lo había sentido, como Anthony Robingtom colgando por los pies, destripado. Después de todo, como cualquier hijo de vecino sabe, Asia está en el camino de la liberación.

Sólo hay un pequeño inconveniente, tendrá que hacerse lugar entre la más alta concentración de pederastas, pajoleros, sátiros, porno-pensionistas e impotentes por metro cuadrado, por no mencionar a las bandas de yuppies expats, budistas, surfistas, kickboxers, y toda la vasca de los ashrans y las ONGs. O quizás prefiera comprase un pisito de lujo en The World o The Universe, tres habitaciones y vistas sobre el golfo de Omán, un simulacro perfecto de La Corniche, servicio doméstico filipino, un Porche Cayenne, y hacerse el expatriado rico en Dubai, mientras allí fuera con 40 a la sombra los beduinos hacen de las suyas.

No, no es lo mismo, cualquier parecido con el mamoneo que usted se traía con los españolitos colaboracionistas es pura coincidencia. España es la frontera final, y salvo que cuente usted, como el jóven Self, con un túnel de escape en su adosado, ya no hay dónde ir, no way out of suburbia. Y por aquí ya sabe lo que le espera a usted, ese conocido microcosmos de la españolidad, y menos los costes, por aquí todo sigue igual, una dura, desconcertante y polimorfa modernidad, y siempre la misma awkward and behedead y obsoleta masculinidad.

@@@@@@@ @@@ @@@@@@@

www.ingramcontent.com/pod-product-compliance
Lightning Source LLC
Chambersburg PA
CBHW071328280526
45787CB00001B/34